U0804150

中国教育事业统计年鉴

EDUCATIONAL STATISTICS YEARBOOK OF CHINA

1994

中华人民共和国
国家教育委员会计划建设司

DEPARTMENT OF PLANNING & CONSTRUCTION
STATE EDUCATION COMMISSION
THE PEOPLE'S REPUBLIC OF CHINA

（京）新登字 113 号

中国教育事业统计年鉴

1994

中华人民共和国国家教育委员会计划建设司 编

*

人民教育出版社出版发行

全国新华书店经销

民族印刷厂印装

*

开本 787×1092 1/16 印张 22 字数 520,000

1994 年 8 月第 1 版 1994 年 8 月第 1 次印刷

印数 1—2,200

ISBN 7—107—11319—4

G·4522 定价 48.00 元

如发现印、装质量问题，影响阅读，请与印厂联系调换。

说　明

《中国教育事业统计年鉴》(1994)是一本全面反映中华人民共和国教育事业发展情况的资料性年鉴，是由国家教委计划建设司根据全国各省、自治区、直辖市教育委员会、高教局、教育厅(局)填报的基层报表整理汇编而成的。

本年鉴包括以下部分：综合部分、高等教育、中等教育、初等教育、幼儿教育、特殊教育、成人教育、全国各级各类学校的分布情况等。

本年鉴是各有关部门研究教育改革和发展的必备资料工具书，是教育界各机关、学校指导部门制定教育计划、指导教育改革必不可少的依据。

本年鉴所列资料，暂缺台湾省的数字；凡未注明年份的均为1994年的数字。

Notes from the Compiler

The Educational Statistics Yearbook of China for 1994 is an informational yearbook comprehensively reflecting the development of the educational undertaking of the People's Republic of China, and it was compiled by the Department of Planning and Construction of the State Education commission, based on the synthetic statistical returns relating to schools of various types and levels completed by the Educational Commissions (or the Bureaus of Education and Higher Education) of the provincial governments and the governments of various autonomous regions and municipalities directly under the State Council.

The yearbook is composed of the following parts: summary tables, higher education, secondary education, primary education, pre-primary education, special education, adult education, geographical distribution of schools by type and level.

The yearbook is a requisite reference for all departments concerned with the study of educational reform and development, and provides indispensable factual information to the educational community (circles), the state organs, and all supervisory bodies of education (schools) engaged in curricular development and the guidance of educational reform.

The yearbook lacks the data of Taiwan Province. Data in tables are for 1994, unless otherwise notified.

目　　录

一、综合部分

二、高等教育

三、中等教育

（一）中等专业学校

（二）普通中学

（三）职业中学

四、初等教育（小学）

五、特殊教育

六、幼儿教育

七、成人教育

八、各级各类学校分布情况

CONTENTS

Ⅰ. SUMMARY TABLES

Ⅱ. HIGHER EDUCATION

A. REGULAR HIGHER EDUCATIONAL INSTITUTIONS

B. GRADUATES EDUCATION

Ⅲ. SECONDARY EDUCATION

A. SPECIALIZED SECONDARY SCHOOLS

B. GENERAL SECONDARY SCHOOLS

Ⅷ. GEOGRAPHICAL DISTRIBUTION OF SCHOOLS BY TYPE AND LEVEL

一、综 合 部 分

I. SUMMARY TABLES

全国各级普通学校基本情况

Basic Statistics of Regular Schools in China by Level & Type

单位:万人
in 10 thousand

	学校数(所) Schools	毕业生数 Graduates	招生数 Entrants	在校学生数 Enrolment	教职工数 Teachers, Staff & Workers 计 Total	其中:专任教师 Of which: Full-time Teachers
总　计 Total	960653	3565.80	4865.30	21661.38	1395.99	1080.40
一、研究生 Graduate Education	(720)	2.80	5.09	12.79		
1. 高等学校 Inst. of Higher Education	(402)	2.58	4.72	11.82		
2. 科研机构 Research Organizations	(318)	0.22	0.37	0.97		
二、普通高等学校 Reg. Inst. of Higher Educations	1080	63.74	89.98	279.86	104.03	39.64
本专科 Undergraduates						
国家任务 Students enrolled according to state plans		51.23	58.23	199.30		
委托培养 Students enrolled by Contract		7.74	18.43	48.24		
自 费 生 Tuition-paying students		4.52	13.14	31.87		
教师本专科 In-service Teacher Training Courses		0.25	0.18	0.45		
三、普通中等学校 Reg. Secondary Schools	101087	1598.30	2229.20	5894.70	546.58	391.18
1. 中等专业学校 Specialized Sec. Schools	3987	72.91	122.54	319.79	51.65	24.70
中等技术学校 Sec. Technical Schools	3093	50.35	93.47	241.40	40.65	18.70
中等师范学校 Teacher Training Schools	894	22.56	29.07	78.39	11.00	6.00
2. 技工学校 Skilled Worker Schools	4430	55.68	71.44	187.09	34.01	15.29
3. 普通中学 General Sec. Schools	82358	1361.90	1859.75	4981.66	419.07	323.37
高中 Senior	14242	209.30	243.39	664.80		54.68
初中 Junior	68116	1152.60	1616.36	4316.86		268.69
4. 职业中学 Vocational Schools	10217	107.62	175.28	405.61	41.53	27.66
高中 Senior	8679	93.82	146.77	342.56		24.12
初中 Junior	1538	13.80	28.51	63.05		3.54
5. 工读学校 Correctional Work-study Schools	95	0.19	0.26	0.55	0.32	0.16
四、小学 Primary Schools	682588	1899.59	2537.03	12822.62	627.14	561.13
五、特殊教育学校 Special Education Schools	1241	1.43	3.98	21.14	3.32	2.27
六、幼儿园 Kindergartens	174657	–	–	2630.27	114.92	86.18

全国各级成人学校基本情况

Basic Statistics of Adult Schools in China by Level & Type

单位：万人
in 10 thousand

	学校数(所) Schools	毕业生数 Graduates	招生数 Entrants	在校学生数 Enrolment	教职工数 Teachers, Staff & Workers 计 Total	其中:专任教师 of which: Full-time Teachers
总 计 Total	518991	7586.77	6561.43	6078.78	100.44	42.74
一、成人高等学校 Higher Educational Institutions for Adults	1172	45.53	101.70	235.18	21.00	9.49
1、广播电视大学 Radio/TV Universities	46	9.99	22.14	53.64	4.43	1.95
2、职工高等学校 Workers' Colleges	703	8.33	13.09	30.75	8.13	3.77
3、农民高等学校 Peasants' Colleges	4	0.01	0.05	0.07	0.03	0.01
4、管理干部学院 Institutes for Administration	170	2.93	7.05	13.54	3.70	1.42
5、教育学院 Educational Colleges	245	6.16	8.71	23.04	4.57	2.26
6、独立函授学院 Independent Correspondence Colleges	4	0.29	0.53	1.36	0.14	0.08
7、普通高等学校举办：Run by Reg. Inst. of Higher Ed.		17.82	50.13	112.78		
函授部 Divisions of Correspondence		12.74	33.53	77.05		
夜大学 Evening Schools		4.38	12.81	29.87		
干部专修科 Short-cycle Courses for Cadraes		0.70	3.79	5.86		
8、合计中：电大、成人脱产班、普通专科班(A)		2.39	7.72	15.21		
二、成人中等学校 Sec. Education for Adults	354396	6751.65	5748.76	5082.26	63.33	28.11
1、成人中等专业学校 Specialized Sec. Schools for Adults	4811	70.11	115.21	263.81	21.66	10.96
广播电视中等专业学校 Radio/TV Specialized Sec. Schools	152	12.61	22.61	56.77	1.84	0.92
职工中等专业学校 Specialized Sec. Schools for Staff & Workers	1827	20.70	37.15	81.88	7.61	3.75
干部中等专业学校 Specialized Sec. Schools for Cadres	215	3.57	5.94	12.51	1.28	0.58
农民中等专业学校 Specialized Sec. Schools for Peasants	492	5.26	9.67	21.44	1.89	1.10
函授中等专业学校 Correspondence Specialized Sec. Schools	60	10.97	17.44	41.02	1.08	0.40
教师进修学校 In-service Teacher Training Schools	2065	17.00	22.40	50.19	7.96	4.21
2、成人中学 General Sec. Schools for Adults	4756	56.16	50.52	60.62	3.73	2.05
职工中学 General Sec. Schools for Staff & Workers	2024	36.69	27.47	31.92	2.46	1.31
农民中学 General Sec. Schools for Peasants	2732	19.47	23.05	28.70	1.27	0.74
3、成人技术培训学校 Technical Training Schools for Adults	344829	6625.38	5583.03	4757.83	37.94	15.10
职工技术培训学校 Technical Training Schools for Staff & Workers	12377	592.61	605.73	438.02	7.87	4.11
农民技术培训学校 Technical Training Schools for Peasants	332452	6032.77	4977.30	4319.81	30.07	10.99
三、成人初等学校 Adult Primary Schools	163423	789.59	710.97	761.34	16.11	5.14
1、职工初等学校 Worker Primary Schools	1115	13.51	14.40	14.35	0.34	0.19
2、农民初等学校 Peasant Primary Schools	162308	776.08	696.57	746.99	15.77	4.95
其中：扫盲班 of which: Literacy Classes	112077	486.18	414.69	463.36	10.98	3.19

(A): Of the total: The Regular Short-cycle Courses in Radio/TV Universities, Evening Schools and Correspondence Divisions of Regular Higher Educational Institutions.

各级普通学校校数

Number of Regular Schools by Level & Type

单位：所

	1949	1965	1978	1980	1985	1993	1994
普通高等学校 Reg. Inst. of Higher Education	205	434	598	675	1016	1065	1080
普通中等学校 Reg. Secondary Schools	5219	81274	167118	128065	108494	101316	101087
中等专业学校 Specialized Sec. Schools	1171	1265	2760	3069	3557	3964	3987
中等技术学校 Sec. Technical Schools	561	871	1714	2052	2529	3046	3093
中等师范学校 Teachers Training Schools	610	394	1046	1017	1028	918	894
技工学校 Skilled Worker Schools	3	281	2013	3305	3548	4477	4430
普通中学 General Sec. Schools	4045	18102	162345	118377	93221	82795	82358
高中 Senior	1597	4112	49215	31300	17318	14380	14242
初中 Junior	2448	13990	113130	87077	75903	68415	68116
职业中学 Vocational Schools	–	61626	…	3314	8070	9985	10217
工读学校 Correctional Work－study Schools	–	–	–	…	98	95	95
小学 Primary Schools	346769	1681939	949323	917316	832309	696681	682588
特殊教育学校 Special Education Schools	…	266	292	292	375	1123	1241
幼儿园 Kindergartens	…	19226	163952	170419	172262	165197	174657

各级普通学校学生数

Enrolment of Regular Schools by Level & Type

单位:万人
in 10 thousand

	1949	1965	1978	1980	1985	1993	1994
研究生 (人) Graduate Education(Person)	629	4546	10934	21604	87331	106771	127900
普通高等学校本专科 Undergraduate Education	11.65	67.44	85.63	114.37	170.31	253.55	279.86
普通中等学校 Reg. Secondary Schools	127.05	1441.97	6675.37	5747.83	5167.46	5558.14	5894.70
中等专业学校 Specialized Sec. Schools	22.88	54.74	88.92	124.34	157.11	282.03	319.79
中等技术学校 Sec. Technical Schools	7.71	39.24	52.93	76.13	101.29	209.83	241.40
中等师范学校 Teacher Training Schools	15.17	15.50	35.99	48.21	55.82	72.20	78.39
技工学校 Skilled Worker Schools	0.27	10.10	38.20	70.04	74.17	173.90	187.09
普通中学 General Sec. Schools	103.90	933.79	6548.25	5508.08	4705.96	4739.11	4981.66
高中 Senior	20.72	130.82	1553.08	969.79	741.13	656.91	664.80
初中 Junior	83.18	802.97	4995.17	4538.29	3964.83	4082.20	4316.86
职业中学 Vocational Schools	–	443.34	…	45.37	229.57	362.59	405.61
高中 Senior	–	77.50	…	31.92	184.34	306.35	342.56
初中 Junior	–	365.84	…	13.45	45.23	56.24	63.05
工读学校 Correctional Work-study Schools	–	–	…	…	0.65	0.51	0.55
小学 Primary Schools	2439.10	11620.90	14624.00	14627.00	13370.20	12421.24	12822.62
特殊教育学校 Special Education Schools	…	2.29	3.09	3.31	4.17	16.86	21.14
幼儿园 Kindergartens	…	171.30	787.70	1150.80	1479.70	2552.54	2630.27

各级普通学校招生数

Number of Regular School Entrants by Level & Type

单位:万人

in 10 thousand

	1949	1965	1978	1980	1985	1993	1994
研究生（人） Graduate Education(Person)	242	1456	10708	3616	46871	42145	50900
普通高等学校本专科 Undergraduate Education	3.06	16.42	40.15	28.12	61.92	92.40	89.98
普通中等学校 Reg. Secondary Schools	50.97	673.11	2769.29	2044.92	1825.70	2050.28	2229.20
中等专业学校 Specialized Sec. Schools	9.74	20.85	44.70	46.76	66.83	114.89	122.54
中等技术学校 Sec. Technical Schools	4.28	14.64	26.79	25.29	45.36	86.54	93.47
中等师范学校 Teacher Training Schools	5.46	6.21	17.91	21.47	21.47	28.35	29.07
技工学校 Skilled Worker Schools	...	...	25.70	33.13	35.54	66.35	71.44
普通中学 General Sec. Schools	41.23	345.78	2698.89	1934.31	1606.91	1707.28	1859.75
高中 Senior	7.11	45.89	692.91	383.40	257.51	228.34	243.39
初中 Junior	34.12	299.89	2005.98	1550.91	1349.40	1478.94	1616.36
职业中学 Vocational Schools	–	306.48	…	30.72	116.10	161.53	175.28
高中 Senior	–	55.67	…	24.06	98.49	134.88	146.77
初中 Junior	–	250.81	…	6.66	17.61	26.65	28.51
工读学校 Correctional Work–study Schools	–	–	…	…	0.32	0.23	0.26
小学 Primary Schools	680.00	3296.02	3315.36	2942.34	2298.17	2353.48	2537.03
特殊教育学校 Special Education Schools	…	…	0.59	0.59	0.92	3.35	3.98

各级普通学校教职工数

Number of Regular School Teachers, Staff & Workers by Level & Type

单位:万人
in 10 thousand

	1949	1965	1978	1980	1985	1993	1994
总计 Total	102.30	567.87	1083.45	1167.61	1209.56	1377.52	1395.99
普通高等学校 Reg. Inst. of Higher Education	4.60	33.30	51.80	63.20	87.06	102.13	104.03
普通中等学校 Reg. Secondary Schools	12.80	110.50	422.06	437.21	439.45	537.96	546.58
中等专业学校 Specialized Sec. Schools	2.40	12.20	23.70	29.80	40.32	51.13	51.65
中等技术学校 Sec. Technical Schools	1.10	10.10	17.60	22.30	31.31	40.29	40.65
中等师范学校 Teacher Training Schools	1.30	2.10	6.10	7.50	9.01	10.84	11.00
技工学校 Skilled Worker Schools	…	…	6.66	13.61	21.53	33.52	34.01
普通中学 General Sec. Schools	10.40	67.70	391.70	389.70	355.69	413.32	419.07
职业中学 Vocational Schools	–	30.60	…	4.10	21.59	39.66	41.53
工读学校 Correctional Work-study Schools	–	–	–	…	0.32	0.33	0.32
小学 Primary Schools	84.90	407.50	562.00	605.40	602.10	621.84	627.14
特殊教育学校 Special Education Schools	…	0.37	0.69	0.80	1.15	2.96	3.32
幼儿园 Kindergartens	…	16.20	46.90	61.00	79.80	112.63	114.92

各级普通学校专任教师数

Number of Regular School Full－time Teachers by Level & Type

单位:万人
in 10 thousand

	1949	1965	1 978	1980	1985	1993	1994
总计 **Total**	93.43	467.89	902.31	939.48	933.48	1061.55	1080.40
普通高等学校 Reg. Inst. of Higher Education	1.61	13.81	20.63	24.69	34.43	38.78	39.64
普通中等学校 Reg. Secondary Schools	8.22	70.93	330.96	323.30	305.65	381.97	391.18
中等专业学校 Specialized Sec. Schools	1.56	5.51	9.96	12.87	17.40	23.93	24.70
中等技术学校 Sec. Technical Schools	0.66	4.37	6.93	9.10	12.80	18.12	18.70
中等师范学校 Teacher Training Schools	0.90	1.14	3.03	3.77	4.60	5.81	6.00
技工学校 Skilled Worker Schools	...	...	2.80	6.14	8.89	15.03	15.29
普通中学 General Sec. Schools	6.66	45.71	318.20	301.97	265.16	316.68	323.37
高中 Senior	1.40	7.79	74.13	57.07	49.17	55.90	54.68
初中 Junior	5.26	37.92	244.07	244.90	215.99	260.78	268.89
职业中学 Vocational Schools	–	19.71	…	2.32	14.07	26.17	27.66
高中 Senior	–	5.29	…	1.65	11.58	22.86	24.12
初中 Junior	–	14.42	…	0.67	2.49	3.31	3.54
工读学校 Correctional Work-study Schools	–	–	–	…	0.13	0.16	0.16
小学 Primary Schools	83.60	385.71	522.55	549.94	537.68	555.16	561.13
特殊教育学校 Special Education Schools	…	0.26	0.42	0.48	0.73	2.04	2.27
幼儿园 Kindergartens	…	6.18	27.75	41.07	54.99	83.60	86.18

高级中等学校学生数的构成
Composition of Students in Senior Sec. Schools

	合 计 Total	普通高中 Senior General Secondary Schools	中等职业技术学校 Secondary Vocational-technical Schools			
			小 计 Subtotal	中等专业学校 Specialized Sec. Schools	技工学校 Skilled Worker Schools	职业中学 Vocational Schools
学生数(万人) No. of Students (in 10 thousand)						
1965	271.1	130.8	140.3	52.7	10.1	77.5
1980	1196.0	969.8	226.2	124.3	70.0	31.9
1985	1156.7	741.1	415.6	157.1	74.2	184.3
1990	1322.0	717.3	604.7	224.4	133.2	247.1
1993	1419.3	656.9	762.4	282.0	174.0	306.4
1994	1514.3	664.8	849.5	319.8	187.1	342.6
比重(%) Percentage						
1965	100.0	48.2	51.8	19.5	3.7	28.6
1980	100.0	81.1	18.9	10.4	5.8	2.7
1985	100.0	64.1	35.9	13.6	6.4	15.9
1990	100.0	54.3	45.7	17.0	10.0	18.7
1993	100.0	46.3	53.7	19.9	12.2	21.6
1994	100.0	43.9	56.1	21.2	12.4	22.6

小学毕业生和初中毕业生升学率

Promotion Rate of Primary & Junior Sec. School Graduates

单位:万人
in 10 thousand

年 份	小学毕业生升学率 Promotion Rate of Primary School Graduates			初中毕业生升学率 Promotion Rate of Junior Sec. School Graduates		
	小学毕业生数 No.of Primary School Graduates	初级中等学校招生数 No. of Junior Sec. School Entrants	升学率(%) Promotion Rate	初中毕业生数 No. of Junior Sec. School Graduates	高级中等学校招生数 No. of Senior Sec. School Entrants	升学率(%) Promotion Rate
1965	667.6	550.7	82.5	173.8	121.6	70.0
1980	2053.3	1557.6	75.9	964.8	442.8	45.9
1985	1999.9	1367.0	68.4	998.3	416.2	41.7
1990	1863.1	1389.2	74.6	1109.1	450.4	40.6
1993	1841.5	1505.6	81.8	1134.2	500.5	44.1
1994	1899.6	1644.9	86.6	1152.6	551.3	47.8

小学学龄儿童入学率

Net Enrolment Rate of School－age Children & Annual Retention Rate of Enrolment in Primary Schools

单位: 万人
in 10 thousand

年 份	全国学龄儿童数 Total No. of School－age Children	已入学学龄儿童数 No. of School－age Children Enrolled	入学率(%) Net Enrolment Rate
1965	11603.2	9829.1	84.7
1980	12219.6	11478.2	93.0
1985	10362.3	9942.8	95.9
1990	9740.7	9529.7	97.8
1993*	11432.0	11170.9	97.7
1994*	11949.6	11758.2	98.4

注: 1992 年以前的入学率是按 7－11 周岁统一计算的.
从 1992 年起入学率是按各地不同入学年令和学制分别计算的.

Note: Net Enrolment Rate of school－age chidren before year 1993 calculated during the age 7～ 11.
After 1993, the rate varies according to provincial entrant age primary schooling years.

各级普通学校女学生和女教职工数

Number of Female Students, Teachers, Staff & Workers by Level & Type of Regular Schools

单位:万人
in 10 thousand

	女学生 Female Students		女教职工 Female Teachers, Staff & Workers		女专任教师 Female Full-time Teachers	
	人数 Number	占学生总数的比重(%) Percentage	人数 Number	占教职工总数的比重(%) Percentage	人数 Number	占专任教师总数的比重(%) Percentage
普通高等学校 Regular I H E s	96.4	34.5	39.4	37.8	12.7	32.1
中等技术学校 Sec. Technical Schools	109.5	45.4	16.9	41.5	7.9	42.2
中等师范学校 Teacher Training Schools	46.7	59.6	4.2	38.2	2.3	38.3
普通中学 General Sec. Schools	2207.0	44.3	139.7	33.3	112.1	34.7
职业中学 Vocational Schools	193.8	47.8	14.3	34.5	9.9	35.7
工读学校 Correctional Work-study Schools	0.06	10.70	0.08	24.40	0.04	24.40
小　学 Primary Schools	6035.3	47.1	274.6	43.8	257.0	45.8
特殊教育学校 Special Education Schools	7.8	36.9	2.1	63.8	1.6	71.6
幼儿园 Kindergartens	1230.1	46.8	108.1	94.1	81.6	94.7

各级普通学校少数民族学生和少数民族教职工数

Number of Minority Students Enrolled, Teachers, Staff & Workers in Regular Schools at Various Levels

单位:万人
in 10 thousand

	少数民族学生 Minority Students		少数民族教职工 Minority Teachers, Staff & Workers		少数民族专任教师 Minority Full-time Teacher	
	人数 Number	占学生总数的比重(%) Percentage	人数 Number	占教职工总数的比重(%) Percentage	人数 Number	占专任教师总数的比重(%) Percentage
普通高等学校 Regular I H E s	17.8	6.4	4.7	4.5	2.1	5.3
中等技术学校 Sec. Technical Schools	15.7	6.5	2.1	5.2	1.1	5.9
中等师范学校 Teacher Training Schools	7.5	10.0	0.9	8.2	0.5	8.3
普通中学 General Sec. Schools	324.2	6.5	27.4	6.5	20.8	6.4
职业中学 Vocational Schools	19.0	4.7	2.0	4.8	1.4	5.1
工读学校 Correctional Work-study Schools	0.02	3.60	0.01	3.10	0.01	6.30
小学 Primary Schools	1149.2	9.0	55.0	8.8	47.9	8.5
特殊教育学校 Special Education Schools	0.5	2.5	0.2	4.7	0.1	4.6
幼儿园 Kindergartens	83.0	3.2	4.1	3.6	3.1	3.6

二、高 等 教 育

Ⅱ、HIGHER EDUCATION

（一）普 通 高 等 学 校

A.REGULAR HIGHER EDUCATIONAL INSTITUTIONS

普通高等学校校数

Number of Regular Higher Educational Institutions

单位: 所

	合计 Total	大学、专门学院 Universities & Colleges	专科学校 Short−Cycle Colleges	短期职业大学 Short-Cycle Vocational Colleges
总　计 Total	1080	627	366	87
综合大学 Comprehensive University	70	51	19	0
理工院校 Natural Sciences & Technology	297	211	86	0
农业院校 Agriculture	59	46	13	0
林业院校 Forestry	11	11	0	0
医药院校 Medicine & Pharmacy	132	107	25	0
师范院校 Teacher Training	241	77	164	0
语文院校 Language & Literature	15	12	3	0
财经院校 Finance & Economics	83	44	39	0
政法院校 Political Science & Law	27	12	15	0
体育院校 Physical Culture	15	14	1	0
艺术院校 Art	31	30	1	0
其他院校 Others	99	12	0	87

普通高等学校规模

Breakdown of Regular Higher Educational Institutions by Size of Enrolments

单位: 人

	学校数 Institutions	300人及以下 300 and under	301～500人 301 to 500	501～1000人 501 to 1000	1001～1500人 1001 to 1500	1501～2000人 1501 to 2000	2001～3000人 2001 to 3000	3001～4000人 3001 to 4000	4001～5000人 4001 to 5000	5001人及以上 5001 and over
总　计 Total	1080	34	24	145	213	163	198	118	67	118
综合大学 Comprehensive University	70	2	1	2	7	2	7	10	4	35
理工院校 Natural Sciences & Technology	297	5	5	18	34	42	54	50	36	53
农业院校 Agriculture	59	0	1	5	9	12	10	11	10	1
林业院校 Forestry	11	0	0	0	3	3	4	0	1	0
医药院校 Medicine & Pharmacy	132	7	1	14	34	28	32	14	2	0
师范院校 Teacher Training	241	1	1	36	51	44	60	14	8	26
语文院校 Language & Literature	15	1	0	4	3	4	3	0	0	0
财经院校 Finance & Economics	83	1	1	7	23	19	13	12	4	3
政法院校 Political Science & Law	27	1	0	11	9	1	1	3	1	0
体育院校 Physical Culture	15	0	1	5	5	3	1	0	0	0
艺术院校 Art	31	4	11	15	1	0	0	0	0	0
其他院校 Others	99	12	2	28	34	5	13	4	1	0

普通高等学校设置专业数

Number of Specialities and Number of Educational Programmes Estabished by Field of Study in Regular Higher Educational Institutions

	合计 Total	哲学 Philosophy	经济 Economics	法学 Law	教育 Education	文学 Literature	历史 History	理学 Science	工学 Engineering	农学 Agriculture	医学 Medicine
种数 No. of Sp.	847	10	50	26	22	135	16	73	400	57	58
点数 No. of Ed. Prog.	23984	88	3552	727	913	3728	525	2807	9398	1213	1033

普通高等学校工科分大类学生数

Breakdown of Engineering Students by Subfield of Study in Regular Higher Educational Institutions

单位：人

	毕业生数 Graduates	招生数 Entrants	在校学生数 Enrolment
总　计　Total	228922	344105	1117604
地　矿　Applied Geology	9927	7758	36877
材　料　Materials Science	10741	13729	48109
机　械　Mechanical Engineering	48796	65003	224226
仪器仪表　Instrument & Meter	6386	7852	27395
热能核能　Thermal & Nuclear Energy	5220	7147	23175
电　工　Electrical Engineering	24465	35022	117523
电子与信息　Electronics & Information	35410	76131	218520
土　建　Civil Engineering & Architcture	25310	42904	131063
水　利　Hydraulics	3654	4396	15932
测　绘　Survey & Measure	1523	2097	7150
环　境　Environment	2551	3148	10681
化工与制药　Chernical Engineering & Pharmaceutics	15026	21213	70910
轻工粮食食品　Grain & Food	8443	11071	35056
农业工程　Agriculture Engineering	4197	5057	17819
林业工程　Forestry Engineering	1561	1921	6318
纺　织　Textile	5795	6758	23019
交通运输　Transportation	5297	8246	26855
航空航天　Aeronautics & Astronautics	902	1343	4856
兵　器　Weaponry	151	448	1139
公安技术　Public Security Technology	478	716	2494
工程力学　Engineering Mechanics	646	831	2966
管理工程　Management Engineering	12443	21314	65521

普 通 高 等 学

Basic Statistics of Regular Higher

	学校数(所) Institutions		本专科学生数 Undergraduate Students						
	计 Total	其中:中央部门所属学校数 of which Inst. under Central Ministries & Agencies	毕业生数 Graduates	招生数 Students Admitted	在校学生数 Enrolment	合计 Total	计 Subtotal	计 Subtotal	教授 Professors
总计 Total	1080	367	637417	899846	2798639	1040275	842586	396389	28281
其中:女 of which: Female			215499	318589	964258	393727	311625	127060	3860
综合大学 Comprehensive Universities	70	13	83435	116483	380440	144660	115247	54868	4933
理工院校 Natural Sciences & Tech.	297	213	209203	314504	1017053	406007	308876	141734	10690
农业院校 Agriculture	59	14	32976	50302	151264	67324	50124	23545	1694
林业院校 Forestry	11	6	5563	7604	23369	10743	8644	4039	314
医药院校 Medicine & Pharmacy	132	26	45923	65254	242741	118591	96841	44689	4972
师范院校 Teacher Training	241	12	170116	209571	586072	163913	146673	72872	3113
语文院校 Language & Literature	15	9	4166	7007	20252	11697	9863	4796	345
财经院校 Finance & Economics	83	40	41741	59371	179685	49233	44392	20477	989
政法院校 Political Science & Law	27	12	7892	13079	39039	15257	13692	5207	284
体育院校 Physical Culture	15	6	4283	5915	17267	7340	6731	3298	195
艺术院校 Art	31	11	4003	5353	16736	12308	11448	5664	444
民族院校 Nationalities	12	5	6660	9885	30782	10629	9370	4486	163
短期职业大学 Shore-cycle Vocational Colleges	87	0	21456	35518	93939	22573	20685	10714	145
总计中 Of the total									
国家教委所属院校 Inst. under SEDC	36	36	61018	73868	269392	143587	99677	46879	5957
中央其他部委所属院校 Inst. under other Central Ministries & Agencies	331	331	191819	297143	956168	409703	318191	144758	12142
地方所属院校 Inst. under Local Auth.	713		384580	528835	1573079	486985	424718	204752	10182

校基本情况

Educational Institutions

单位:人

教职工数 Teachers, Staff & Workers									
校本部教职工 Teachers, Staff & Workers in the College or Uni. Proper							科研机构人员 Personnel in Affiliated Research Org.	校办工厂、农场职工 Employees in School-run Factories, Farms	附设机构人员 Personnel in Other Subsidiary Units
专任教师 Full-time Teachers				教辅人员 Supporting Staff	行政人员 Adm. Personnel	工勤人员 Workers			
副教授 Asso. Professors	讲师 Lecturers	助教 Assistants	教员 Instructors						
102114	168683	76573	20738	122635	172880	150682	47786	68786	81117
23648	58001	32828	8723	60339	64808	59418	13152	23775	45175
15986	22815	8741	2393	17204	23097	20078	10170	7710	11533
39180	60516	23819	7529	50162	61940	55040	25497	35478	36156
6219	9598	4710	1324	6222	9890	10467	2341	10351	4508
1136	1768	669	152	1667	1500	1438	349	1011	739
10236	18265	9648	1568	16319	18972	16861	4211	3815	13724
17345	31318	16751	4345	18215	29857	25729	3070	6122	8048
1319	2063	805	264	1121	2085	1861	208	46	1580
4385	9580	4230	1293	4606	10788	8521	762	2041	2038
1027	2276	1192	428	1595	3793	3097	218	580	767
805	1428	799	71	579	1447	1407	91	16	502
1456	2176	1271	317	1297	2555	1932	246	156	458
1025	2154	897	247	945	2246	1693	416	128	715
1995	4726	3041	807	2703	4710	2558	207	1332	349
16077	17428	6171	1246	18655	16423	17720	18474	10000	15436
38201	61135	25964	7316	48331	65487	59615	18885	31105	41522
47836	90120	44438	12176	55649	90970	73347	10427	27681	24159

普通高等学校

Number of Undergraduate Students by Type of

	毕业生数 Graduates			招生数 Students Admitted	
	计 Total	本科 Normal Courses	专科 Short－cycle Courses	计 Total	本科 Normal Courses
总计 Total	637417	310291	327126	899846	409599
国家任务 Students Enrolled according to State Plan	512339	296552	215787	582257	359898
委托培养 Students Enrolled by Contract	77363	9028	68335	184339	20963
自费生 Tuition－paying Students	45229	3264	41965	131452	27919
教师本专科 In－service Teacher Training Courses	2486	1447	1039	1798	819
总计中 of the Total					
国家教委所属学校 Inst.under SEDC	61018	47550	13468	73868	57083
中央其他部委所属学校 Inst.under Other Central Ministries & Agencies	191819	124308	67511	297143	175194
地方所属学校 Inst.under Local Aut	384580	138433	246147	528835	177322

普通高等学校

Supplementary Data for Special Categories

	学生总数中 Of Total Enrolment		
	第二学士学位 Second Bachelor's Degrees	走读生 Students Who Not Live in Campus	收费生 Tuition Partly Paying Students
毕业生数 Graduates	1748	17049	6769
招生数 Students Admitted	2151	25854	70212
在校学生数 Enrolment	5546	76843	106335
毕业班学生数 Graduates for Next Year	2604	21785	10586

本专科学生数

Courses in Regular Higher Educational Institutions

单位：人

专科 Short-cycle Courses	在校学生数 Enrolment 计 Total	本科 Normal Courses	专科 Short-cycle Courses	毕业班学生数 Graduates for Next year 计 Total	本科 Normal Courses	专科 Short-cycle Courses
490247	2798639	1516871	1281768	809156	328258	480898
222359	1992964	1370328	622636	544936	314626	230310
163376	482450	70505	411945	174650	9759	164891
103533	318674	73950	244724	87286	2931	84355
979	4551	2088	2463	2284	942	1342
16785	269392	222757	46635	74527	51588	22939
121949	956168	628524	327644	258042	132719	125323
351513	1573079	665590	907489	476587	143951	332636

学生数补充资料

of Undergraduate Students

单位：人

预科班 Pre-university Courses	进修班 Refresher Courses	外国留学生 Foreign Students	短训班 Short-term Courses	专业证书班 Classes for certificate-oriented trainees	大学后继续教育 Post-collegiate continuing education
8656	14187	5847	133429	69249	9676
10861	20161	7922	106667	48883	13097
11279	25855	12258	87355	121731	17292
9032	9106	3247	51953	63185	5435

普通高等学校

Number of Students by Field of Study in

	毕业生数 Graduates			招生 Students	
	计 Total	本科 Normal Courses	专科 Short-cycle Courses	计 Total	本科 Normal Courses
总计 Total	637417	310291	327126	899846	409599
哲学 Philosophy	2117	1394	723	2043	1039
经济学 Economics	80981	29622	51359	143882	56455
法学 Law	17650	8270	9380	30526	14027
教育学 Education	35234	13084	22150	40487	14049
文学 Literature	92928	28232	64696	125070	36987
历史学 History	16794	6509	10285	15513	5943
理学 Science	87845	36726	51119	99239	41285
工学 Engineering	228922	141654	87268	344105	187261
农学 Agriculture	27856	15445	12411	32876	17102
医学 Medicine	47090	29355	17735	66105	35451

分科学生数

Rrgular Higher Educational Institutions

单位: 人

数 Admitted	在校学生数 Enrolment			毕业班学生数 Graduates for Next Year		
专科 Short-cycle Courses	计 Total	本科 Normal Courses	专科 Short-cycle Courses	计 Total	本科 Normal Courses	专科 Short-cycle Courses
490247	2798639	1516871	1281768	809156	328258	480898
1004	7395	4752	2643	2552	1415	1137
87427	396534	173402	223132	118153	32092	86061
16499	84998	45688	39310	23243	9131	14112
26438	117872	55445	62427	41543	14042	27501
88083	350291	134267	216024	117571	30112	87459
9570	50616	24538	26078	17965	6352	11613
57954	314651	161887	152764	101885	38550	63335
156844	1117604	689427	428177	297587	150371	147216
15774	111193	68797	42396	33080	16605	16475
30654	247485	158668	88817	55577	29588	25989

普通高等学校函授部、

Number of Students Enrolled in Correspondence Divisions、Evening Schools and Short－

	函授部、夜大学 Correspondence Divisions and Evening Schools							
	毕业生数 Graduates			招生数 Students Admitted			在校 Enrolment	
	计 Total	本科 Normal Courses	专科 Short－cycle Courses	计 Total	本科 Normal Courses	专科 Short－cycle Courses	计 Total	本科 Normal Courses
总计 Total	171211	31407	139804	463390	67663	395727	1069135	174668
哲学 Philosophy	434	321	113	925	141	784	2379	754
经济学 Economics	46690	1718	44972	167340	10860	156480	350462	22904
法学 Law	11539	2263	9276	25441	5688	19753	59594	14296
教育学 Education	12886	4734	8152	23445	9080	14365	59747	22805
文学 Literature	28520	5502	23018	68533	15451	53082	168856	38934
历史学 History	3183	1255	1928	6126	2672	3454	17076	6490
理学 Science	15132	6847	8285	18888	7970	10918	56196	24578
工学 Engineering	42323	8228	34095	114174	13316	100858	268480	38979
农学 Agriculture	4133	367	3766	10303	473	9830	21739	1116
医学 Medicine	6371	172	6199	28215	2012	26203	64606	3812

普通高等学校教

Supplementary Data for Teachers，

	教职工总数中 Of the Total Number of Staff and Workers				
	函授部、夜大学教职工 Teachers, Staff & Workers in Correspondence Divisions，& Evening Schools		思想政治教育教师 Political Teachers	兼任教师 Part－time Teachers	编制外招聘教师数 Number of teachers recruited beyond authorized strength or size of Staff
	计 Total	其中：专任教师 of which：Full－time Teachers			
人数 Number	14673	4979	24435	14139	4252

夜大学、成人脱产班分科学生数

cycle Courses for Cadres Attached to Regular Institutions of Higher Education

单位:人

	成人脱产班 Short-cycle Courses for Cadres								
学生数	毕业生数 Graduates			招生数 Students Admitted			在校学生数 Mnrolment		
专科 Short-cycle Courses	计 Total	本科 Normal Courses	专科 Short-cycle Courses	计 Total	本科 Normal Courses	专科 Short-cycle Courses	计 Total	本科 Normal Courses	专科 Short-cycle Courses
894467	6992	191	6801	37945	586	37359	58603	1217	57386
1625	0	0	0	0	0	0	0	0	0
327558	2194	0	2194	13308	72	13236	18235	145	18090
45298	1173	0	1173	2040	0	2040	3577	0	3577
36942	213	0	213	562	0	562	1102	0	1102
129922	709	50	659	4292	134	4158	6608	134	6474
10586	48	0	48	121	0	121	226	0	226
31618	340	0	340	1036	0	1036	1717	0	1717
229501	1516	141	1375	10994	308	10686	16961	820	16141
20623	38	0	38	424	0	424	938	0	938
60794	761	0	761	5168	72	5096	9239	118	9121

职工数补充资料

Staff & Workers in Regular HEIs

单位:人

另有其他人员 Employees not elsewhere clossified					
聘期一年以上的外国专家、教授 Foreign experts with a term of one year and over	附属中学教职工 Staff & Workers in Attached Sec. Schools	附属小学教职工 Staff & Workers in Attached Primary Schools	现有离退休人员 Number of People on Pension	服务公司等集体所有制人员 Employees of Collective owned Units (Labour Service Co., etc.)	停薪留职人员 Personnel with pay temporarily suspended
1865	17719	8576	220633	40319	7504

普通高等学校分科专任教师数

Number of Full－time Teachers by Field of Study in Regular Higher Educational Institutions

单位:人

	合计 Total	教授 Prof.	副教授 Asso.Prof.	讲师 Lecturers	助教 Assistants	教员 Instructors	合计中公共课教师 Faculty Members Teaching Basic Courses
总计 Total	396389	28281	102114	168683	76573	20738	73708
其中：女 Of which: Female	127060	3860	23648	58001	32828	8723	23891
哲学 Philosophy	13382	864	3307	5894	2718	599	7608
经济学 Economics	26367	1569	5370	12022	5660	1746	2775
法学 Law	8660	524	1710	3839	2008	579	1463
教育学 Education	27933	800	5131	12467	7655	1880	13712
文学 Literature	65264	3092	14582	26890	15983	4717	19311
历史学 History	8052	620	2043	3481	1566	342	1251
理学 Science	79190	5208	23717	34657	12585	3023	20030
工学 Engineering	113749	9373	32767	47946	17898	5765	5021
农学 Agriculture	16903	1552	4793	6784	2953	821	298
医学 Medicine	36889	4679	8694	14703	7547	1266	2239

专任教师中本学年内不担任教学工作的人数

Number of Full－time Teachers Carrying No Teaching Load

单位:人

	合计 Total	教授 Prof.	副教授 Asso. Prof.	讲师 Lecturers	助教 Assistants	教员 Instructors
总计 Total	34372	1878	5099	15930	9963	1502
脱产进修 On Leave for Upgrading	16513	159	1402	8511	5919	522
科学研究 Scientific Research	7225	1106	2198	2770	956	195
外借人员 Working for other Institutions or Org.	1258	78	260	610	274	36
因病休养 Convalescents	1275	87	303	536	280	69
其他 Others	8101	448	936	3503	2534	680

非教学人员中有教师职称的人数

Breakdown of Non－Teaching Staff with Academic Ranks

单位:人

	合计 Total	教授 Prof.	副教授 Asso.Prof.	讲师 Lecturers	助教 Assistants
总计 Total	50213	4546	11886	22185	11596
行政人员中 Adm.Personnel	23782	1346	5025	11319	6092
科研机构人员中 Personnel in Research Org.	17336	2927	5383	6582	2444
教辅人员中 Supporting Staff	4670	127	699	2043	1801
校办厂、场职工中 Employees in School－run Factories & Farms	816	29	157	456	174
附设机构人员中 Personnel in Subsidiary Units	3609	117	622	1785	1085

普通高等学校专

Breakdown of Full－time Teachers by Academic

	合 计 Total	研 究 生 毕 业 Completion of Postgraduate Courses		
		博 士 Doctor's Degrees	硕 士 Master's Degrees	未授博士、硕士学位的 Without advanced higher degrees
总 计 Total	396389	8691	77293	9290
其中:女教师 of which: Female Teachers	127060	871	18874	2144
教授 Prof.	28281	1514	2394	2182
副教授 Asso.Prof.	102114	3629	12647	2299
讲师 Lecturers	168683	2955	47172	3808
助教 Assistants	76573	325	12022	849
教员 Instructors	20738	268	3058	152

普通高等学校专

Breakdown of Full－time Teachers by Age

	合 计 Total	30岁以下 30 years & under	31～35岁 31～35years
总 计 Total	396389	119290	74475
其中:女教师 of which: Female Teachers	127060	49820	24731
教授 Prof.	28281	18	230
副教授 Asso.Prof.	102114	697	4642
讲师 Lecturers	168683	37718	57638
助教 Assistants	76573	62001	10959
教员 Instructors	20738	18856	1006

普通高等学校学

Changes in

	上学年初报表在校学生数 Total enrolment at beginning of previous academic year	增 加 学 生 数 Factors of Increase					计 Total
		计 Total	招生数 No.of Students Admitted	复 学 Students Resuming Studies	其他学校转入 Transfers from Other Inst.	其他 Others	
本专科学生 Undergraduate Students	2536225	924607	899606	4179	1637	19185	662433

任教师学历情况

Qualifications in Regular Higher Educational Institutions

单位: 人

高等学校本科毕业 Completion of Normal Undergraduate Courses			高等学校专科毕业及本专科肄业二年以上 Completion of Short－cycle Courses or at least two years of undergraduate courses	高等学校本专科肄业未满两年及以下 Attendance in undergraduate Courses less than 2 years
学士 With Bachelor's Degrees	研究生肄业 Having Some Postgraduate Training	未授学士学位的 Without Bachelor's Degrees		
182807	498	87792	27069	2949
71720	84	24033	8529	805
6945	78	14077	870	221
27674	196	48333	6503	833
77123	185	21512	14533	1395
56190	27	3081	3747	332
14875	12	789	1416	168

任教师年龄情况

in Regular Higher Educational Institutions

单位: 人

36～ 40岁 36～ 40 years	41～ 45岁 41～ 45 years	46～ 50岁 46～ 50 years	51～ 55岁 51～ 55years	56～ 60岁 56～ 60 years	61岁以上 61years & over
45685	25240	28261	41739	52014	9685
14121	7534	8383	12123	9144	1204
484	454	1303	4807	13022	7963
9373	8162	15138	28240	34287	1575
32752	15806	11524	8520	4600	125
2643	662	188	74	44	2
433	156	108	98	61	20

生数变动情况

Undergraduate Enrolment

单位: 人

减少学生数 Factors of Decrease								本学年初报表在校学生数 Total enrolment at beginning of current academic year
毕业生 Graduates	结业生 Completers of Courses without formal awards	休学 Suspended	退学 Quitting	开除 Expelled	死亡 Dead	转到其他学校 Transfers to Other Inst.	其他 Others	
637417	3717	4249	5635	594	476	1240	9105	2798399

普 通 高 等 学

Condition of School Buildings in Regular

	合 计 Total	教学及辅助用房 Teaching & Administritive					
		计 Subtotal	教 室 Classroom	图 书 馆 Library	实验实习场附属用房 Lab. and Supplementary building	风雨操场 Gymnasium	会 堂 hall
校舍建筑总面积 Total Floor Space	123569439	40316819	13955782	5853282	17579595	1888159	1040001
其中:外单位借用面积 of which: Under lease by other units	1293834	69119	32597	3638	27133	5621	130
危房面积 Floor space of dilapidated buildings	3849749	772146	278245	55772	385249	24280	28600
当年新增面积 New floor space added in current year	5437148	1598245	583940	235517	556458	175842	46488
正在施工面积 Floor space under construction	6417843	2433264	688044	507450	1047819	138891	51060
借租用校舍面积 Leased Floorspace	565999	98658	60005	11175	18766	4923	3789

普通高等学校专

Changes of Full-time Teachers in Regular

	上学年初报表专任教师数 Total number of full-time teachers at beginning of previous academic year	增 加 专 Factors				
		合 计 Total	当 年 分 配 毕 业 生 New recruits from current year graduates			
			计 Total	其中:博士、硕士毕业 Of which: completing doc. & mas. deg. prog.	其中:本科毕业 Of which: completing 1st degree courses	计 Total
专任教师 Full-time Teachers	388047	35761	19983	6195	13264	7297

校校舍情况

Higher Educational Institutions

单位: m²

行政办公用房 Adm. Buildings	生活用房 Residential Building						
	计 Subtotal	学生宿舍 Students' Dormitories	学生食堂 Students' Dining Halls	教工单身宿舍 Apartments for Single	教工及家属住宅 Residences for Teachers & Workers	教工食堂 Halls for Staff & Workers	福利及附属用房 Welfare anxiliary Buildings
6442705	76809915	18754072	3840991	2550456	38403717	831394	12429285
28318	1196397	36319	2392	11683	920889	2513	222601
229309	2848294	429984	120661	173112	1491203	33304	600030
144322	3694581	1106903	124950	87044	1972460	12863	390361
212184	3772395	499973	181234	49177	2571173	36203	434635
8837	458504	130028	10612	7478	264343	5023	41020

任教师变动情况

Higher Educational Institutions

单位: 人

任教师数 of Increase			减少专任教师数 Factors of Decrease				本学年初报表专任教师数 Total number of full-time teachers at beginning of current academic year
外单位教师调入 Teachers recruited form other units	校内、外非教师调入 Non-teaching personnel chaнged into teachers		合计 total	上学年离退休人员 Retired from their posts during previcus academic year	调离教师岗位人员 Transferred from teaching to non-teaching posts	其他 Others	
其中: 普通高校调入 Of which: from reg. HEIs	计 Total	其中: 本校职工转为教师 Of which: with change of status in their own institutions					
3946	8481	6092	27419	11102	7605	8712	396389

(二) 研　究　生

B. GRADUATE EDUCATION

全国研究生

Basic Statistics of Graduate

	合计 Total			攻读博士学位 Candidates for Doctor's	
	毕业生数 Graduates	招生数 Entrants	在学研究生数 Enrolment	毕业生数 Graduates	招生数 Entrants
总　计 Total	28047	50864	127935	3723	9038
其中:女 of which: Female	7009	13705	34008	441	1372
委托培养 Students enrolled by contract	411	8122	14116	80	889
哲　学 Philosophy	454	649	1709	57	127
经济学 Economics	1967	4977	10803	163	459
法　学 Law	1296	2559	5817	106	252
教育学 Education	540	954	2277	42	101
其中:体育学 of which: Science of Physical Culture & Sports	63	155	347	3	10
文　学 Literature	1575	2549	6390	105	233
其中:艺术学 of which: Science of Art	107	224	504	5	16
历史学 History	506	934	2238	76	186
理　学 Sciences	5521	8818	22782	986	2155
工　学 Engineering	12463	22155	58016	1495	4096
其中:力学 of which: Mechanics	457	685	1961	81	198
农　学 Agriculture	945	1943	4671	134	431
其中:林学 of which: Forestry	103	192	469	14	34
医　学 Medicine	2780	5326	13232	559	998

单位: 人

研究生 Degrees	攻读硕士学位研究生 Candidates for Master's Degrees			研究生班研究生 Students Enrolled in Postgraduate Courses not Awarding Degrees		
在学研究生数 Enrolment	毕业生数 Graduates	招生数 Entrants	在学研究生数 Enrolment	毕业生数 Graduates	招生数 Entrants	在学研究生数 Enrolment
22660	24181	41718	104991	143	108	284
3142	6522	12296	30782	46	37	84
1400	318	7188	12577	13	45	139
294	397	509	1375	0	13	40
1010	1804	4518	9793	0	0	0
526	1189	2307	5290	1	0	1
214	478	837	2038	20	16	25
18	60	145	329	0	0	0
510	1408	2280	5798	62	36	82
39	102	208	465	0	0	0
419	430	746	1812	0	2	7
5420	4535	6634	17319	0	29	43
10652	10908	18047	47278	60	12	86
543	376	487	1418	0	0	0
982	811	1512	3689	0	0	0
77	89	158	392	0	0	0
2633	2221	4328	10599	0	0	0

Basic Statistics of Graduate Education in

	合 计 Total			攻读博士学位 Candidates for Doctor's	
	毕业生数 Graduates	招生数 Entrants	在学研究生数 Enrolment	毕业生数 Graduates	招生数 Entrants
总 计 Total	25852	47224	118232	3160	7752
其中:女 of which: Female	6578	12923	31971	373	1180
委托培养 Students enrolled by contract	377	7936	13721	55	766
哲 学 Philosophy	438	632	1653	46	122
经济学 Economics	1868	4778	10301	125	376
法 学 Law	1242	2465	5573	88	222
教育学 Education	535	941	2244	40	96
其中:体育学 of which: Science of Physical Culture & Sports	63	155	347	3	10
文 学 Literature	1556	2520	6315	94	227
其中:艺术学 of which: Science of Art	101	214	484	3	10
历史学 History	501	923	2193	72	180
理 学 Sciences	4518	7030	18173	678	1369
工 学 Engineering	11640	20968	54621	1360	3806
其中:力学 of which: Mechanics	432	654	1873	75	193
农 学 Agriculture	885	1845	4401	119	398
其中:林学 of which: Forestry	103	184	450	14	34
医 学 Medicine	2669	5122	12758	538	956

单位: 人

研究生 Degrees	攻读硕士学位研究生 Candidates for Master's Degrees			研究生班研究生 Students Enrolled in Postgraduate Courses not Awarding Degrees		
在学研究生数 Enrolment	毕业生数 Graduates	招生数 Entrants	在学研究生数 Enrolment	毕业生数 Graduates	招生数 Entrants	在学研究生数 Enrolment
19529	22549	39364	98429	143	108	274
2708	6159	11706	29179	46	37	84
1178	309	7125	12404	13	45	139
263	392	497	1350	0	13	40
825	1743	4402	9476	0	0	0
457	1153	2243	5116	1	0	0
198	475	829	2021	20	16	25
18	60	145	329	0	0	
493	1400	2257	5747	62	36	75
33	98	204	451	0	0	
391	429	741	1795	0	2	7
3507	3840	5632	14623	0	29	43
9952	10220	17150	44585	60	12	84
525	357	461	1348	0	0	
892	766	1447	3509	0	0	
77	89	150	373	0	0	
2551	2131	4166	10207	0	0	

	合计 Total			攻读博士学位 Candidates for Doctor's	
	毕业生数 Graduates	招生数 Entrants	在学研究生数 Enrolment	毕业生数 Graduates	招生数 Entrants
总计 Total	2195	3640	9703	563	1286
其中:女 of which: Female	431	782	2037	68	192
委托培养 Students enrolled by contract	34	186	395	25	123
哲学 Philosophy	16	17	56	11	5
经济学 Economics	99	199	502	38	83
法学 Law	54	94	244	18	30
教育学 Education	5	13	33	2	5
其中:体育学 of which: Science of Physical Culture & Sports	0	0	0	0	0
文学 Literature	19	29	75	11	6
其中:艺术学 of which: Science of Art	6	10	20	2	6
历史学 History	5	11	45	4	6
理学 Sciences	1003	1788	4609	308	786
工学 Engineering	823	1187	3395	135	290
其中:力学 of which: Mechanics	25	31	88	6	5
农学 Agriculture	60	98	270	15	33
其中:林学 of which: Forestry	0	8	19	0	0
医学 Medicine	111	204	474	21	42

基本情况

in Research Organizations

单位: 人

研究生 Degrees	攻读硕士学位研究生 Candidates for Master's Degrees			研究生班研究生 Students Enrolled in Postgraduate Courses not Awarding Degrees		
在学研究生数 Enrolment	毕业生数 Graduates	招生数 Entrants	在学研究生数 Enrolment	毕业生数 Graduates	招生数 Entrants	在学研究生数 Enrolment
3131	1632	2354	6562	0	0	10
434	363	590	1603	0	0	0
222	9	63	173	0	0	0
31	5	12	25	0	0	
185	61	116	317	0	0	0
69	36	64	174	0	0	1
16	3	8	17	0	0	
0	0	0	0	0	0	
17	8	23	51	0	0	7
6	4	4	14	0	0	
28	1	5	17	0	0	
1913	695	1002	2696	0	0	
700	688	897	2693	0	0	2
18	19	26	70	0	0	
90	45	65	180	0	0	
0	0	8	19	0	0	
82	90	162	392	0	0	

全国研究生指导教师情况

Basic Data on Supervisors of Postgraduate Programmes in China

单位：人

	合计 Total	30岁及以下 30 years and under	31－35	36－40	41－45	46－50	51－55	56－60	61岁及以上 61 years and over
总　计 Total	58436	348	2164	3168	2820	6535	14210	19950	9241
其中：女 Of which: Female	8505	8	105	277	339	960	2542	3207	1067
一、分职称 By academic rank									
教授 Professors	25254	15	253	450	496	1267	4610	10376	7787
副教授 Asso. Professors	26468	305	1694	2483	2088	4514	7439	7250	695
其他高级职称 with other adv. titles	6714	28	217	235	236	754	2161	2324	759
二、分指导关系 By supervisory function									
博士导师 Supervisors of doctoral programmes	2911	3	3	13	30	51	243	692	1876
硕士导师 Supervisors of master's degree prog.	51498	345	2132	3104	2728	6294	13385	17851	5659
博士、硕士导师 Supervisors of doc. & mas. degree programmes	4027	0	29	51	62	190	582	1407	1706

普通高等学校研究生指导教师情况

Basic Data on Supervisors of Postgraduate Programmes in Regular Higher Educational Institutions

单位：人

	合计 Total	30岁及以下 30 years and under	31－35	36－40	41－45	46－50	51－55	56－60	61岁及以上 61 years and over
总　计 Total	51135	323	1981	2951	2598	5880	11661	17555	8186
其中：女 Of which: Female	7712	8	98	264	321	871	2218	2959	973
一、分职称 By academic rank									
教授 Professors	22960	15	238	432	475	1184	3982	9471	7163
副教授 Asso. Professors	24941	291	1615	2394	1980	4246	6780	6955	680
其他高级职称 with other adv. titles	3234	17	128	125	143	450	899	1129	343
二、分指导关系 By supervisory function									
博士导师 Supervisors of doctoral programmes	2090	2	3	10	28	37	148	467	1395
硕士导师 Supervisors of master's degree prog.	45435	321	1953	2896	2511	5670	11033	15836	5215
博士、硕士导师 Supervisors of doc. & mas. degree programmes	3610	0	25	45	59	173	480	1252	1576

科研机构研究生指导教师情况

Basic Data on Supervisors of Postgraduate Programmes in Research Organizations

单位：人

	合计 Total	30岁及以下 30 years and under	31－35	36－40	41－45	46－50	51－55	56－60	61岁及以上 61 years and over
总　计 Total	7301	25	183	217	222	655	2549	2395	1055
其中：女 Of which: Female	793	0	7	13	18	89	324	248	94
一、分职称 By academic rank									
教授 Professors	2294	0	15	18	21	83	628	905	624
副教授 Asso. Professors	1527	14	79	89	108	268	659	295	15
其他高级职称 with other adv. titles	3480	11	89	110	93	304	1262	1195	416
二、分指导关系 By supervisory function									
博士导师 Supervisors of doctoral programmes	821	1	0	3	2	14	95	225	481
硕士导师 Supervisors of master's degree prog.	6063	24	179	208	217	624	2352	2015	444
博士、硕士导师 Supervisors of doc. & mas. degree programmes	417	0	4	6	3	17	102	155	130

三、中 等 教 育

Ⅲ. SECONDARY EDUCATION

(一)中 等 专 业 学 校

A. SPECIALIZED SECONDARY SCHOOLS

中等专业学校
Basic Statistics of Specialized Secondary

	学校数(所) Schools	毕业生数 Graduates	招生数 Entrants			在校学生数 Enrolment			
			计 Total	招高中毕业生数 Graduates From Senior Sec. School	招初中毕业生数 Graduates From Junior Sec. School		合计 Total		
								计 Subtotal	计 Subtotal
总计 Total	3987	729106	1225412	220943	1004469	3197851	516535	477503	247048
中等技术学校 Sec. Technical Schools	3093	503492	934737	187318	747419	2413955	406553	372027	187035
工业学校 Industry	959	193830	374212	64730	309482	1002492	167182	147807	72709
农业学校 Agriculture	368	56719	118531	13689	104842	302855	50084	45792	22484
林业学校 Forestry	52	7675	14384	1633	12751	41982	8695	8070	3681
医药学校 Health	551	81718	127874	8133	119741	364700	66425	59713	30742
财经学校 Finance & Economics	572	105067	188361	64503	123858	442168	62351	60244	30449
政法学校 Politics & Law	146	24245	33962	27220	6742	67987	14486	14238	6175
体育学校 Physical Culture	163	11437	17421	202	17219	48460	13143	12762	6886
艺术学校 Art	153	8896	19464	943	18521	55718	14579	14274	8980
其他学校 Others	129	13905	40528	6265	34263	87593	9608	9127	4929
中等师范学校 Teacher Training Schools	894	225614	290675	33625	257050	783896	109982	105476	60013
其中: Of which:									
幼儿师范学校 Pre – Primary Teacher Training Schools	67	12174	17900	486	17414	47558	8058	7491	4271

分类别情况

Schools by Field of Study

单位:人

教职工数 Teachers, Staff & Workers									兼任教师 Part-time Teachers
校本部教职工 Employees in the School Proper							校办厂、场职工 Employees in School-run Factories & Farms	附设机构人员 Employees in Subsidiary Units	
专任教师 Full-time Teachers				教辅人员 Supporting Staff	行政人员 Adm. Personnel	工勤人员 Workers			
高级讲师 Senior Lecturers	讲师 Lecturers	助理讲师 Assistant Lecturers	教员 Instructors						
33118	94695	104630	14605	46339	99162	84954	25521	13511	6098
25754	75180	76672	9429	38197	79798	66997	22329	12197	5837
10690	30010	28632	3377	16905	31012	27181	14716	4659	1643
3081	7859	10105	1439	4922	8712	9674	3444	848	322
539	1434	1561	147	788	1623	1978	459	166	52
4895	13371	11515	961	7039	11360	10572	1709	5003	1532
3414	11746	13783	1506	4606	14642	10547	1211	896	620
593	2265	2944	373	1232	4901	1930	106	142	124
718	3012	2681	475	828	2877	2171	69	312	141
1223	3796	3202	759	1073	2538	1683	214	91	378
601	1687	2249	392	804	2133	1261	401	80	1025
7364	19515	27958	5176	8142	19364	17957	3192	1314	261
620	1457	1829	365	597	1579	1044	182	385	9

中等专业学校分科学生数

Number of Students by Field of Study in Specialized Secondary Schools

单位: 人

	毕业生数 Graduates	招生数 Entrants			在校学生数 Enrolment	毕业班学生数 Graduates for Next Year
		计 Total	招高中毕业生数 Graduates from Senior Sec. School	招初中毕业生数 Graduates From Junior Sec. School		
总计 Total	729106	1225412	220943	1004469	3197851	836373
工科 Industry	173209	336919	55174	281745	904555	202103
农科 Agriculture	35143	46950	5801	41149	151467	42270
林科 Forestry	7830	10527	904	9623	35443	9472
医药卫生科 Health	80407	125815	7861	117954	358160	91575
财经 Finance & Economics	107464	203182	56378	146804	472328	124234
管理 Administration	47878	124568	29612	94956	283056	64327
政法 Politics & Law	24802	34541	27486	7055	68490	28565
艺术 Art	11272	30540	2613	27927	77711	13923
体育 Physical Culture	10968	16825	167	16658	47269	11327
师范 Teachier Training	230133	295545	34947	260598	799372	248577
其中: Of which:						
幼儿师范专业 For Pre-Primary Teacher	16904	24314	467	23847	66536	19106
特教师范专业 For Special Education	1510	1831	170	1661	5362	1450

中等专业学校专任教师年龄情况

Breakdown of Full－time Teachers by Age in Specialized Secondary Schools

单位:人

	合 计 Total 计 Total	其中:女 Of Which: Female	30 岁以下 30 years and under	31－35	36－40	41－45	46－50	51－55	56－60	61 岁以上 61 years and over
总　　计 Total	247048	101599	99998	44702	28298	18879	18520	21279	15001	371
高级讲师 Senior Lecturers	33118	8935	30	277	1073	1553	5324	13086	11433	342
讲　师 Lecturers	94695	38159	11543	24353	20732	14903	12078	7709	3353	24
助理讲师 Assistant Lecturers	104630	47901	75236	19398	6158	2284	1016	393	141	4
教　员 Instructors	14605	6604	13189	674	335	139	102	91	74	1
中等技术学校 Technical Schools	187035	78820	71956	34023	22555	15204	14776	16733	11482	306
高级讲师 Senior Lecturers	25754	7274	30	239	887	1281	4213	10119	8703	282
讲　师 Lecturers	75180	31358	9070	18954	16658	12000	9641	6218	2620	19
助理讲师 Assistant Lecturers	76672	36033	54549	14299	4737	1813	843	320	107	4
教　员 Instructors	9429	4155	8307	531	273	110	79	76	52	1
中等师范学校 Teacher Training Schools	60013	22779	28042	10679	5743	3675	3744	4546	3519	65
高级讲师 Senior Lecturers	7364	1661	0	38	186	272	1111	2967	2730	60
讲　师 Lecturers	19515	6801	2473	5399	4074	2903	2437	1491	733	5
助理讲师 Assistant Lecturers	27958	11868	20687	5099	1421	471	173	73	34	0
教　员 Instructors	5176	2449	4882	143	62	29	23	15	22	0

中等专业学校分课

Number of Full－time Teachers of Specialized

	合计 Total	普通课 General Educational Subjects	专 Special			
			工 科 Industry	农 科 Agriculture	林 科 Forestry	医药卫生科 Health
总 计 Total	247048	116461	30176	7948	1645	16565
中等技术学校 Sec. Technical Schools	187035	64358	29839	7928	1636	16541
中等师范学校 Teacher Training Schools	60013	52103	337	20	9	24

中等专业学校分中央部

Basic Statistics of Specialized

	学校数（所）Schools	毕业生数 Graduates	招 生 数 Entrants			在 校 学 生 数 Enrolment	毕业班学生数 Graduates for Next Year	合 计 Total		
			计 Total	招高中毕业生数 Graduates From Senior Sec. School	招初中毕业生数 Graduates From Junior Sec. School				计 Subtotal	计 Subtotal
总 计 Total	3987	729106	1225412	220943	1004469	3197851	836373	516535	477503	247048
中央部委所属学校 Run by Contral Ministries & Agencies	375	79184	128481	36667	91814	353117	93568	72712	63775	29697
地方所属学校 Run by Local Authorities	3612	649922	1096931	184276	912655	2844734	742805	443823	413728	217351

中等专业学校女学

Number of Female Students, Teachers, Staff &

	女 学 生 数 Female Stud dents						合 计 Total		
	毕业生数 Graduates	招 生 数 Entrants			在校学生数 Enrolmen	毕业班学生数 Graduates for Next Year			
		计 Total	招高中毕业生数 Graduates From Senior Sec. School	招初中毕业生数 Graduates From Junior Sec. School				计 Subtotal	计 Subtotal
总 计 Total	332327	598235	81415	516820	1561572	380723	210483	194337	101599
中等技术学校 Sec. Technical Schools	211660	423269	64045	359224	1094865	246412	168708	154864	78820
中等师范学校 Teacher Training Schools	120667	174966	17370	157596	466707	134311	41775	39473	22779

程专任教师数

Secondary Schools by Subject Taught

单位:人

业课 Subjects					技术基础课 Basic Technical Subjects	实习指导课 Practice Course
财经科 Finance & Economics	管理科 Administration	政法科 Politics & Law	艺术科 Art	体育科 Physical Culture		
15655	4428	5242	12263	9537	24126	3002
15638	4125	5001	7923	7445	23716	2885
17	303	241	4340	2092	410	117

门、地方学校基本情况

Secondary Schools by Control

单位:人

教职工数 Teachers, Staff & Workers										兼任教师(不在教工数中) Part-time Teachers
校本部教职工 Employees in the School Proper							校办厂、场职工 Employees in School-run Factories & Farms	附设机构人员 Employees in Subsidiary Units		
专任教师 Full-time Teachers				教辅人员 Supporting Staff	行政人员 Adm. Personnel	工勤人员 Workers				
高级讲师 Senior Lecturers	讲师 Lecturers	助理讲师 Assistant Lecturers	教员 Instructors							
33118	94695	104630	14605	46339	99162	84954	25521	13511		6098
5004	13066	10480	1147	7625	13813	12640	5700	3237		764
28114	81629	94150	13458	38714	85349	72314	19821	10274		5334

生和女教职工数

Workers in Specialized Secondary Schools

单位:人

女教职工数 Female Teachers, Staff & Workers									兼任教师(不在教工数中) Part-time Teachers
校本部女教职工 Female Employees in the School Proper							校办厂、场职工 Employees in School-run Factories & Farms	附设机构人员 Employees in Subsidiary Units	
专任女教师 Female Full-time Teachers				教辅人员 Supporting Staff	行政人员 Adm. Personnel	工勤人员 Workers			
高级讲师 Senior Lecturers	讲师 Lecturers	助理讲师 Assistant Lecturers	教员 Instructors						
8935	38159	47901	6604	26329	35171	31238	8736	7410	1651
7274	31358	36033	4155	21622	29460	24962	7350	6494	1588
1661	6801	11868	2449	4707	5711	6276	1386	916	63

中等专业学校专
Changes of Full－time Teachers

	上学年初报表在校学生数 Number of Total full－time teachers at beginning of previous academic year	增加专任教 Factors of						
		合计 Total	当年分配毕业生 New recruits from current year graduates					其他校 Teachers from
			计 total	研究生 Completing postgraduate courses	本科生 Completing 1st degree courses	专科生 Completing short－cycle courses	中专生 Completing SSS courses	计 total
总计 Total	239406	23994	11173	63	7821	2568	721	7688
中等技术学校 Sec. Technical Schools	181282	18377	8030	51	5702	1721	556	5867
中等师范学校 Teacher Training Schools	58124	5617	3143	12	2119	847	165	1821

中等专业学校学
Changes in Enrolment of

	上学年初报表在校学生数 Total enrolment at beginning of previous academic year	增加学生数 Factors of Increase					
		计 Total	本学年初招生数 No.of Students Admitted	复学 Students Resuming Studies	其他学校转入 Transfers from Other Schools	其他 Others	计 Total
总计 Total	2809661	1264560	1225412	1359	6552	31237	876370
中等技术学校 Sec. Technical Schools	2088398	965165	934737	978	4649	24801	639608
中等师范学校 Teacher Training Schools	721263	299395	290675	381	1903	6436	236762

中等专业学
Condition of School Buildings in

	合计 Total				
	计 Total	教学辅助用房 Teaching & assistant building	行政办公用房 Administritive	生活福利用房 Residential and Welfare	计 Total
校舍建筑面积 Floor Space	77381687	28070443	5750464	43560780	62003607
其中:被外单位借占面积 of which: Under long－term lease or occupation by other units	476679	117030	36609	323040	434502
危房面积 Floor space of dilapidated buildings	1564451	305043	80684	1178724	1247858
当年新增面积 New floor space added in current year	3602460	1369039	182331	2051090	2773186
正在施工面积 Floor space under construction	3387305	1644825	150576	1591904	2553419
借、租用校舍面积 Leased floor space	244203	80562	23921	139720	224406

任教师变动情况

in Specialized Sec. Schools

单位：人

师数 Increase				减少专任教师 Factors of Decrease				本学年初报表专任教师数 Total number of full-time teachers at beginning of current academic year
教师调入 recruited other units	非教师调入 Non-teaching personnel changed into teachers		合计 Total	上学年内离退休人数 Retired from their posts during previous academic year	调离教师岗位人员 Transferred from teaching to non-teaching posts	其他 Others	
其中：中等专业学校调入 Of which: from other SSSs	计 Total	其中：本校职工转为教师 Of which: change of status in their own institutions					
3325	5133	3663	16352	4219	6186	5477	247048
2712	4480	3095	12624	3304	4741	4109	187035
613	653	568	3728	915	1445	1368	60013

生数变动情况

Specialized Sec. Schools

单位：人

减少学生数 Factors of Decrease								本学年初报表在校学生数 Total enrolment at beginning of current academic year
上学年毕业生数 Graduates	上学年结业生数 Completers of Courses without formal award	休学 Suspended	退学 Quitting	开除 Expelled	死亡 Dead	转到其他学校 Transfers to Other Schools	其他 Others	
729106	3354	1566	5713	722	488	9538	125883	3197851
503492	2654	1289	5216	623	360	7284	118690	2413955
225614	700	277	497	99	128	2254	7193	783896

校校舍情况

Specialized Secondary Schools

单位：m^2

中等技术学校 Secondary Technical Schools			中等师范学校 Teacher Training Schools			
教学辅助用房 Teaching & assistant building	行政办公用房 Administritive	生活福利用房 Residential and Welfare	计 Total	教学辅助用房 Teaching & assistant building	行政办公用房 Administritive	生活福利用房 Residential and Welfare
22615958	4547363	34840286	15378080	5454485	1203101	8720494
108637	34960	290905	42177	8393	1649	32135
253660	66294	927904	316593	51383	14390	250820
1014212	145267	1613707	829274	354827	37064	437383
1252173	125287	1175959	833886	392652	25289	415945
77834	22254	124318	19797	2728	1667	15402

中等专业学校专任教师学历情况

Breakdown of Full－time Teachers by Educational Attainment in Specialized Sec.Schools

单位:人

	合 计 Total	高等学校本科毕业及以上 Completion of Normal Courses in IHEs	高等学校专科毕业及本专科肄业两年以上 Completion of Short－cycle Courses or at least 2 years of Undergraduate Courses	高等学校本专科肄业未满两年 Less than 2 years attendance at IHEs	中专、高中毕业及以下 Completion of Specialized or General Sec.Ed. & Lower
总 计 Total	247048	153451	69957	1978	21662
中等技术学校 Sec.Technical Schools	187035	115014	52197	1584	18240
中等师范学校 Teacher Training Schools	60013	38437	17760	394	3422

中等专业学校学生数补充资料

Supplementary Data for Total Enrolment of Specialized Secondary Schools

单位:人

	成人中专学生数 Students in Adult Spec. Sec. Schools				另有其他学生数 Additional categories of students		
	干部中专班 SSS Classes for Cadres	职工中专班 SSS Classes for Workers	农村中专班 SSS Classes for Peasants	函授 Correspondence	进修班 Refresher Courses	培训班 Training Courses	其他 Others
毕业生数 Graduates	5908	40343	4733	55393	6670	87278	32222
招生数 Entrants	12560	78831	12672	84095	8811	50149	37221
在校生数 Enrolment	22885	169673	25415	206228	15305	34557	81651

中等专业学校其他情况

Supplementary Data on Specialized Secondary Schools

	学校占地面积(平方米) Area of school site (m^2)	学校藏书(万册) Library collections (in 10000 volumes)	固定资产总额(万元) Fixed assets (in 10000 yuan)	应开实验(小时) Total number of hours of laboratory work as scheduled the teaching plans	已开实验(小时) Total number of hours of laboratory work actually provided
总 计 Total	239630509	17904.09	2492254.42	393404	142547
中等技术学校 Sec.Technical Schools	186606229	14130.04	1937899.81	329540	125769
中等师范学校 Teacher Training Schools	53024280	3774.05	554354.61	63864	16778

(二) 普通中学

B.GENERAL SECONDARY SCHOOLS

普通中学校数、班数

Number of General Secondary Schools and Classes

	学 校 数 (所) Schools				班数 (个) Classes	
	计 Total	初级中学 Junior Sec. Schools	高级中学 Senior Sec. Schools	完全中学 Complete Sec. Schools	初 中 Junior Sec. Schools	高 中 Senior Sec. Schools
总计 Total	82358	68116	3296	10946	857898	137671
教育部门和集体办 Run by Ed. Dept. & Communities	73736	62287	2866	8583	794802	122312
其他部门办 Run by Non-ed. Dept.	7734	5225	248	2261	60577	14356
民办 Run by private and other social sources	888	604	182	102	2519	1003
城市 Urban	12725	7771	895	4059	154326	48343
教育部门和集体办 Run by Ed. Dept. & Communities	8179	4836	633	2710	116904	38730
其他部门办 Run by Non-ed. Dept.	4201	2763	158	1280	36576	9021
民办 Run by private and other social sources	345	172	104	69	846	592
县镇 County Seats & Towns	18496	12566	1427	4503	205086	65086
教育部门和集体办 Run by Ed. Dept. & Communities	16672	11381	1306	3985	193691	61880
其他部门办 Run by Non-ed. Dept.	1549	1007	52	490	10578	2833
民办 Run by private and other social sources	275	178	69	28	817	373
农村 Rural	51137	47779	974	2384	498486	24242
教育部门和集体办 Run by Ed. Dept. & Communities	48885	46070	927	1888	484207	21702
其他部门办 Run by Non-ed. Dept.	1984	1455	38	491	13423	2502
民办 Run by private and other social sources	268	254	9	5	856	38
总计中 Of the total						
四年制初中 4-year junior sec. Schools	2762	2700	0	62	32385	0
小学附设初中班 Junior Sec. Classes attached to primary schools	0	0	0	0	34897	0

Number of Students in

	毕业生数 Graduates		招生数 Students Admitted		初 Junior	
	初中 Junior Sec. Schools	高中 Senior Sec. Schools	初中 Junior Sec. Schools	高中 Senior Sec. Schools	计 Total	一年级 Grade 1
总计 Total	11526031	2093021	16163581	2433887	43168600	16322559
教育部门和集体办 Run by Ed. Dept. & Communities	10758346	1910117	15281667	2216276	40647937	15428910
其他部门办 Run by Non-ed. Dept.	757577	175771	818834	194764	2402053	829779
民办 Run by private and other social sources	10108	7133	63080	22847	118610	63870
城市 Urban	2134503	695655	2742261	835030	7502964	2760745
教育部门和集体办 Run by Ed. Dept. & Communities	1673116	583513	2206066	694470	5976324	2219619
其他部门办 Run by Non-ed. Dept.	460182	108476	512392	126749	1488807	517431
民办 Run by private and other social sources	1205	3666	23803	13811	37833	23695
县镇 County Seats & Towns	2852346	1018801	3851468	1183868	10460771	3890786
教育部门和集体办 Run by Ed. Dept. & Communities	2715555	983278	3696465	1139650	10020313	3733766
其他部门办 Run by Non-ed. Dept.	132236	32325	134397	35856	398031	136245
民办 Run by private and other social sources	4555	3198	20606	8362	42427	20775
农村 Rural	6539182	378565	9569852	414989	25204865	9671028
教育部门和集体办 Run by Ed. Dept. & Communities	6369675	343326	9379136	382156	24651300	9475525
其他部门办 Run by Non-ed. Dept.	165159	34970	172045	32159	515215	176103
民办 Run by private and other social sources	4348	269	18671	674	38350	19400
总计中 Of the total						
四年制初中 4-year junior sec. Schools	110722	0	701025	0	1655788	716950
小学附设初中班 Junior Sec. Classes attached to primary schools	366475	0	560274	0	1454212	582973
女学生 Female Students	5107552	814200	7306070	955989	19446289	7366172

学 生 数

General Secondary Schools

单位:人

在校学生数 Enrolment						
中 Sec. Schools			高中 Senior Sec. Schools			
二年级 Grade 2	三年级 Grade 3	四年级 Grade 4	计 Total	一年级 Grade 1	二年级 Grade 2	三年级 Grade 3
14059149	12621380	165512	6648043	2443211	2138972	2065860
13249663	11822418	146946	6060698	2224247	1948254	1888197
772760	780948	18566	541244	196056	175819	169369
36726	18014	0	46101	22908	14899	8294
2389273	2311614	41332	2297845	837516	752530	707799
1905241	1826563	24901	1920853	695934	629454	595465
473158	481787	16431	350417	127719	114491	108207
10874	3264	0	26575	13863	8585	4127
3405938	3146376	17671	3224595	1188824	1028020	1007751
3263708	3006173	16666	3107918	1144337	990408	973173
128351	132430	1005	98943	36116	31792	31035
13879	7773	0	17734	8371	5820	3543
8263938	7163390	106509	1125603	416871	358422	350310
8080714	6989682	105379	1031927	383976	328392	319559
171251	166731	1130	91884	32221	29536	30127
11973	6977	0	1792	674	494	624
490295	283031	165512	0	0	0	0
473871	395782	1586	0	0	0	0
6315606	5687525	76986	2623681	975655	840801	807225

教 职
Teachers,

	合计 Total	专任教师 Full-time Teachers		
		计 Total	初中 Junior Sec. Schools	高中 Senior Sec. Schools
总计 Total	4190692	3233707	2686868	546839
教育部门办 Run by Ed. Dept.	3493449	2733801	2252417	481384
其他部门办 Run by Non-ed. Dept.	409535	292425	229695	62730
集体办 Communities	276815	200694	199835	859
民办 Run by private and other social sources	10893	6787	4921	1866
城市 Urban	1060247	749023	555186	193837
教育部门办 Run by Ed. Dept.	779207	557895	405151	152744
其他部门办 Run by Non-ed. Dept.	253168	183662	143716	39946
集体办 Communities	22819	4720	4674	46
民办 Run by private and other social sources	5053	2746	1645	1101
县镇 County Seats & Towns	1199233	901894	648038	253856
教育部门办 Run by Ed. Dept.	1082980	822892	582494	240398
其他部门办 Run by Non-ed. Dept.	72935	52489	40066	12423
集体办 Communities	39855	24151	23785	366
民办 Run by private and other social sources	3463	2362	1693	669
农村 Rural	1931212	1582790	1483644	99146
教育部门办 Run by Ed. Dept.	1631262	1353014	1264772	88242
其他部门办 Run by Non-ed. Dept.	83432	56274	45913	10361
集体办 Communities	214141	171823	171376	447
民办 Run by private and other social sources	2377	1679	1583	96
总计中 Of the total 女教职工 Female Teachers, Staff & Workers	1397366	1121093	967307	153786

教 职 工 数
in General Secondary Schools

单位:人

工数 Staff & Workers				代课教师 Substitute Teachers	临时工 Temporary Workers	兼任教师 Part-time Teachers
行政人员 Adm. Personnel	工勤人员 Workers	校办工厂、农场职工 Employees in School-run Factories & Farms				
		计 Total	其中:由厂、场收入支付工资的职工 Employees maintained by income of school-run businesses			
500507	378924	77554	39441	133196	106674	11322
432378	279952	47318	15710	86502	77863	5384
57993	52268	6849	2836	3651	2642	1278
8124	44948	23049	20569	41984	25178	585
2012	1756	338	326	1059	991	4075
177873	87617	45734	28139	8672	18423	6244
137170	59438	24704	10630	5775	14829	2472
38881	26074	4551	1451	1405	1710	905
581	1321	16197	15778	1019	1214	112
1241	784	282	280	473	670	2755
146327	129674	21338	7912	31375	34286	2747
134761	108975	16352	4070	22189	26972	1290
9557	10042	847	359	672	251	215
1512	10097	4095	3440	8256	6910	218
497	560	44	43	258	153	1024
176307	161633	10482	3390	93149	53965	2331
160447	111539	6262	1010	58538	36062	1622
9555	16152	1451	1026	1574	681	158
6031	33530	2757	1351	32709	17054	255
274	412	12	3	328	168	296
118198	127430	30645	19518	54161	38459	2587

	合计 Total	初中 Junior Sec. Schools			
		计 Total	大学本科毕业及以上 Completion of Normal Courses in IHEs	大学专科毕业 Completion of Short－cycle Courses in IHEs	中专毕业 Complete Specialized Sec. Education
总计 Total	3233707	2686868	240501	1474898	719213
政治 Politics	243882	201755	20305	113202	50000
语文 Language & Literature	656062	568454	50695	326653	151926
数学 Math	624334	535815	47088	294625	153972
物理 Physics	269931	208184	21545	125997	46252
化学 Chemistry	190541	132898	14432	82086	27190
生物 Biology	130276	108689	15300	53686	28102
地理 Geography	127122	105410	11441	50040	30396
历史 History	139575	106331	12545	53847	27673
英语 English	423909	353097	16883	220925	75161
俄语 Russian	3982	2900	323	1555	448
日语 Japanese	1630	1125	235	612	140
体育 Physical Culture	154492	123553	11695	53040	41029
生理卫生 Physiology & Hygiene	28978	28485	1865	11719	10186
音乐 Music	48661	47123	1783	18315	21177
美术 Fine Arts	43774	42351	1639	19107	16090
计算机课 Computer literacy	4529	1938	668	989	198
职业劳动 Vocational practice	29123	25955	1616	9139	9167
其他课 Others	20322	16737	1602	6744	5597
不任课	92584	76068	8841	32617	24509

任教师学历情况

by Subject Taught & Educational Attainment

单位:人

高中毕业及以下的 Complete Sec. Education & Lower	高中 Senior Sec. Schools				
	计 Total	大学本科毕业及以上 Completion of Normal Courses in IHEs	大学专科毕业 Completion of Short-cycle Courses in IHEs	中专毕业 Complete Specialized Sec. Education	高中毕业及以下的 Complete Sec. Education & Lower
252256	546839	291879	228741	19263	6956
18248	42127	23229	16838	1575	485
39180	87608	50649	33889	2264	806
40130	88519	56402	30275	1212	630
14390	61747	37033	23064	1065	585
9190	57643	33251	22747	1113	532
11601	21587	12148	8641	623	175
13533	21712	10975	9563	875	299
12266	33244	18749	13447	783	265
40128	70812	26053	41744	2246	769
574	1082	634	387	34	27
138	505	238	207	43	17
17789	30939	10729	15023	4147	1040
4715	493	120	256	96	21
5848	1538	251	893	340	54
5515	1423	252	898	224	49
83	2591	1480	996	83	32
6033	3168	930	1485	516	237
2794	3585	1070	1634	598	283
10101	16516	7686	6754	1426	650

普通中学专任教师专业

Full－Time Teachers in General Secondary

	合　计 Total	25岁及以下 25 years and under	26－30	31－35
合　计 Total	3233707	697373	807131	468951
初中：小计 Junior Sec. Schools Subtotal	2686868	619720	657492	380247
其中：女 Of which: Female	967307	262495	260690	131603
高　级 Senior	45996	16	47	192
一　级 1st grade	537110	857	13486	47139
二　级 2nd grade	1182974	90100	391748	256420
三　级 3rd grade	485537	204855	177057	58935
未评级 Rank undecided	435251	323892	75154	17561
高中：小计 Senior Sec. Schools Subtotal	546839	77653	149639	88704
其中：女 Of which: Female	153786	28629	47388	24002
高　级 Senior	81231	10	81	484
一　级 1st grade	173455	435	13866	37645
二　级 2nd grade	216102	26143	116886	47006
三　级 3rd grade	32078	15258	12766	2882
未评级 Rank undecided	43973	35807	6040	687

技术职务、年龄结构情况

Schools Broken Down by Rank and Age

单位：人
Unit: person

36－40	41－45	46－50	51－55	56－60	61岁及以上 61 years and over	总计中：女 Of the total female
362573	276660	278347	232327	107446	2899	1121093
311972	238617	223726	178853	74510	1731	967307
104243	81610	77037	45152	4371	106	0
768	2145	9186	20177	13079	386	17974
77532	99202	131601	117174	49318	801	191973
200246	122775	74956	36503	10007	219	411534
25962	10194	4947	2729	786	72	174239
7464	4301	3036	2270	1320	253	171587
50601	38043	54621	53474	32936	1168	153786
13634	10093	15417	12654	1925	44	0
1611	3449	16826	33713	24203	854	18062
32578	28087	34320	18215	8078	231	46436
15383	6010	3079	1189	388	18	64525
718	235	127	61	26	5	9953
311	262	269	296	241	60	14810

普通中学校舍情况

Condition of School Buildings in General Secondary Schools

	总计 Total	城市 Urban	县镇 County Seats & Towns	农村 Rural
学校数(所) Number of Schools	82358	12725	18496	51137
教学及辅助用房(平方米) Teaching & assistant buildings	142040755	39848875	39980842	62211038
行政办工用房(平方米) Administritive	38991713	12772506	10865412	15353795
生活用房(平方米) Residential and Welfare	129353197	27399329	42316703	59637165
校舍建筑面积(平方米) Floor Space	310385665	80020710	93162957	137201998
其中：Of which:				
当年新增面积(平方米) New floor space added in current year	13550119	3302978	4175559	6071582
危险房屋面积(平方米) Floor space of dilapidated buildings	6273344	1003947	1648422	3620975

普通初中班额情况

Size of Junior Secondary Classes

	班数(个) No. of Classes	班额(班) Size of Classes					
		25人及以下 25 and under	26－35	36－45	46－55	56－65	66人及以上 66 and over
总计 Total	857898	20366	66699	195637	314706	183548	76942
城市 Urban	154326	4098	13231	40248	55587	29333	11829
县镇 County Seats & Towns	205086	3859	12896	44226	77870	45572	20663
农村 Rural	498486	12409	40572	111163	181249	108643	44450

(三) 职 业 中 学

C. VOCATIONAL SCHOOLS

职业中学校数、

Number of Schools, Classes, Graduates

	学校数(所) Schools			
	计 Total	初　　中 Junior Sec. Schools	高　　中 Senior Sec. Schools	初、高中合设 Junior & Senior Sec. Schools
总计　Total	10217	1538	8109	570
教育部门和集体办 Run by Ed. Dept. & Communities	7808	1508	5777	523
其他部门办 Run by Non-ed. Dept.	2017	15	1961	41
民办 Run by private and other social sources	392	15	371	6
城市　Urban	3442	38	3266	138
教育部门和集体办 Run by Ed. Dept. & Communities	1853	31	1715	107
其他部门办 Run by Non-ed. Dept.	1334	6	1297	31
民办 Run by private and other social sources	255	1	254	0
县镇　County Seats & Towns	3094	136	2784	174
教育部门和集体办 Run by Ed. Dept. & Communities	2483	119	2199	165
其他部门办 Run by Non-ed. Dept.	493	6	484	3
民办 Run by private and other social sources	118	11	101	6
农村　Rural	3681	1364	2059	258
教育部门和集体办 Run by Ed. Dept. & Communities	3472	1358	1863	251
其他部门办 Run by Non-ed. Dept.	190	3	180	7
民办 Run by private and other social sources	19	3	16	0
总计中　Of the total				
教育部门其他部门联办 Run by Ed. Dept. & Non-ed. Dept.	297	7	264	26
其他学校附设 Attached to other schools				
女学生　Female Students				

班数、毕业生数和招生数

& Students Admitted in Vocational Schools

班数（个） Classes		毕业生数（人） Graduates		招生数（人） Students Admitted	
初中 Junior	高中 Senior	初中 Junior	高中 Senior	初中 Junior	高中 Senior
13372	81567	138031	938179	285107	1467726
13145	64965	136266	759230	281735	1173460
149	14775	1434	161105	2020	256080
78	1827	331	17844	1352	38186
531	38180	4885	398461	7660	641632
470	26459	4243	280936	7062	441372
50	10438	548	105889	516	174808
11	1283	94	11636	82	25452
2040	27084	24316	326163	45594	518642
1962	23469	24023	284185	44314	443335
21	3134	56	36499	126	63835
57	481	237	5479	1154	11472
10801	16303	108830	213555	231853	307452
10713	15037	108000	194109	230359	288753
78	1203	830	18717	1378	17437
10	63	0	729	116	1262
67	3764	760	38621	1907	60071
1542	7432	9588	78745	45894	138500
		54952	433077	117609	690149

职业中学在校学

Enrolment of Vocational

	在校学生数 Enrolment					
	合计 Total	初中 Junior				
		计 Total	一年级 Grade 1	二年级 Grade 2	三年级 Grade 3	计 Total
总计 Total	4056121	630538	287913	174851	167774	3425583
教育部门和集体办 Run by Ed. Dept. & Communities	3339209	623681	284541	173126	166014	2715528
其他部门办 Run by Non-ed. Dept.	634139	3836	2020	697	1119	630303
民办 Run by private and other social sources	82773	3021	1352	1028	641	79752
城市 Urban	1597055	16789	7726	4940	4123	1580266
教育部门和集体办 Run by Ed. Dept. & Communities	1110096	15274	7128	4492	3654	1094822
其他部门办 Run by Non-ed. Dept.	433043	1211	516	320	375	431832
民办 Run by private and other social sources	53916	304	82	128	94	53612
县镇 County Seats & Towns	1253721	95475	46479	23040	25956	1158246
教育部门和集体办 Run by Ed. Dept. & Communities	1076117	92436	45199	22212	25025	983681
其他部门办 Run by Non-ed. Dept.	152085	627	126	70	431	151458
民办 Run by private and other social sources	25519	2412	1154	758	500	23107
农村 Rural	1205345	518274	233708	146871	137695	687071
教育部门和集体办 Run by Ed. Dept. & Communities	1152996	515971	232214	146422	137335	637025
其他部门办 Run by Non-ed. Dept.	49011	1998	1378	307	313	47013
民办 Run by private and other social sources	3338	305	116	142	47	3033
总计中 Of the total						
教育部门其他部门联办 Run by Ed. Dept. & Non-ed. Dept.	149785	2797	2000	576	221	146988
其他学校附设 Attached to other schools	373420	65445	48124	8372	8949	307975
女学生 Female Students	1938173	270178	123590	75021	71567	1667995

生数和毕业班学生数

Schools and Graduates for Next Year

单位人

高中 Senior						毕业班学生数 Graduates for Next Year	
二年制 2-year		三年制 3-year			四年制 4-year	初中 Junior	高中 Senior
一年级 Grade 1	二年级 Grade 2	一年级 Grade 1	二年级 Grade 2	三年级 Grade 3			
394011	300090	1051855	878771	745045	55811	168782	1060737
328861	246090	828161	683375	586184	42857	166515	844750
50511	45262	200269	176800	144741	12720	1254	193015
14639	8738	23425	18596	14120	234	1013	22972
110437	91903	513323	451858	365380	47365	4617	467539
73624	58572	354916	312760	257722	37228	4142	324117
28323	27715	141925	125425	98447	9997	381	128595
8490	5616	16482	13673	9211	140	94	14827
180825	135125	335214	267157	234912	5013	27068	372643
157531	118635	283775	223473	197669	2598	25765	318374
17490	13538	45413	39695	32907	2415	431	46961
5804	2952	6026	3989	4336	0	872	7308
102749	73062	203318	159756	144753	3433	137097	220555
97706	68883	189470	147142	130793	3031	136608	202259
4698	4009	12931	11680	13387	308	442	17459
345	170	917	934	573	94	47	837
13353	10548	41581	37052	34374	10080	809	46388
39640	30289	96709	78511	58275	4551	14165	89689
176535	136049	516558	438509	370008	30336	72126	513177

职业中学高中

Number of Senior Level Students in

	合计 Total	工科 Industry	农科 Agriculture	林科 Forestry	医药卫生科 Health
毕业生数 Graduates	938179	293429	143964	30244	56093
招生数 Students Admitted	1467726	437784	128082	26814	101590
在校学生数 Enrolment	3425583	1043027	321763	72255	255715
毕业班学生数 Graduates for Next Year	1060737	333141	123984	27386	72994

职业中学

Number of Teachers, Staff

教职 Teachers, Staff

	合计 Total	专任教师 Full-time Teachers 计 Total	专任教师 初中 Junior	专任教师 高中 Senior	行政人员 Adm. Personnel	工勤人员 Workers
总计 Total	415250	276615	35352	241263	69124	50520
教育部门办 Run by Ed. Dept.	336276	231290	31185	200105	56401	37337
其他部门办 Run by Non-ed. Dept.	60822	37571	364	37207	10804	9183
集体办 Run by Communities	14234	5920	3729	2191	531	3341
民办 Run by private & other Social Sources	3918	1834	74	1760	1388	659
城市 Urban	169343	107302	1307	105995	34817	17136
教育部门办 Run by Ed. Dept.	123763	80451	1097	79354	26118	11762
其他部门办 Run by Non-ed. Dept.	39515	25593	178	25415	7461	4771
集体办 Run by Communities	3567	266	32	234	160	196
民办 Run by private & other Social Sources	2498	992	0	992	1078	407
县镇 County Seats & Towns	132354	87994	5257	82737	20251	19247
教育部门办 Run by Ed. Dept.	114086	78307	4808	73499	17546	14957
其他部门办 Run by Non-ed. Dept.	14196	8139	20	8119	2364	2992
集体办 Run by Communities	2892	849	355	494	93	1079
民办 Run by private & other Social Sources	1180	699	74	625	248	219
农村 Rural	113553	81319	28788	52531	14056	14137
教育部门办 Run by Ed. Dept.	98427	72532	25280	47252	12737	10618
其他部门办 Run by Non-ed. Dept.	7111	3839	166	3673	979	1420
集体办 Run by Communities	7775	4805	3342	1463	278	2066
民办 Run by private & other Social Sources	240	143	0	143	62	33
总计中 Of the total 女教职工 Fema;e Teachers, Staff & Workers	142895	98988	8944	90044	19035	17597

阶段分科学生数

Vocational Schools by Field of Study

单位: 人

财经科 Finance & Economics	管理科 Administration	政法 Politics & Law	艺术 Art	体育 Physical Culture	其他 Others
155067	41869	5267	39636	5987	166607
301579	100344	16088	62282	10824	282174
689606	219800	29096	142370	21894	629902
193157	61497	7428	43643	6291	191096

教职工数

& Workers in Vocational Schools

单位: 人

工数 & Workers		代课教师 Substitute Teachers	临时工 Temporary Workers	兼任教师 Part-time Teachers
校办工厂、农场职工 Employees in School-run Factories & Farms				
计 Total	其中: 由厂、场收入支付工资的职工 Employees maintained by income of school-run businesses			
18991	10654	13169	16305	25785
11248	4789	9230	12580	9755
3264	1807	2368	1691	9521
4442	4044	1164	1757	1225
37	14	407	277	5284
10088	5989	4443	4578	15156
5432	2427	2351	3197	3692
1690	727	1703	1041	7021
2945	2835	36	98	439
21	0	353	242	4004
4862	2224	4686	6773	7796
3276	1114	3802	5424	4021
701	316	542	580	2253
871	780	299	740	296
14	14	43	29	1226
4041	2441	4040	4954	2833
2540	1248	3077	3959	2042
873	764	123	70	247
626	429	829	919	490
2	0	11	6	54
7275	4779	3411	4753	5310

	合 计 Total	初中 Junior Sec .Schools			
		计 Total	大学本科毕业及以上 Completion of Normal Courses in IHEs	大学专科毕业 Completion of Short－cycle Courses in IHEs	中专毕业 Complete Specialized Sec. Education
总计 Total	276615	35352	1461	15497	13787
文化课 Cultural Subjects	156793	30161	1236	13516	11700
专业课 Special Subjects					
工科 Industry	35376	521	44	239	146
农科 Agriculture	16324	2200	67	914	857
林科 Forestry	3648	527	8	191	241
医药卫生科 Health	6455	129	18	45	58
财经科 Finance & Economics	14663	97	8	31	42
管理科 Administration	4061	61	4	14	34
政法 Politics & Law	1659	153	9	72	54
艺术 Arts	8879	259	18	83	98
体育 Physical Culture	5960	605	22	194	272
其他 Other	17348	454	25	133	202
实习指导课 Practice Course	4646	185	2	65	83

任教师学历情况

School Teachers by Educational Attainment

单位: 人

高中毕业及以下 Complete General Sec. Education & Lower	高中 Senior Sec. Schools 计 Total	大学本科毕业及以上 Completion of Normal Courses in IHEs	大学专科毕业 Completion of Short-cycle Courses in IHEs	中专毕业 Complete Specialized Sec. Education	高中毕业及以下 Complete General Sec. Education & Lower
4607	241263	66314	134654	30047	10248
3709	126632	39138	71641	11829	4024
92	34855	10098	19669	3699	1389
362	14124	3086	8154	2388	496
87	3121	728	1709	569	115
8	6326	1634	2820	1696	176
16	14566	3220	8847	2055	444
9	4803	1346	2656	578	223
18	1506	451	879	129	47
60	8620	1118	4938	2039	525
117	5355	1217	2727	1069	342
94	16894	3731	8673	2905	1585
35	4461	547	1941	1091	882

职业中学专任教师专业

Full－Time Teachers in Vocational

	合　计 Total	25岁及以下 25 years and under	26－30	31－35
合　计 Total	276615	60227	73557	39014
初中：小计 Junior Sec. Schools Subtotal	35352	8998	9196	5356
其中：女 Of which: Female	8944	3113	2830	1224
高　级 Senior	200	0	1	3
一　级 1st grade	4205	21	107	250
二　级 2nd grade	14123	793	3989	3149
三　级 3rd grade	8939	3021	3321	1447
未评级 Rank undecided	7885	5163	1778	507
高中：小计 Senior Sec. Schools Subtotal	241263	51229	64361	33658
其中：女 Of which: Female	90044	22855	25565	12018
高　级 Senior	14063	10	10	91
一　级 1st grade	64187	177	2724	8614
二　级 2nd grade	98726	11459	45106	20994
三　级 3rd grade	28280	12919	10861	2728
未评级 Rank undecided	36007	26664	5660	1231

技术职务、年龄结构情况

Schools Broken Down by Rank and Age

单位：人
Unit: person

36-40	41-45	46-50	51-55	56-60	61岁及以上 61 years and over	总计中：女 Of the total female
26463	21421	22927	21088	11175	743	98988
4072	2780	2186	1906	834	24	8944
824	461	309	158	25	0	0
4	13	30	76	64	9	21
460	652	931	1206	567	11	665
2801	1686	1025	519	158	3	3118
639	308	123	63	17	0	2507
168	121	77	42	28	1	2633
22391	18641	20741	19182	10341	719	90044
8212	6899	7919	5672	803	101	0
185	481	2342	6062	4501	381	3904
10256	11381	14544	11131	5142	218	22762
10305	5685	3170	1500	464	43	37286
905	452	241	132	39	3	11136
740	642	444	357	195	74	14956

职业中学校舍情况

Condition of School Buildings in Vocational Schools

	总计 Total	城市 Urban	县镇 County Seats & Towns	农村 Rural
学校数（所） Number of Schools	10217	3442	3094	3681
教学及辅助用房（平方米） Teaching & Assistant Buildings	15486450	6694616	4820899	3970935
行政办公用房（平方米） Administritive	4939580	2160336	1510590	1268654
生活福利用房（平方米） Residential and Welfare	16038562	4983833	6051741	5002988
校舍建筑面积（平方米） Floor Space	36464592	13838785	12383230	10242577
其中： Of which:				
当年新面积（平方米） New floor space added in current year	2380579	976553	871507	532519
危险房屋面积（平方米） Floor space of dilapidated buildings	612398	138470	197287	276641

四、初等教育（小学）

Ⅳ. PRIMARY EDUCATION (PRIMARY SCHOOLS)

小学校数、班

Number of Schools, Classes &

	学校数(所) Schools	教学点数(个) External teaching sites	班　数(个) Classes	毕业生数(人) Graduates	招生数(人) Students Admitted
总　计　Total	682588	203893	4013617	18995923	25370329
教育部门和集体办 Run by Ed. Dept. & Communities	666384	197824	3853047	18121462	24286733
其他部门办 Run by Non－ed. Dept.	15126	4655	153443	868204	1019980
民办 Run by private & other social scouces	1078	1414	7127	6257	63616
城　市　Urban	30194	4307	364796	2647549	3073346
教育部门和集体办 Run by Ed. Dept. & Communities	24123	3051	284638	2113914	2453245
其他部门办 Run by Non－ed. Dept.	5915	1243	79088	532766	610277
民办 Run by private & other social scouces	156	13	1070	869	9824
县　镇　County Seats & Towns	80682	10907	548100	3280795	4126816
教育部门和集体办 Run by Ed. Dept. & Communities	77929	10394	523075	3144233	3964387
其他部门办 Run by Non－ed. Dept.	2607	409	24264	135798	155750
民办 Run by private & other social scouces	146	104	761	764	6679
农　村　Rural	571712	188679	3100721	13067579	18170167
教育部门和集体办 Run by Ed. Dept. & Communities	564332	184379	3045334	12863315	17869101
其他部门办 Run by Non－ed. Dept.	6604	3003	50091	199640	253953
民办 Run by private & other social scouces	776	1297	5296	4624	47113
总　计　中　Of the total					
六年制　6－year Schools	408079	124584	2572469	11360620	15569653
女学生　Female Students	0	0	0	8757263	12137224

数和学生数

Students in Primary Schools

在校学生数（人） Enrolment						
合计 Total	一年级 Grade 1	二年级 Grade 2	三年级 Grade 3	四年级 Grade 4	五年级 Grade 5	六年级 Grade 6
128226233	27538172	24933259	22589824	20920973	20046092	12197913
122804670	26413848	23927295	21709422	20104304	19199112	11450689
5217942	1053153	955951	847929	793535	831191	736183
203621	71171	50013	32473	23134	15789	11041
16125939	3117428	2881592	2606176	2504144	2680157	2336442
12971376	2485686	2310480	2102531	2030168	2170797	1871714
3122671	621394	563714	498695	469990	506647	462231
31892	10348	7398	4950	3986	2713	2497
20755753	4329642	3984980	3582045	3326300	3325263	2207523
19942515	4162339	3834720	3449994	3205478	3198537	2091447
792250	159987	144690	128768	118579	125121	115105
20988	7316	5570	3283	2243	1605	971
91344541	20091102	18066687	16401603	15090529	14040672	7653948
89890779	19765823	17782095	16156897	14868658	13829778	7487528
1303021	271772	247547	220466	204966	199423	158847
150741	53507	37045	24240	16905	11471	7573
83249331	16854461	15445201	13827778	12582853	12341125	12197913
60353001	13036669	11803935	10656926	9804189	9333117	5718165

小 学 教

Number of Teachers, Staff &

	教职 Teachers, Staff			
	合计 Total	专任教师 Full-time Teachers	行政人员 adm. Personnel	工勤人员 Workers
总 计 Total	6271397	5611324	471083	160525
教育部门办 Run by Ed. Dept.	3954725	3444130	400358	94499
其他部门办 Run by Non-ed. Dept.	405822	338353	35616	29537
集体办 Run by Communities	1895880	1816586	34292	34607
民办 Run by private and other social sources	14970	12255	817	1882
城市 Urban	952350	804241	97128	37423
教育部门办 Run by Ed. Dept.	671169	570528	74039	20567
其他部门办 Run by Non-ed. Dept.	229580	192292	21182	14616
集体办 Run by Communities	48051	39459	1404	1168
民办 Run by private and other social sources	3550	1962	503	1072
县镇 County Seats & Towns	1083009	953459	85903	36409
教育部门办 Run by Ed. Dept.	846460	737085	77059	27099
其他部门办 Run by Non-ed. Dept.	65387	54163	5881	4892
集体办 Run by Communities	169485	160979	2823	4113
民办 Run by private and other social sources	1677	1232	140	305
农村 Rural	4236038	3853624	288052	86693
教育部门办 Run by Ed. Dept.	2437096	2136517	249260	46833
其他部门办 Run by Non-ed. Dept.	110855	91898	8553	10029
集体办 Run by Communities	1678344	1616148	30065	29326
民办 Run by private and other social sources	9743	9061	174	505
总计中 Of the total 女教职工 Female Teachers, Staff & Workers	2745799	2569827	99707	65801

职 工 数

Workers in Primary Schools

单位: 人

工 数 & Workers		代课教师 Subtitute Teachers	临时工 Temporary Workers
校办工厂、农场职工 Employees in School－run Factories & Farms			
计 Total	其中:由厂、场收入支付工资的职工 Of which: Employees maintained by income of school－run businesses		
28465	11003	652767	89395
15738	2801	355629	50264
2316	1021	9980	2454
10395	7178	285190	36121
16	3	1968	556
13558	7974	26377	13285
6035	1667	17563	10675
1490	462	2922	1427
6020	5842	5687	866
13	3	205	317
7238	1494	72395	11758
5217	570	32744	7059
451	303	1384	181
1570	621	38133	4448
0	0	134	70
7669	1535	553995	64352
4486	564	305322	32530
375	256	5674	846
2805	715	241370	30807
3	0	1629	169
10464	5518	343185	42450

小学专任教师专业

Full－Time Primary School Teachers

	合　计 Total	25岁及以下 25 years and under	26－30	31－35	36－40
合　计 Total	5611324	984061	822852	831248	932823
其中: 女 Of which: Female	2569827	553668	417534	384093	401152
中教高级 Senior secondary	3035	39	13	81	199
小教高级 Senior primary	855632	505	5016	29227	91240
小教一级 1st grade primary	2470054	90544	317535	457331	594348
小教二级 2nd grade primary	1238511	385289	280949	214841	162392
小教三级 3rd grade primary	232724	53587	62871	45386	33787
未评级 Rank undecided	811368	454097	156468	84382	50857

技术职务、年龄结构情况

Broken Down by Rank and Age

单位：人

Unit: person

41－45	46－50	51－55	56－60	61岁及以上 61 years and over	总计中：女 Of the total female
776020	619970	505536	135444	3370	2569827
333826	270792	195852	12625	285	
319	675	1062	609	38	1536
157076	229584	264785	76877	1322	423241
466204	303999	192330	46775	988	1095227
102023	57305	29313	6138	261	565689
19878	10367	5572	1183	93	94648
30520	18040	12474	3862	668	389486

学龄儿童入学率

Net Enrolment Rate of School－age Children

单位：人

	学龄儿童总数 Total School-age Children	已入学的学龄儿童数 School-age Children Enrolled	学龄儿童入学率 Net Enrolment Rate（%）
总　计 Total	119495619	117581583	98.40
城　市 Urban	15322648	15182610	99.09
县　镇 County Seats & Towns	19424328	19193485	98.81
农　村 Rural	84748643	83205488	98.18
总计中女儿童 Of the total Girls	57095453	55792612	97.72

小学专任教师学历情况

Breakdown of Full－time Primary School Teachers by Educational Attainment

单位：人

	计 Total	大学本科毕业及以上 Completion of Normal Courses in IHEs	大学专科毕业 Completion of Short－cycle Courses in IHEs	中专毕业 Complete Specialized Sec. Education in IHEs	高中毕业 Complete General Sec. Education	高中毕业以下的 Complete Sec. Education & Lower
人数 Number	5611324	12320	242322	3598046	1006091	752545
%	100.00	0.22	4.32	64.12	17.93	13.41

小学校舍情况

Condition of School Buildings in Primary Schools

	总计 Total	城市 Urban	县镇 County Seats & Towns	农村 Rural
学校数(所) Number of Schools	682588	30194	80682	571712
教学及辅助用房(平方米) Teaching & Assistant Buildings	316049631	39804374	50041947	226203310
行政办公及房(平方米) Administritive	47357174	8371539	7977299	31008336
生活福利用房 Residential and Welfare	103929386	11896190	18532932	73500264
校舍建筑面积(平方米) Floor Space	467336191	60072103	76552178	330711910
其中: Of which:				
当年新增面积(平方米) New floor space added in current year	13476271	2149507	2885867	8440897
危险房屋面积(平方米) Floor space of dilapidated buildings	9763047	551497	1185844	8025706

小学班额情况

Size of Primary Classes

	班数(个) No. of Classes	班额(班) Size of Classes					
		10人及以下 10 and under	11－20	21－30	31－40	41－50	50人及以上 50 and over
总计 **Total**	4013617	171647	658847	1024818	1016841	684487	456977
城市 Urban	364796	3299	14635	35244	77999	112754	120865
县镇 County Seats & Towns	548100	11786	54788	107018	136371	119103	119034
农村 Rural	3100721	156562	589424	882556	802471	452630	217078

五、特殊教育

V. SPECIAL EDUCATION

	学校数(所) Schools	班数(个) Classes		毕业生数 Graduates		
		小 学 Primary Sch.	初 中 Junior Sec. Sch.	计 Total	小 学 Primary Sch.	初 中 Junior Sec. Sch.
总 计 Total	1241	11640	502	14319	12639	1680
盲聋哑学校合计 Total Number of Schools for the Blind & the Deaf-mute	871	5531	423	6608	5475	1133
盲聋哑学校 Schools for the Blind & the Deaf-mute	120	1019	69	1367	1117	250
盲生部 Blind	0	120	25	181	101	80
聋哑生部 Deaf-mute	0	899	44	1186	1016	170
聋哑学校 Schools for the Deaf-mute	729	4067	281	4528	3843	685
盲 校 Schools for the Blind	22	132	72	319	138	181
普通学校附设及随班就读 Attached to Regular Schools	0	313	1	394	377	17
盲生 Blind	0	39	0	32	28	4
聋哑生 Deaf-mute	0	274	1	362	349	13
合计中:女生、女教职工数 Of the Total: Female Students, Teachers, Staff & Workers				2272	1830	442
弱智儿童辅读学校(班)合计 Total No. of Schools for Retarded Children	370	6109	79	7711	7164	547
弱智儿童辅读学校(班) Schools for Reguarded Children	370	2418	44	1951	1747	204
普通学校附设及随班就读 Attached to Regular Schools	0	3691	35	5760	5417	343
合计中:女生、女教职工数 Of the Total: Female Strdents Teachers, Staff & Workers				2721	2513	208

校基本情况

Special Education Schools

单位:人

招生数 Students Admitted			在校学生数 Enrolment			教职工数 Teachers, Staff & Workers	
计 Total	小学 Primary Sch.	初中 Junior Sec. Sch.	计 Total	小学 Primary Sch.	初中 Junior Sec. Sch.	计 Total	其中:专任教师 Of which: Full-time Teachers
39820	37233	2587	211404	203665	7739	33189	22713
14324	12978	1346	72181	67622	4559	24829	16211
2650	2379	271	13318	12572	746	4699	3033
398	319	79	1195	967	228	636	457
2252	2060	192	12123	11605	518	4063	2576
9817	8932	885	51525	48477	3048	18537	12187
479	307	172	2138	1461	677	1163	702
1378	1360	18	5200	5112	88	430	289
138	138	0	788	786	2	85	27
1240	1222	18	4412	4326	86	345	262
4972	4477	495	26061	24376	1685	14515	10871
25496	24255	1241	139223	136043	3180	8360	6502
6218	6139	79	29088	28448	640	5700	4712
19278	18116	1162	110135	107595	2540	2660	1790
9733	9253	480	52011	50885	1126	6662	5391

六、幼 儿 教 育

Ⅵ. PRE－PRIMARY EDUCATION

幼儿教育基本情况

Basic Statistics of Pre－primary Education

	园数(所) Kindergartens	班数(个) Classes	在园幼儿数(人) Children Enrolled	教职工数(人) Teachers, Staff & Workers 计 Total	其中: Of which: 园长 Kindergarten Heads	教师 Teachers	保健员 Health Nurses
总计 Total	174657	787603	26302725	1149211	68427	861756	53352
按办别分: By Category of Maintenance:							
教育部门办 Run by Ed.Dept.	20645	219240	8146169	252974	14171	200988	10790
其他部门办 Run by Non－ed.Dept.	23266	105430	3261785	363837	26484	191036	31236
集体办 Run by Communities	112462	425730	13858537	476127	20076	429210	8305
民办 Run by private & other social sources	18284	37203	1036234	56273	7696	40522	3021
按城乡分: By Location							
城市 Urban	35773	153998	5232324	462868	35552	254644	33166
县镇 County Seats & Towns	35811	145537	5318650	245648	16102	197814	14110
农村 Rural	103073	488068	15751751	440695	16773	409298	6076
总计中: 女幼儿、女教职工 Of the Total: Girls & Female Teachers' Staff & Workers			12301399	1081133	64518	815570	49187

园长、专任教师学历情况

Breakdown of Kindergarten Heads and Teachers by Educational Attainment

单位: 人

	合计 Total	师范院校本专科毕业 A	中师毕业 B	职业高中幼教专业毕业 C	非师范专业毕业 D 高中毕业及以上 E	初中毕业及以下 F	合计中: 取得"专业合格证书"的 G
总计 Total	930183	29185	284452	114217	264666	237663	109658
园长 Kindergarten Heads	68427	5810	29636	6416	16303	10262	4786
教师 Teachers	861756	23375	254816	107801	248363	227401	104872

A. Graduates of teachers colleges.

B. Graduates of sec. teachers training schools.

C. Graduates of pre－school education programmes in vocational schools.

D. Graduates from non－teacher training institutions.

E. Graduates of senior secondary schools and those with higher qualifications.

F. Graduates of junior secondary schools and those with lower qualifications.

G. Of the total: Those awarded " teaching certificates ".

七、成人教育

Ⅶ. ADULT EDUCATION

成人高等学校

Baisc Statistics of Adult Higher

	学校数(所) Institutions		本专科学生 Normal & Short-cycle						
	计 Total	其中中央所属院校 Of which: Inst Under Central Ministries & Agencies	毕业生数 Graduates	招生数 Entrants	在校生数 Enrolment	合计 Total	计 Total	计 Total	教授 Professors
总计 Total	1172	277	277141	515681	1223980	209959	198380	94949	1133
其中:女 Of which: Female	0	0	109991	224009	522726	83500	78819	35167	138
广播电视大学 Radio/TV Universities	46	1	99945	221420	536423	44306	42572	19536	109
职工高等学校 Workers' Colleges	703	206	83301	130853	307478	81297	75925	37674	375
农民高等学校 Peasants' Colleges	4	0	88	468	694	255	250	130	0
管理干部学院 Institutes for Administration	170	62	29313	70513	135359	37011	34900	14233	348
教育学院 Educational Colleges	245	6	61599	87104	230412	45659	43394	22630	280
独立函授学院 Independent Correspondence Colleges	4	2	2895	5323	13614	1431	1339	746	21

单位:人

教职工数 Teachers Staff & Workers										兼任教师 Part-time Teachers
校本部教职工数 Employees in the School Proper							科研机构人员 Personnel in Affiliated Research Org.	校办工厂、农场人员 Personnel in School-run Factories, Farms	附设机构人员 Personnel in Other Subsidiary Units	
专任教师数 Full-time Teachers				教辅人员 Supporting Staff	行政人员 Adm. Personnel	工勤人员 Workers				
副教授 Asso. Prof.	讲师 Lecturers	助教 Assistants	教员 Instructors							
19071	44676	24512	5557	22693	50101	30637	1726	5974	3879	31417
4294	16977	11368	2390	11622	19821	12209	557	2278	1846	7094
2829	8863	6325	1410	5625	12529	4882	136	717	881	15533
7107	18205	9796	2191	8327	17605	12319	694	2772	1906	12113
10	60	48	12	18	62	40	0	5	0	0
3126	6961	3093	705	3831	9981	6855	287	1351	473	2065
5808	10255	5102	1185	4700	9683	6381	598	1103	564	1384
191	332	148	54	192	241	160	11	26	55	322

成人高等学校分

Number of Students by Type of Schools

	毕业生数 Graduates		
	计 Total	本科 Normal Courses	专科 Short－cycle Courses
总计 Total	455344	42719	412625
其中:全脱产 Of which: Full－time	108412	4454	103958
普通专科班(A)	24214	0	24214
广播电视大学 Radio/TV Universities	99945	0	99945
其中:全脱产 Of which: Full－time	19287	0	19287
普通专科班 (A) Regular Short－cycle Courses	23911	0	23911
职工高等学校 Workers'Colleges	83301	630	82671
其中:全脱产 Of which: Full－time	33940	50	33890
农民高等学校 Peasants'Colleges	88	0	88
其中:全脱产 Of which: Full－time	88	0	88
管理干部学院 Institutes for Administration	29313	344	28969
其中:全脱产 Of which: Full－time	25633	229	25404
教育学院 Educational Colleges	61599	9958	51641
其中:全脱产 Of which: Full－time	29464	4175	25289
独立函授学院 Independent Correspondence Colleges	2895	189	2706
普通高等学校举办 Run by Regular IHEs	178203	31598	146605
函授部 Divisions of Correspondence	127402	27115	100287
夜大学 Evening Schools	43809	4292	39517
成人脱产班 Short－cycle Courses for Adult	6992	191	6801

(A) Of which Regalar Short－cycle Courses.

本专科学生数
in all Adult Higher Education Institutions

单位:人

招生数 Entrants			在校学生数 Enrolment		
计 Total	本科 Normal Courses	专科 Short-cycle Courses	计 Total	本科 Normal Courses	专科 Short-cycle Courses
1017016	86604	930412	2351718	227910	2123808
183132	5529	177603	395000	11768	383232
81190	0	81190	160799	0	160799
221420	9	221411	536423	39	536384
37103	0	37103	82685	0	82685
77174	0	77174	152128	0	152128
130853	1064	129789	307478	2637	304841
54061	98	53963	132826	343	132483
468	0	468	694	0	694
371	0	371	551	0	551
70513	1237	69276	135359	2301	133058
52835	609	52226	99762	1060	98702
87104	15982	71122	230412	46745	183667
38742	4822	33920	79133	10365	68768
5323	63	5260	13614	303	13311
501335	68249	433086	1127738	175885	951853
335296	56744	278552	770485	145266	625219
128094	10919	117175	298650	29402	269248
37945	586	37359	58603	1217	57386

成人高等学校

Number of Students by Field of Study in

	毕业生数 Graduates		
	计 Total	本科 Normal Courses	专科 Short-cycle Courses
总计 Total	277141	11121	266020
哲学 Philosophy	499	15	484
经济学 Economics	91195	199	90996
法学 Law	25780	762	25018
教育学 Education	12328	2310	10018
文学 Literature	51833	3845	47988
历史学 History	4115	175	3940
理学 Science	17628	2958	14670
工学 Engineering	47434	857	46577
农学 Agriculture	19647	0	19647
医学 Medicine	6682	0	6682

注：本表不包括普通高等学校举办的函授部、夜大学和成人脱产班的学生数。

Note: Numbers of Students in Correspondenes Divisions, Evening Schools & Short-cycle courses of Adult run by Regular Institutions of Education are not included.

成人高等学校

Number of Other Students in Adult

	学历教育学生总数中 Of total formal students		证书教育 Certificate-oriented education	
	第二学历 Students for secand diploma	双招班	单科班 Single Subject Courses	专业证书班 Classes for certificate-oriented trainees
毕业生数 Graduates	9025	1914	47826	97860
招生数 Entrants	26687	9230	95373	177451
在校生数 Enrolment	50964	19742	120803	210334
毕业班学生数 Graduates for Next year	13394	7319	23550	48188

分科学生数

Adult Higher Educational Institutions

单位:人

招生数 Students Admitted			在校学生数 Enrolment		
计 Total	本科 Normal Courses	专科 Short-cycle Courses	计 Total	本科 Normal Courses	专科 Short-cycle Courses
515681	18355	497326	1223980	51983	1171997
389	0	389	1262	0	1262
224768	1160	223608	500344	1899	498445
40803	1533	39270	97867	3063	94804
20073	5077	14996	44738	11535	33203
81280	6011	75269	209160	19442	189718
4271	469	3802	13780	858	12922
19426	3240	16186	57946	12699	45247
91119	702	90417	242768	2195	240573
17832	0	17832	20553	0	20553
15720	163	15557	35562	292	35270

其他学生数

Higher Educational Institutions

单位:人

岗位培训 Job-specific training		大学后继续教育 Post-collegiate continuing education	基础学院	成人中专班 Spec. Sec. classes for adult	其他 Others
资格培训 Qualifications-oriented training	适应培训 Adaptation training				
441135	556785	72866	1114	49852	118133
310624	339066	40835	51228	97996	217817
207506	156267	37651	64981	315043	447249
120570	93689	17460	2228	48013	61733

成人高等学校专

Breakdown of Full-time Teachers by Academic Qualifications

	合计 Total		研究生毕业 Completion of Postgraduate Courses			
	计 Total	其中：女 Of which Female	计 Total	博士 Doctor's Degrees	硕士 Master's Degrees	未授博士、硕士学位的 Without advanced degrees
总计 Total	94949	35167	4566	69	3686	811
其中：女 Of which Female	35167	–	1270	10	1088	172
教授 Professors	1133	138	136	13	63	60
副教授 Asso. Professors	19071	4294	739	32	532	175
讲师 Lecturers	44676	16977	2899	19	2431	449
助教 Assistants	24512	11368	571	0	474	97
教员 Instructors	5557	2390	221	5	186	30

成人高等学校在校学生、教

Supplementary Information on Students and Staff

	在校学生总数中 Of Total Enrolment					教职工总 Of Teachers, Staff	
	共产党员 Member of C.P.C.	共青团员 Member of C.Y.L.	民主党派 Member of Dem. Parties	华侨 Overseas Chinese	少数民族 Minorities	共产党员 Member of C.P.C.	共青团员 Member of C.Y.L.
总计 Total	53090	558405	1475	509	54518	82498	23921
广播电视大学 Radio/TV Universities	22622	264767	1374	306	25822	17354	6374
职工高等学校 Workers' Colleges	10566	148959	43	105	8027	27492	8236
农民高等学校 Peasants' Colleges	19	206	0	0	58	104	38
管理干部学院 Institutes for Administration	10681	63360	26	10	5680	18276	3929
教育学院 Educational Colleges	7722	75273	32	88	14626	18580	5075
独立函授学院 Independent Correspondence Colleges	1480	5840	0	0	305	692	269

任教师学历情况

in Adult Higher Educational Institutions

单位:人

高等学校本科毕业 Completion of Normal Undergraduate Courses 计 Total	学士 With Bachelor's Degrees	研究生肄业 Having Some Postgraduate Training	未获学士学位的 Without Bachelor's Degrees	高等学校专科毕业及本专科肄业二年以上 Completion of Shore-cycle Courses or at least two years of undergraduate ed.	高等学校本专科肄业未满两年及以下 Attendance in undergraduate Courses less than 2 years
73069	46354	339	26376	15368	1946
27461	19407	95	7959	5779	657
901	340	8	553	83	13
16468	5560	77	10831	1584	280
33615	22223	181	11211	7348	814
18400	15209	50	3141	4960	581
3685	3022	23	640	1393	258

职工的政治及其他情况

& Workers of Adult Higher Educational Institutions

单位:人

数中 & Workers			专任教师中 Of Full-time Teachers				
民主党派 Member of Dem. Parties	华侨 Overseas Chinese	少数民族 Minorities	共产党员 Member of C.P.C.	共青团员 Member of C.Y.L.	民主党派 Member of Dem. Parties	华侨 Overseas Chinese	少数民族 Minorities
5265	496	8517	32834	12517	3730	245	3959
765	63	1789	6527	3259	489	29	696
1545	110	2077	11381	4458	1179	61	997
0	0	69	48	30	0	0	35
538	80	1350	5928	1734	355	39	513
2398	239	3202	8579	2858	1693	113	1698
19	4	30	371	178	14	3	20

成人高等学校

Breakdown of Full-time Teachers by

	合　计 Total	30岁及以下 30 years and under	31-35	36-40
总　计 Total	94949	26106	18042	11703
其中：女 Of which: female	35167	12363	7839	4737
教　授 Professors	1133	0	0	2
副教授 Asso. Professors	19071	15	177	632
讲　师 Lecturers	44676	5752	12044	9068
助　教 Assistants	24512	16004	5408	1787
教　员 Instructors	5557	4335	413	214

成人高等学校学

Changes in Enrolment of

	上学年初报表在校学生数 Total enrolment at beginning of previous academic year	增加学生数 Factors of Increase					
		计 Total	本学年初招生数 No.of Students Admitted	复　学 Students Resuming Studies	其他学校转入 Transfers from Other Inst.	其他 Others	计 Total
总　计 Total	1027060	557458	515681	2873	6477	32427	360541
广播电视大学 Radio/TV Universities	433083	241405	221420	1495	2628	15862	138065
职工高等学校 Workers' Colleges	268868	138935	130853	669	1226	6187	100328
农民高等学校 Peasants' Colleges	299	499	468	0	25	6	104
管理干部学院 Institutes for Administration	94337	73815	70513	179	253	2870	32793
教育学院 Educational Colleges	218529	97462	87104	515	2342	7501	85579
独立函授学院 Independent Correspondence	11944	5342	5323	15	3	1	3672

专任教师年龄情况

Age in Adult Higher Educational Institutions

单位：人
Unit: person

41－45	46－50	51－55	56－60	61岁及以上 61 years and over
7821	9508	11947	8934	888
2771	3228	3087	1064	78
12	49	261	535	274
857	3075	7368	6463	484
5957	5950	4042	1771	92
827	299	134	51	2
168	135	142	114	36

生数变动情况

Adult Higher Educational Institutions

单位：人

上学年毕业生数 Graduates	上学年结业生数 Completers of Courses without formal award	减少学生数 Factors of Decrease: 休学 Suspended	退学 Quitting	开除 Expelled	死亡 Dead	转到其他学校 Transfers to Other Inst.	其他 Others	本学年初报表在校学生数 Total enrolment at beginning of current academic year
277141	10704	4349	23290	331	107	5627	38992	1223980
99945	9127	2125	7971	75	35	2394	16393	536423
83301	830	1453	5317	205	40	1114	8068	307478
88	0	0	4	0	0	0	12	694
29313	282	276	574	34	12	229	2073	135359
61599	174	471	9137	17	20	1882	12279	230412
2895	291	24	287	0	0	8	167	13614

成人高等学校固定

Condition of Fixed Assets and

	固定资产值（万元） Fixed Assets (in 10000 yuan)		
	合 计 Total	其中：教仪设备资产值 Of which: Teaching Equipment & Instruments	
		计 Total	电教设备 Audio－visual media
总　计　Total	1234410.98	251346.00	109217.46
广播电视大学　Radio/TV Universities	247373.92	67328.15	40130.31
职工高等学校　Workers' Colleges	377296.26	99019.88	32693.82
农民高等学校　Peasants' Colleges	772.40	76.40	42.00
管理干部学院　Institutes for Administration	413277.44	39528.04	19498.71
教育学院　Educational Colleges	190723.08	44039.32	16358.42
独立函授学院　Independent Correspondence Colleges	4967.88	1354.21	494.20

成人高等学校

Condition of School Buildings in Adult

	校舍建筑总面积 Total Floor Space	校舍建 Of total
		被外单位借占用面积 Floor space hired by other schools or units
总　计　Total	25850290	142137
一、教学及辅助用房　Teaching & assistant buildings	9704880	48358
教室　Classroom	4622788	33884
图书馆　Library	1091984	1618
实验实习及辅助　Lab. and supplementary buildings	2049735	12056
风雨操场　Gymnasium	1456953	800
会堂　Hall	408982	0
二、行政办公用房　Administritive	2380758	31079
三、生活用房　Residential buildings	13764652	62700
学生宿舍　Students' dormitories	3856343	16488
学生食堂　Students' dining halls	995524	1828
教工单身宿舍　Apartments for Single	418916	580
生活福利及其它　Residential, welfare and others	5703550	27723
教工食堂　Dining halls for teachers, staff and workers	183157	0
生活福利及其他附属用　Residential, welfare and anxiliary buildings	2532866	14782

资产情况及其他
Teaching Resources in Adult Higher Educational Institutions

图书、音像资料情况 Library and audio－visual ed. resources			学校占地面积（平方米） Area of School sites (m^2)
图书资料（万册） Collection of books in 10000	录音带（盒） Recording cassettes	录像带（盘） Video tape cassettes	
86115.83	2968999	2221226	54198146
14030.22	1911355	1406837	10391020
3750.32	666820	397044	21703195
10.00	270	40	128694
1626.20	101037	87485	11999514
66663.17	283097	318158	9818382
35.92	6420	11662	157341

校舍情况
Higher Educational Institutions

单位：平方米 Unit: m^2

筑总面积中 Foolr Space		正在施工面积 Under Construction	借租用校舍面积 Buildings rent or leased
危房面积 Dilapidated Buildings	当年新增面积 Newly added in current year		
307246	982587	1128109	468038
70298	394573	543940	280577
52812	194308	253924	191431
5900	48181	108061	9723
7233	62167	117463	32529
0	51727	15372	27536
1492	26010	16750	8073
22414	66123	61854	35640
214534	521891	522315	151821
31152	191264	112660	91130
12345	23885	27699	16879
17561	5061	17398	13457
85273	231103	255766	10647
2628	3910	9624	888
47645	55673	79432	18149

成人中等专业学校

Bsaisc Statistics of Adult Specialized

	学校数（所）Schools	分校（所）Branches	工作站（个）Working Stations	毕业生数 Graduates	招生数 Entrants 计 Total	招高中毕业生起点 Graduates From Senior Sec. School	招初中毕业生起点 Graduates From Junior Sec. School
合计 Total	4811	1455	2628	594797	963948	306557	657391
其中：女 Of which: Female	0	0	0	262042	448289	138676	309613
一、按部门分 By Control	0	0	0	0	0	0	0
中央部门学校 Run by Central Ministries & Agencies	376	66	172	27400	51892	15177	36715
地方学校 Run by Local Authorities	4435	1389	2456	567397	912056	291380	620676
二、按类别分 By Field of Study	0	0	0	0	0	0	0
广播电视中专 Radio/TV Specialized Sec. Schools	152	1043	1263	126112	226139	52832	173307
职工中专 Specialized Sec. Schools for Staff & Workers	1827	84	280	166666	292705	58004	234701
干部中专 Specialized Sec. Schools for Cadres	215	37	73	29791	46820	16199	30621
农民中专 Specialized Sec. Schools for peasants	492	109	59	47882	83987	11584	72403
函授中专 Correspondence Specialized Sec. Schools	60	177	839	54286	90261	38203	52058
教师进修学校 In-service Teacher Training Schools	2065	5	114	170060	224036	129735	94301

注：本表未包括普通中等专业学校举办的成人中专学生、

Note: Adult Student enroled in specialized Secondary Schools are not included.

分类别情况

Secondary Schools by Field of Study

单位:人

在校学生数 Enralment	毕业班学生数 Graduates for Next Year	教职工数 Teachers, Staff & Workers 合计 Total	专任教师 Full-time Teachers	教辅人员 Supporting Staff	行政人员 Adm. Personnel	工勤人员 Workers	兼任教师数 Part-time Teachers
2213849	689344	216655	109649	22188	46225	38593	49470
1017990	310329	74831	37914	9756	14622	12521	12958
0	0	0	0	0	0	0	0
137724	39418	17424	8346	1752	4075	3251	2696
2076125	649926	199231	101303	20436	42150	35342	46774
0	0	0	0	0	0	0	0
567672	162854	18418	9164	2413	4933	1908	20141
649060	176391	76135	37518	6957	17687	13973	14892
102237	30293	12844	5849	1010	3564	2421	1368
189037	59696	18866	10995	1655	2902	3314	2315
203978	61609	10840	3990	3040	3178	632	8463
501865	198501	79552	42133	7113	13961	16345	2291

成人中、小

Basic Statistics of Adult Primary

	学校数（所） Schools	教学班（点）（个） External Teaching Sites (Classes)	毕业生数 Graduates 计 Total	毕业生数 Graduates 其中：女生 Of which Female	招 计 Total
一、成人中学 General Sec. Schools for Adults	4756	11164	561588	203350	505240
1. 职工中学 General Sec. Schools for Staff & Workers	2024	5396	366932	120172	274685
高　中 Senior	1622	4509	236118	106527	235386
初　中 Junior	402	887	130814	13645	39299
2. 农民中学 General Sec. Schools for Peasants	2732	5768	194656	83178	230555
高　中 Senior	671	1111	46594	21275	48246
初　中 Junior	2061	4657	148062	61903	182309
二、成人初等学校 Adult Primary Schools	163423	376047	7895885	4814013	7109703
1. 职工初等学校 Worker Primary Schools	1115	3060	135092	77327	143986
2. 农民初等学校 Peasant Primary Schools	162308	372987	7760793	4736686	6965717
小学班 Primary Classes	50231	98950	2898985	1706489	2818789
扫盲班 Literacy Classes	112077	274037	4861808	3030197	4146928

成人中等专业

Condition of Schools Building in Adult

	校舍建筑面积 Floor Space	自有 Buildings owned by：教学用房 Building for Inst. Purposes 计 Total	教室 Classrooms 计 Total	其中：电化教室 Of which: equipped with audio－visual media	实验室 Laboratories	图书馆 Libraries
总　计 Total	21635502	5987109	4443438	436349	901074	642597
广播电视中等专业学校 Radio/TV Specialized Sec. Schools	1242614	472855	374432	53820	61630	36793
职工中等专业学校 Specialized Sec. Schools for Staff & Workers	8858727	2669640	1877071	156263	483693	308876
干部中等专业学校 Specialized Sec. Schools for Cadres	2618093	418527	334324	24582	34249	49954
农民中等专业学校 Specialized Sec. Schools for Peasants	1822880	511854	362479	36741	102022	47353
函授中等专业学校 Correspondence Specialized Sec. Schools	758602	309647	279330	25090	10177	20140
教师进修学校 In－service Teacher Training Schools	6346682	1605657	1216745	140961	209362	179550

学基本情况

and Secondary Schools

单位: 人

生数 Entrants	在校学生数 Enrolment		教职工数 Teachers, Staff & Workers		兼任教师数 Part－time Teachers
其中: 女生 Of which: Female	计 Total	其中: 女生 Of which: Female	计 Total	其中专任教师 Of which: Full－time Teachers	
230833	606239	280807	37269	20492	40018
126686	319168	153687	24593	13123	18248
110916	286000	138218	21888	11726	16147
15770	33168	15469	2705	1397	2101
104147	287071	127120	12676	7369	21770
22901	62574	29668	5045	3381	6431
81246	224497	97452	7631	3988	15339
4371353	7613488	4583881	161059	51393	468616
75112	143540	79361	3392	1912	5411
4296241	7469948	4504520	157667	49481	463205
1575423	2836343	1555082	47893	17546	108280
2720818	4633605	2949438	109774	31935	354925

学校校舍情况

Adult Specialized Secondary Schools

单位: 平方米 Unit: m²

校舍 the adult SSSs						租用校舍 Buildings rent or leased	兼用校舍 Buildings for multiple purposes
办公用房 Administritive	非教学用房 Building Not for Inst. Purposes			其他用房 Others	其中: 新增校舍 Of which New floor space added		
	计 Total	其中 Of which					
		教职工宿舍 Residences for Staff & Workers	学生宿舍 Students' Dormitories				
2565424	8293232	4454153	3839079	4789737	931477	475289	1405526
205464	417279	239704	177575	147016	45512	135429	302927
961842	3421012	1652611	1768401	1806233	366938	168701	818203
174584	941089	472453	468636	1083893	105504	29622	64954
162902	705067	358738	346329	443057	122942	59323	50578
132106	220221	90861	129360	96628	54819	41921	126386
928700	2598936	1639505	959431	1213389	233059	40293	42478

成人技术培训学

Basic Statistics of Adult

	学校数（所） Schools	教学班（点）（个） External Teaching Sites (Classes)	毕业生数 Graduates			
			计 Total	其中：Of which:		计 Total
				长班 A	短班 B	
成人技术培训学校 Technical Training Schools for Adults	344829	759403	66253785	6972285	59281500	55830313
其中：教育部门办 Of which: Run by Ed. Dept.	281539	576193	50932973	4005598	46927375	41879376
其他部门办 Run by Non-ed. Dept.	63290	183210	15320812	2966687	12354125	13950937
一、职工技术培训学校 Technical Training Schools for Staff & Workers	12377	73264	5926116	2112344	3813772	6057299
其中：教育部门办 Of which: Run by Ed. Dept.	3767	12270	1003012	175686	827326	1153800
其他部门办 Run by Non-ed. Dept.	8610	60994	4923104	1936658	2986446	4903499
二、农民技术培训学校 Technical Training Schools for Peasants	332452	686139	60327669	4859941	55467728	49773014
其中：教育部门办 Of which: Run by Ed. Dept.	277717	564275	49931063	3827673	46103390	40730523
其他部门办 Run by Non-ed. Dept.	54735	121864	10396606	1032268	9364338	9042491
其中：1. 县办农技 Of which: County-run Agro-technical Schools	3568	17821	1233691	189936	1043755	1109005
2. 乡办农技 Township-run Agro-technical Schools	42532	204001	24357707	2935215	21422492	19273644
3. 村办农技 Village-run Agro-technical Schools	286352	464317	34736271	1734790	33001481	29390365

A. Lengthy courses (total teaching time no less than 150 h.)

B. Short courses (total teaching time less than 150 h.)

校基本情况

Technical Training Schools

单位: 人

招生数 Entrants 其中: Of which: 长班 A	短班 B	在校学生数 Enrolment 计 Total	其中: Of which 长班 A	短班 B	教职工数 Teachers, Staff & Workers 计 Total	其中专任教师 Of which: Full－time Teachers	兼任教师数 Part－time Teachers
7057293	48773020	47578290	4331667	43246623	379422	150954	832219
3826741	38052635	37085362	3381708	33703654	254930	99943	632862
3230552	10720385	10492928	949959	9542969	124492	51011	199357
2370923	3686376	4380172	657444	3722728	78693	41059	86204
250153	903647	848693	191945	656748	23901	6439	29739
2120770	2782729	3531479	465499	3065980	54792	34620	56465
4686370	45086644	43198118	3674223	39523895	300729	109895	746015
3581112	37149411	36305069	3179801	33125268	230596	93801	604462
1105258	7937233	6893049	494422	6398627	70133	16094	141553
229415	879590	664794	176002	488792	20947	17049	13441
2588961	16684683	16245935	1914355	14331580	98675	41364	222507
1867994	27522371	26287389	1583866	24703523	181107	51482	510067

成人中等专业学校教职工数

Number of Teachers, Staff & Workers in Adult Specialized Secondary Schools

单位：人
Unit: person

	校本部教职工数 Employees in the School Proper					兼任教师数 Part-time Teachers
	合计 Total	专任教师 Full-time Teachers	教辅人员 Supporting Staff	行政人员 Adm. Personnel	工勤人员 Workers	
总计 Total	216655	109649	22188	46225	38593	49470
其中：女教职工 Of which: Female	74831	37914	9756	14622	12521	12958
一、教师小计 Those with teaching rank	106942	85302	6561	14532	1234	25728
高级讲师 Senior Lecturers	16493	12123	773	3820	37	5778
讲师 Lecturers	49028	39072	2601	7207	322	14887
助理讲师 Assistant Lecturers	41421	34107	3187	3505	875	5063
二、其他小计 Those with other professional ranks	48151	17463	8865	17530	3517	20872
副高级职称 Senior-level ones	3954	1757	670	1407	269	3827
中级职称 Middle-level ones	18699	7279	3019	7631	805	11380
初级职称 Junior-level ones	25498	8427	5176	8492	2443	5665
三、无职称人数 Without professional titles	62162	6884	6762	14163	33842	2870

八、各级各类学校分布情况

Ⅷ. GEOGRAPHICAL DISTRIBUTION OF SCHOOLS BY TYPE AND LEVEL

普通高等学校

Basic Statistics of Regular Higher

地区 Region		学校数(所) Institutions	本专科学生数 Undergraduate Students: 毕业生数 Graduates	本专科学生数 Undergraduate Students: 招生数 Students Admitted	本专科学生数 Undergraduate Students: 在校学生数 Enrolment	教职 Teachers, Staff: 合计 Total	教职 Teachers, Staff: 校本部 Teachers, Staff & Workers: 计 Subtotal	教职 Teachers, Staff: 校本部 Teachers, Staff & Workers: 专任 Full-time: 计 Subtotal	教职 Teachers, Staff: 校本部 Teachers, Staff & Workers: 专任 Full-time: 教授 Professors
总计	**Total**	1080	637417	899846	2798639	1040275	842586	396389	28281
北京	Beijing	67	34855	51884	175203	104727	78205	35905	4880
天津	Tianjin	22	14661	21422	66672	27620	22436	10170	926
河北	Hebei	52	27491	42141	120297	39016	32453	14740	817
山西	Shanxi	26	16160	19932	66417	23272	20446	9088	476
内蒙古	Inner Mongolia	19	9695	10901	38606	14702	13143	6560	310
辽宁	Liaoning	61	35923	52183	171284	58687	48702	23530	1675
吉林	Jilin	43	22032	30916	95242	39463	31924	14956	989
黑龙江	Heilongjiang	43	23145	34250	108722	42874	34606	16097	1401
上海	Shanghai	46	31771	41830	140396	67501	49877	21863	1842
江苏	Jiangsu	67	44690	66131	201534	71440	56706	27313	1878
浙江	Zhejiang	37	17895	30482	87428	28212	23658	11345	727
安徽	Anhui	35	21077	27703	87088	27219	23241	11616	772
福建	Fujian	33	16873	22612	69255	19905	16904	8432	411
江西	Jiangxi	31	17414	25272	77976	27032	19376	9331	354
山东	Shandong	49	50457	55276	156879	49537	40763	19460	1329
河南	Henan	50	29324	41671	117053	39479	32751	15509	633
湖北	Hubei	60	38304	52859	170128	65500	51493	24512	1782
湖南	Hunan	47	26392	39081	123053	39061	31864	14993	870
广东	Guangdong	46	25999	47573	137458	40870	33723	16134	1207
广西	Guangxi	27	12785	19303	57945	17417	15048	7434	414
海南	Hainan	5	2365	3633	11719	3363	2464	1280	66
四川	Sichuan	63	45221	64288	198407	68343	56501	25410	1593
贵州	Guizhou	22	7932	10992	32328	12730	11740	5540	238
云南	Yunnan	26	14341	15756	51331	17137	15394	7296	334
西藏	Tibet	4	621	1070	3239	1771	1625	777	18
陕西	Shaanxi	47	28207	38711	126872	52218	43128	20148	1513
甘肃	Gansu	17	9963	14740	45169	15761	13075	6239	350
青海	Qinghai	7	1781	2194	7170	2989	2803	1421	68
宁夏	Ningxia	7	2398	3107	10502	3892	3409	1736	77
新疆	Xinjiang	21	7645	11933	43266	18537	15128	7554	331

基本情况(总计)

Educational Institutions (Regional Aggregates)

单位:人

工数 & Workers / 教职工 in College or Uni. Proper / 教师 Teachers / 副教授 Asso. Professors	讲师 Lecturers	助教 Assistants	教员 Instructors	教辅人员 Supporting Staff	行政人员 Adm. Personnel	工勤人员 Workers	科研机构人员 Personnel in Affiliated Research Org.	校办工厂、农场职工 Employees in School-run Factories, Farms	附设机构人员 Personnel in Other Subsidiary Units
102114	168683	76573	20738	122635	172880	150682	47786	68786	81117
11047	13535	5077	1366	12665	15068	14567	7390	5896	13236
2979	4547	1351	367	3351	4688	4227	1825	1908	1451
3578	6395	2921	1029	4063	7173	6477	725	2657	3181
1853	3929	2298	532	2626	4267	4465	453	1249	1124
1504	2902	1436	408	2131	2369	2083	286	796	477
6396	9705	4726	1028	6973	10631	7568	2020	3446	4519
4025	5800	3616	526	4799	6304	5865	1879	2867	2793
4269	7013	2741	673	5233	6748	6528	2017	3610	2641
5815	9736	3924	546	8152	9737	10125	5623	5055	6946
6736	12122	5095	1482	8460	11437	9496	4056	5127	5551
2670	5227	2086	635	3595	4556	4162	1158	1734	1662
3041	5004	1856	943	3092	4539	3994	1269	1085	1624
2035	3467	2069	450	2435	3581	2456	765	1097	1139
2340	3756	2260	621	2516	4134	3395	386	5573	1697
5083	8365	3834	849	5868	9111	6324	1862	2787	4125
3773	7197	3137	769	4461	7144	5637	630	4056	2042
6280	9956	4773	1721	7854	10765	8362	3560	4486	5961
4087	6317	2720	999	4410	6250	6211	1333	2948	2916
4360	6703	3374	490	5603	7113	4873	2063	1617	3467
1960	3119	1473	468	1978	3045	2591	327	1139	903
284	593	282	55	283	520	381	54	7	838
6696	10825	4739	1557	8019	12040	11032	3979	2808	5055
1320	2566	1060	356	1528	2675	1997	188	391	411
1749	3450	1389	374	2203	3357	2538	558	268	917
76	355	204	124	155	394	299	25	64	57
4622	8791	4173	1049	5915	8359	8706	2397	2685	4008
1405	2620	1476	388	1957	2299	2580	693	1215	778
186	614	342	211	281	653	448	34	28	124
317	764	405	173	390	681	602	79	182	222
1628	3310	1736	549	1639	3242	2693	152	2005	1252

短期职业大

Basic Statistics of Short－

地区 Region		学校数(所) Institutions	本专科学生数 Undergraduate Students 毕业生数 Graduates	招生数 Students Admitted	在校学生数 Enrolment	教职工 Teachers, Staff 合计 Total	校本部 Teachers, Staff & Workers 计 Subtotal	专任 Full－time 计 Subtotal	教授 Professors
总计	Total	87	21456	35518	93939	22573	20685	10714	145
北京	Beijing	1	267	447	1048	80	67	27	0
天津	Tianjin	1	327	500	1392	357	338	148	0
河北	Hebei	5	824	2110	4817	1263	1238	635	4
山西	Shanxi	1	300	400	1140	214	199	120	3
内蒙古	Inner Mongolia	3	145	278	577	254	243	132	11
辽宁	Liaoning	4	1076	1528	4562	1014	997	531	2
吉林	Jilin	2	60	430	1347	375	374	182	1
黑龙江	Heilongjiang	4	612	1157	3017	1030	915	461	2
上海	Shanghai	1	0	280	280	69	69	33	11
江苏	Jiangsu	11	4100	6512	17997	3800	3370	1740	14
浙江	Zhejiang	5	1010	2264	5536	1198	1119	487	1
安徽	Anhui	4	1212	1750	5182	706	700	470	5
福建	Fujian	8	1470	2275	6895	1151	1107	663	5
江西	Jiangxi	1	0	180	180	109	89	68	1
山东	Shandong	1	1287	1350	3138	694	694	335	12
河南	Henan	8	2247	3640	9112	3103	2551	1330	29
湖北	Hubei	9	2106	3470	9317	2758	2603	1277	5
湖南	Hunan	3	675	798	2348	547	520	256	4
广东	Guangdong	3	840	1606	3703	624	603	276	5
广西	Guangxi	2	210	607	1370	488	209	151	5
海南	Hainan	0	0	0	0	0	0	0	0
四川	Sichuan	4	1217	1747	4827	1058	1028	509	9
贵州	Guizhou	1	39	0	0	232	232	108	0
云南	Yunnan	1	289	340	927	252	247	118	1
西藏	Tibet	0	0	0	0	0	0	0	0
陕西	Shaanxi	2	577	709	1931	483	476	225	5
甘肃	Gansu	1	239	480	956	124	124	62	0
青海	Qinghai	0	0	0	0	0	0	0	0
宁夏	Ningxia	0	0	0	0	0	0	0	0
新疆	Xinjiang	1	327	660	2340	590	573	370	10

单位：人

工数 & Workers / 教职工 in College or Uni. Proper / 教师 Teachers / 副教授 Asso. Professors	讲师 Lecturers	助教 Assistants	教员 Instructors	教辅人员 Supporting Staff	行政人员 Adm. Personnel	工勤人员 Workers	科研机构人员 Personnel in Affiliated Research Org.	校办工厂、农场职工 Employees in School-run Factories, Farms	附设机构人员 Personnel in Other Subsidiary Units
1995	4726	3041	807	2703	4710	2558	207	1332	349
2	12	7	6	7	27	6	0	0	13
30	85	26	7	67	76	47	0	14	5
84	271	223	53	145	276	182	15	4	6
17	42	42	16	22	32	25	0	15	0
33	51	32	5	36	53	22	0	8	3
114	243	138	34	156	215	95	7	7	3
28	67	64	22	47	108	37	1	0	0
79	295	52	33	115	238	101	3	50	62
20	2	0	0	0	20	16	0	0	0
286	831	506	103	417	725	488	23	328	79
64	220	155	47	177	232	223	44	30	5
76	203	145	41	57	112	61	0	2	4
87	240	255	76	101	235	108	13	19	12
7	37	14	9	6	10	5	2	18	0
88	128	72	35	116	156	87	0	0	0
257	603	377	64	367	574	280	45	451	56
264	521	329	158	374	657	295	15	78	62
58	118	56	20	50	141	73	0	9	18
76	131	50	14	92	182	53	21	0	0
40	73	32	1	6	28	24	0	279	0
0	0	0	0	0	0	0	0	0	0
147	209	105	39	120	261	138	0	19	11
16	57	35	0	65	46	13	0	0	0
18	66	29	4	33	69	27	2	0	3
0	0	0	0	0	0	0	0	0	0
19	87	114	0	48	114	89	0	0	7
12	19	25	6	8	38	16	0	0	0
0	0	0	0	0	0	0	0	0	0
0	0	0	0	0	0	0	0	0	0
73	115	158	14	71	85	47	16	1	0

综 合 大 学

Basic Statistics of

地区 Region	学校数(所) Institutions	本专科学生数 Undergraduate Students: 毕业生数 Graduates	招生数 Students Admitted	在校学生数 Enrolment	教职工数 Teachers, Staff: 合计 Total	校本部 Teachers, Staff & Workers: 计 Subtotal	专任 Full-time: 计 Subtotal	教授 Professors
总计 Total	70	83435	116483	380440	144660	115247	54868	4933
北京 Beijing	3	4595	6082	23405	14272	10622	4702	896
天津 Tianjin	1	1761	2450	8147	4517	3299	1549	280
河北 Hebei	1	1583	1825	6075	2072	1727	819	67
山西 Shanxi	4	3052	3643	12261	3819	3496	1510	70
内蒙古 Inner Mongolia	1	955	1142	4121	1467	1291	580	67
辽宁 Liaoning	4	4486	6184	20893	5503	5319	2728	189
吉林 Jilin	3	2888	4016	12743	6239	4826	2071	152
黑龙江 Heilongjiang	2	1282	1605	6032	2371	2231	918	71
上海 Shanghai	2	4839	7046	24756	12142	9025	4058	333
江苏 Jiangsu	5	7913	10817	34125	11949	9570	4546	345
浙江 Zhejiang	2	1961	3805	10667	3443	3048	1580	152
安徽 Anhui	1	1221	2037	6538	1928	1719	878	78
福建 Fujian	2	1869	2895	9841	3055	2288	1198	120
江西 Jiangxi	3	2661	3822	12243	5863	3282	1673	91
山东 Shandong	3	8716	9077	26453	8438	7001	3313	269
河南 Henan	2	3149	4890	16119	5667	5101	2577	211
湖北 Hubei	2	3184	4292	14877	6876	4745	2421	268
湖南 Hunan	3	1894	3068	9804	3146	2717	1303	91
广东 Guangdong	9	8249	15734	44182	14074	10918	5117	435
广西 Guangxi	1	1604	2278	8727	2660	2184	1080	76
海南 Hainan	2	958	1426	5085	1187	1054	508	22
四川 Sichuan	4	5304	6693	23306	8729	6754	3413	241
贵州 Guizhou	1	900	1234	3371	1276	1184	497	32
云南 Yunnan	1	1897	1820	6369	2092	1849	861	82
西藏 Tibet	1	409	396	1226	592	555	322	4
陕西 Shaanxi	3	2363	3543	11621	3902	3584	1675	121
甘肃 Gansu	1	1542	1970	7091	3021	2444	1122	100
青海 Qinghai	1	294	395	1336	517	466	224	5
宁夏 Ningxia	1	849	845	3070	1138	978	452	16
新疆 Xinjiang	1	1057	1453	5956	2705	1970	1173	49

基本情况

Comprehensive Universities

单位：人

工数 & Workers									
教职工 in College or Uni. Proper							科研机构人员 Personnel in Affiliated Research Org.	校办工厂、农场职工 Employees in School－run Factories, Farms	附设机构人员 Personnel in Other Subsidiary Units
教师 Teachers				教辅人员 Supporting Staff	行政人员 Adm. Personnel	工勤人员 Workers			
副教授 Asso. Professors	讲师 Lecturers	助教 Assistants	教员 Instructors						
15986	22815	8741	2393	17204	23097	20078	10170	7710	11533
1603	1660	414	129	2179	1933	1808	1301	812	1537
619	508	110	32	378	575	797	530	305	383
225	330	102	95	273	316	319	112	102	131
338	651	349	102	295	1025	666	117	38	168
181	251	45	36	260	319	132	96	34	46
776	1119	518	126	626	1271	694	106	24	54
568	842	413	96	719	833	1203	769	147	497
251	437	155	4	331	529	453	72	0	68
1073	1948	608	96	1560	1688	1719	1299	728	1090
1221	1943	834	203	1426	1850	1748	931	727	721
411	702	213	102	473	631	364	119	134	142
309	309	64	118	180	325	336	102	58	49
426	467	117	68	325	461	304	344	85	338
581	558	421	22	451	676	482	112	2145	324
995	1509	441	99	969	1610	1109	499	251	687
808	1060	386	112	677	936	911	42	287	237
697	979	466	11	678	706	940	791	393	947
393	506	186	127	303	612	499	47	130	252
1324	2164	1024	170	1877	2304	1620	876	526	1754
353	426	160	65	272	437	395	71	207	198
121	272	83	10	121	251	174	31	7	95
1172	1319	590	91	959	1211	1171	1134	319	522
138	224	82	21	171	247	269	16	25	51
289	376	75	39	370	367	251	138	43	62
30	158	78	52	47	109	77	6	11	20
410	704	344	96	404	718	787	82	20	216
256	500	186	80	546	326	450	342	86	149
28	106	39	46	47	118	77	0	2	49
95	208	67	66	96	278	152	24	64	72
295	579	171	79	191	435	171	61	0	674

高 等 理 工 院

Basic Statistics of Institutions

地 区 Region	学校数(所) Institutions	本专科学生数 Undergraduate Students: 毕业生数 Graduates	招生数 Students Admitted	在校学生数 Enrolment	教职 Teachers, Staff: 合计 Total	校本部 Teachers, Staff & Workers: 计 Subtotal	专任 Full-time: 计 Subtotal	教授 Professors
总计 Total	297	209203	314504	1017053	406007	308876	141734	10690
北京 Beijing	22	15432	24869	82519	41176	30353	13365	1589
天津 Tianjin	6	5893	9225	29921	12373	9250	4260	296
河北 Hebei	16	8922	13314	43115	14849	12312	5427	291
山西 Shanxi	5	4772	6850	21806	8211	6654	3126	192
内蒙古 Inner Mongolia	2	1600	2220	7504	3029	2272	1182	39
辽宁 Liaoning	21	15383	24543	78649	29479	22296	10311	804
吉林 Jilin	14	8434	11698	37478	14901	11347	5223	327
黑龙江 Heilongjiang	14	9076	15245	50015	20335	15386	7323	720
上海 Shanghai	20	15208	20403	67567	32604	23395	10237	785
江苏 Jiangsu	24	17340	26951	86042	34341	25460	12548	969
浙江 Zhejiang	7	4663	8260	27090	9688	7387	3390	259
安徽 Anhui	8	6718	8653	29599	11461	8744	4250	354
福建 Fujian	5	3213	5078	17054	5195	4091	2054	110
江西 Jiangxi	8	3637	5788	17812	6097	4568	2037	60
山东 Shandong	14	14712	16045	48823	17240	12892	6116	429
河南 Henan	14	7335	11259	34373	13800	9604	4314	132
湖北 Hubei	18	15943	22578	76069	31755	24141	11248	963
湖南 Hunan	17	9456	15321	48144	16998	13156	6070	359
广东 Guangdong	9	4148	8897	27786	8575	6828	3460	245
广西 Guangxi	4	2305	3585	9896	2835	2415	1148	40
海南 Hainan	0	0	0	0	0	0	0	0
四川 Sichuan	20	13066	23293	73870	29492	23469	9428	622
贵州 Guizhou	1	1115	1555	4403	1770	1376	668	33
云南 Yunnan	3	3638	3488	12318	3999	3442	1689	66
西藏 Tibet	0	0	0	0	0	0	0	0
陕西 Shaanxi	18	14747	20390	69305	29875	23088	10490	906
甘肃 Gansu	3	1433	3085	9247	3102	2533	1174	61
青海 Qinghai	0	0	0	0	0	0	0	0
宁夏 Ningxia	1	205	309	951	340	315	195	3
新疆 Xinjiang	3	809	1602	5697	2487	2102	1001	36

校基本情况

of Science & Technology

单位：人

工数 & Workers									
教职工 in College or Uni. Proper							科研机构人员 Personnel in Affiliated Research Org.	校办工厂、农场职工 Employees in School-run Factories, Farms	附设机构人员 Personnel in Other Subsidiary Units
教师 Teachers				教辅人员 Supporting Staff	行政人员 Adm. Personnel	工勤人员 Workers			
副教授 Asso. Professors	讲师 Lecturers	助教 Assistants	教员 Instructors						
39180	60516	23819	7529	50162	61940	55040	25497	35478	36156
4460	4873	1776	667	5096	6424	5468	4477	3002	3344
1305	1977	527	155	1693	1666	1631	950	1315	858
1329	2605	886	316	1787	2777	2321	253	1237	1047
651	1368	756	159	1208	1026	1294	296	681	580
244	534	247	118	370	395	325	82	529	146
3130	4157	1770	450	3673	4779	3533	1433	2415	3335
1447	2106	1152	191	2018	2224	1882	697	1311	1546
2074	3091	1135	303	2233	3100	2730	1304	1932	1713
2780	4538	1819	315	4205	3954	4999	3097	2836	3276
3256	5501	2214	608	3663	5246	4003	2487	2854	3540
1023	1504	373	231	1369	1327	1301	667	874	760
1311	1792	490	303	1484	1634	1376	1025	800	892
569	919	384	72	622	818	597	204	564	336
505	872	478	122	729	916	886	141	982	406
1658	2462	1210	357	2083	2736	1957	780	1836	1732
1018	2036	896	232	1385	2080	1825	426	2700	1070
3098	4680	1644	863	3920	5170	3803	1945	2697	2972
1618	2718	1010	365	2107	2546	2433	755	1476	1611
1028	1461	633	93	1260	1317	791	453	521	773
268	518	224	98	365	525	377	50	215	155
0	0	0	0	0	0	0	0	0	0
2484	4164	1545	613	3848	5054	5139	1727	1521	2775
224	290	83	38	236	223	249	37	155	202
497	818	266	42	548	694	511	138	149	270
0	0	0	0	0	0	0	0	0	0
2611	4511	1791	671	3555	4458	4585	1965	2203	2619
316	495	244	58	473	340	546	77	337	155
0	0	0	0	0	0	0	0	0	0
35	97	38	22	9	60	51	13	0	12
241	429	228	67	223	451	427	18	336	31

高 等 农 业 院

Basic Statistics of

地　区 Region	学校数(所) Institutions	本专科学生数 Undergraduate Students 毕业生数 Graduates	招生数 Students Admitted	在校学生数 Enrolment	教职 Teachers, Staff 合计 Total	校本部 Teachers, Staff & Workers 计 Subtotal	专任 Full-time 计 Subtotal	教授 Professors
总　计　Total	59	32976	50302	151264	67324	50124	23545	1694
北　京　Beijing	2	880	1417	4787	2736	2272	1125	149
天　津　Tianjin	1	235	409	1169	366	344	172	11
河　北　Hebei	3	1540	2588	7862	3018	2290	1095	93
山　西　Shanxi	1	839	1000	3237	1520	1336	568	45
内蒙古　Inner Mongolia	2	1195	1163	4532	2043	1732	864	39
辽　宁　Liaoning	3	1532	2254	6832	2652	2346	1080	71
吉　林　Jilin	3	1002	1450	4438	3045	2250	1055	52
黑龙江　Heilongjiang	2	1221	1843	6884	3626	2570	1093	146
上　海　Shanghai	2	784	1189	3271	1501	1113	509	28
江　苏　Jiangsu	2	1198	2075	5656	2868	2231	1022	95
浙　江　Zhejiang	2	1027	1451	4524	2074	1649	915	86
安　徽　Anhui	1	944	1230	3891	1369	1251	606	58
福　建　Fujian	2	839	1361	4817	2066	1680	775	38
江　西　Jiangxi	2	1173	1713	5090	3633	1214	587	16
山　东　Shandong	2	1893	2546	7092	2783	2139	985	77
河　南　Henan	4	1877	2870	8176	2787	2252	1076	50
湖　北　Hubei	2	1413	2151	6608	3015	2264	1064	71
湖　南　Hunan	1	1308	1823	5759	2538	1419	686	41
广　东　Guangdong	5	2394	4945	13037	3824	3063	1429	62
广　西　Guangxi	1	958	1795	5091	1652	1357	641	45
海　南　Hainan	1	533	898	2514	1076	379	278	17
四　川　Sichuan	5	3077	4879	12861	4397	3368	1628	94
贵　州　Guizhou	1	632	702	2351	1134	954	425	25
云　南　Yunnan	1	1035	974	3148	1210	1106	495	20
西　藏　Tibet	1	23	236	630	477	406	169	1
陕　西　Shaanxi	1	893	1378	4126	2219	1917	756	77
甘　肃　Gansu	1	624	965	2683	1436	1046	498	48
青　海　Qinghai	1	114	160	473	282	276	132	7
宁　夏　Ningxia	1	348	434	1622	779	576	345	27
新　疆　Xinjiang	3	1445	2403	8103	5198	3324	1472	105

校基本情况

Institutions of Agriculture

单位：人

工数 & Workers									
教职工 in College or Uni. Proper							科研机构人员 Personnel in Affiliated Research Org.	校办工厂、农场职工 Employees in School－run Factories, Farms	附设机构人员 Personnel in Other Subsidiary Units
教师 Teachers				教辅人员 Supporting Staff	行政人员 Adm. Personnel	工勤人员 Workers			
副教授 Asso. Professors	讲师 Lecturers	助教 Assistants	教员 Instructors						
6219	9598	4710	1324	6222	9890	10467	2341	10351	4508
355	404	155	62	377	285	485	155	152	157
48	90	23	0	24	70	78	0	15	7
286	433	186	97	157	565	473	60	502	166
141	261	100	21	37	280	451	0	114	70
240	382	166	37	159	286	423	77	142	92
286	436	267	20	299	418	549	55	57	194
264	351	322	66	292	413	490	75	629	91
251	392	267	37	306	544	627	111	784	161
153	193	135	0	161	237	206	86	186	116
263	420	163	81	260	457	492	68	483	86
206	415	186	22	195	294	245	89	103	233
179	262	55	52	152	270	223	0	63	55
204	354	165	14	235	441	229	72	171	143
172	212	123	64	174	309	144	47	2073	299
220	457	165	66	324	436	394	102	237	305
323	495	146	62	290	499	387	53	337	145
262	415	241	75	346	403	451	203	411	137
168	294	146	37	197	310	226	119	827	173
376	635	284	72	490	653	491	154	346	261
197	267	98	34	225	263	228	70	153	72
61	87	108	5	55	37	9	1	0	696
481	570	352	131	350	625	765	396	377	256
140	189	59	12	71	209	249	27	74	79
107	224	110	34	194	168	249	70	34	0
6	56	66	40	46	111	80	16	31	24
191	255	188	45	215	266	680	94	124	84
149	203	79	19	76	186	286	73	264	53
25	63	34	3	33	64	47	0	4	2
73	152	66	27	55	64	112	31	116	56
392	631	255	89	427	727	698	37	1542	295

地区 Region	学校数(所) Institutions	本专科学生数 Undergraduate Students: 毕业生数 Graduates	招生数 Students Admitted	在校学生数 Enrolment	教职工数 Teachers, Staff: 合计 Total	校本部 Teachers, Staff & Workers: 计 Subtotal	专任 Full-time: 计 Subtotal	教授 Professors
总计 Total	11	5563	7604	23369	10743	8644	4039	314
北京 Beijing	1	513	769	2326	1360	871	433	72
天津 Tianjin	0	0	0	0	0	0	0	0
河北 Hebei	1	327	500	1306	485	409	163	5
山西 Shanxi	0	0	0	0	0	0	0	0
内蒙古 Inner Mongolia	1	569	350	1596	727	656	335	15
辽宁 Liaoning	0	0	0	0	0	0	0	0
吉林 Jilin	1	364	620	1877	857	553	266	5
黑龙江 Heilongjiang	1	1287	1400	4174	2252	1992	790	111
上海 Shanghai	0	0	0	0	0	0	0	0
江苏 Jiangsu	1	620	996	2999	1622	1189	581	35
浙江 Zhejiang	1	255	349	1041	465	407	195	6
安徽 Anhui	0	0	0	0	0	0	0	0
福建 Fujian	1	372	700	2212	653	538	243	11
江西 Jiangxi	0	0	0	0	0	0	0	0
山东 Shandong	0	0	0	0	0	0	0	0
河南 Henan	0	0	0	0	0	0	0	0
湖北 Hubei	0	0	0	0	0	0	0	0
湖南 Hunan	1	613	850	2711	1086	954	480	31
广东 Guangdong	0	0	0	0	0	0	0	0
广西 Guangxi	0	0	0	0	0	0	0	0
海南 Hainan	0	0	0	0	0	0	0	0
四川 Sichuan	0	0	0	0	0	0	0	0
贵州 Guizhou	0	0	0	0	0	0	0	0
云南 Yunnan	1	258	460	1351	594	507	250	11
西藏 Tibet	0	0	0	0	0	0	0	0
陕西 Shaanxi	1	385	610	1776	642	568	303	12
甘肃 Gansu	0	0	0	0	0	0	0	0
青海 Qinghai	0	0	0	0	0	0	0	0
宁夏 Ningxia	0	0	0	0	0	0	0	0
新疆 Xinjiang	0	0	0	0	0	0	0	0

校基本情况

Institutions of Forestry

单位：人

工数 & Workers									
教职工 in College or Uni. Proper							科研机构人员 Personnel in Affiliated Research Org.	校办工厂、农场职工 Employees in School-run Factories, Farms	附设机构人员 Personnel in Other Subsidiary Units
教师 Teachers				教辅人员 Supporting Staff	行政人员 Adm. Personnel	工勤人员 Workers			
副教授 Asso. Professors	讲师 Lecturers	助教 Assistants	教员 Instructors						
1136	1768	669	152	1667	1500	1438	349	1011	739
147	151	54	9	119	203	116	172	75	242
0	0	0	0	0	0	0	0	0	0
48	74	29	7	59	108	79	0	47	29
0	0	0	0	0	0	0	0	0	0
90	167	49	14	138	85	98	12	29	30
0	0	0	0	0	0	0	0	0	0
80	106	75	0	78	100	109	4	279	21
253	331	82	13	728	30	444	0	260	0
0	0	0	0	0	0	0	0	0	0
173	263	96	14	183	297	128	132	123	178
31	101	41	16	42	101	69	1	39	18
0	0	0	0	0	0	0	0	0	0
49	94	70	19	56	140	99	12	33	70
0	0	0	0	0	0	0	0	0	0
0	0	0	0	0	0	0	0	0	0
0	0	0	0	0	0	0	0	0	0
0	0	0	0	0	0	0	0	0	0
145	197	80	27	109	206	159	16	77	39
0	0	0	0	0	0	0	0	0	0
0	0	0	0	0	0	0	0	0	0
0	0	0	0	0	0	0	0	0	0
0	0	0	0	0	0	0	0	0	0
0	0	0	0	0	0	0	0	0	0
66	136	29	8	67	129	61	0	0	87
0	0	0	0	0	0	0	0	0	0
54	148	64	25	88	101	76	0	49	25
0	0	0	0	0	0	0	0	0	0
0	0	0	0	0	0	0	0	0	0
0	0	0	0	0	0	0	0	0	0
0	0	0	0	0	0	0	0	0	0

地区 Region	学校数(所) Institutions	本专科学生数 Undergraduate Students			教职 Teachers, Staff			
		毕业生数 Graduates	招生数 Students Admitted	在校学生数 Enrolment	合计 Total	校本部 Teachers, Staff & Workers		
						计 Subtotal	专任 Full-time	
							计 Subtotal	教授 Professors
总计 Total	132	45923	65254	242741	118591	96841	44689	4972
北京 Beijing	6	1615	2065	8421	15272	8853	5002	1092
天津 Tianjin	3	944	1340	4840	3092	2683	1135	142
河北 Hebei	7	2249	4354	15060	5692	4283	1943	172
山西 Shanxi	4	1545	1842	6864	2790	2641	1183	95
内蒙古 Inner Mongolia	3	1183	1361	5279	2060	2037	907	85
辽宁 Liaoning	6	2635	3355	14449	6175	5252	2212	233
吉林 Jilin	5	1812	2607	8769	4442	3785	1982	236
黑龙江 Heilongjiang	6	2087	2801	9849	4703	3671	1621	188
上海 Shanghai	5	1670	2183	9320	6872	4721	1860	249
江苏 Jiangsu	8	3090	4606	16903	7876	6754	2830	251
浙江 Zhejiang	4	1594	2185	7934	3106	2589	1174	114
安徽 Anhui	4	1467	2214	8024	2826	2552	1180	160
福建 Fujian	2	956	1069	4267	1625	1392	609	40
江西 Jiangxi	6	2227	2779	9717	3606	3089	1454	102
山东 Shandong	8	2624	4183	16098	5872	5058	2464	239
河南 Henan	5	2172	2763	10328	4288	3874	1722	97
湖北 Hubei	9	2927	4258	14509	6709	5614	2444	222
湖南 Hunan	5	1840	2653	9441	4248	3645	1544	146
广东 Guangdong	5	1847	2617	10254	4612	3955	1756	226
广西 Guangxi	5	1458	2354	7921	2772	2490	1181	104
海南 Hainan	1	252	299	1091	395	382	148	12
四川 Sichuan	5	2634	3923	15031	6772	5721	2689	280
贵州 Guizhou	4	937	1621	5693	2478	2352	1170	102
云南 Yunnan	3	1031	1235	5048	2277	2019	913	75
西藏 Tibet	1	28	55	199	125	125	54	3
陕西 Shaanxi	4	897	1623	5769	3465	2980	1667	140
甘肃 Gansu	2	856	1050	3805	1349	1253	559	35
青海 Qinghai	1	160	220	967	382	382	186	10
宁夏 Ningxia	1	248	292	1311	504	504	205	26
新疆 Xinjiang	4	938	1347	5580	2206	2185	895	96

校基本情况

Institutions of Medicine & Pharmacy

单位：人

工 数 & Workers									
教职工 in College or Uni. Proper							科研机构人员 Personnel in Affiliated Research Org.	校办工厂、农场职工 Employees in School-run Factories, Farms	附设机构人员 Personnel in Other Subsidiary Units
教师 Teachers				教辅人员 Supporting Staff	行政人员 Adm. Personnel	工勤人员 Workers			
副教授 Asso. Professors	讲师 Lecturers	助教 Assistants	教员 Instructors						
10236	18265	9648	1568	16319	18972	16861	4211	3815	13724
1047	1573	1223	67	1518	1166	1167	93	410	5916
246	455	238	54	431	745	372	256	57	96
462	694	529	86	587	784	969	88	54	1267
252	545	246	45	448	548	462	3	105	41
215	423	149	35	505	167	458	0	0	23
429	968	522	60	893	1174	973	296	431	196
595	587	549	15	423	667	713	187	136	334
398	623	371	41	637	651	762	477	280	275
390	646	575	0	776	1203	882	426	482	1243
675	1210	529	165	1589	1181	1154	346	313	463
247	505	274	34	431	485	499	204	119	194
310	445	198	67	369	529	474	72	23	179
117	270	175	7	291	268	224	47	111	75
335	600	348	69	418	614	603	4	0	513
557	1211	420	37	818	1090	686	72	95	647
442	839	291	53	659	832	661	23	142	249
514	978	577	153	1031	1244	895	283	184	628
415	629	247	107	623	712	766	280	89	234
463	662	339	66	808	768	623	292	88	277
303	488	235	51	326	604	379	72	112	98
30	84	21	1	66	96	72	3	0	10
559	1199	530	121	967	1092	973	313	364	374
253	572	169	74	449	417	316	54	72	0
243	438	115	42	246	472	388	67	0	191
4	19	21	7	8	32	31	0	0	0
356	860	296	15	409	460	444	196	147	142
123	234	139	28	203	245	246	57	1	38
18	88	31	39	61	66	69	0	0	0
28	89	62	0	94	76	129	0	0	0
210	331	229	29	235	584	471	0	0	21

高等师范院

Basic Statistics of

地　区 Region	学校数(所) Institutions	本专科学生数 Undergraduate Students: 毕业生数 Graduates	本专科学生数 Undergraduate Students: 招生数 Students Admitted	本专科学生数 Undergraduate Students: 在校学生数 Enrolment	教职 Teachers, Staff: 合计 Total	教职 Teachers, Staff: 校本部 Teachers, Staff & Workers: 计 Subtotal	教职 Teachers, Staff: 校本部 Teachers, Staff & Workers: 专任 Full-time: 计 Subtotal	教职 Teachers, Staff: 校本部 Teachers, Staff & Workers: 专任 Full-time: 教授 Professors
总　计 Total	241	170116	209571	586072	163913	146673	72872	3113
北　京 Beijing	3	3398	3914	12954	7605	5812	2604	295
天　津 Tianjin	3	2373	3087	8184	2723	2571	1212	71
河　北 Hebei	13	10344	13018	32193	7914	7162	3486	169
山　西 Shanxi	7	3772	4245	13344	3682	3403	1500	32
内蒙古 Inner Mongolia	6	3215	3482	11880	4005	3814	2027	50
辽　宁 Liaoning	13	6981	8769	27417	7386	6901	3825	158
吉　林 Jilin	8	5806	7364	20395	6871	6107	2973	183
黑龙江 Heilongjiang	9	5596	6707	19662	6150	5498	2812	128
上　海 Shanghai	4	4895	5397	17210	6824	5255	2382	236
江　苏 Jiangsu	9	8514	11234	29332	6448	5841	2936	131
浙　江 Zhejiang	10	5284	8583	20546	5289	4929	2476	69
安　徽 Anhui	13	7786	9290	26437	6938	6421	3372	106
福　建 Fujian	9	7227	7990	20402	5273	4954	2483	85
江　西 Jiangxi	8	6566	8574	25670	5689	5320	2699	55
山　东 Shandong	14	16604	17765	43020	10930	9620	4708	241
河　南 Henan	13	10755	13589	31156	8062	7699	3674	92
湖　北 Hubei	9	7891	8966	26508	7311	5926	3059	119
湖　南 Hunan	12	8148	11223	34681	7865	7013	3512	153
广　东 Guangdong	6	5562	8428	23880	4972	4470	2287	129
广　西 Guangxi	8	4637	5996	16849	4821	4345	2190	104
海　南 Hainan	1	622	1010	3029	705	649	346	15
四　川 Sichuan	16	14123	16305	47001	11432	10335	5010	164
贵　州 Guizhou	10	3233	4015	11288	3898	3756	1749	28
云　南 Yunnan	11	4032	4964	14161	4074	3799	1903	49
西　藏 Tibet	0	0	0	0	0	0	0	0
陕　西 Shaanxi	9	5062	5861	17703	6391	5621	2725	108
甘　肃 Gansu	6	3889	4888	14551	4667	3834	1912	79
青　海 Qinghai	3	930	991	3018	1214	1191	670	35
宁　夏 Ningxia	2	461	614	1825	753	693	346	4
新　疆 Xinjiang	6	2410	3302	11776	4021	3734	1994	25

校基本情况

Teachers Colleges

单位: 人

工数 & Workers 教职工 in College or Uni. Proper 教师 Teachers 副教授 Asso. Professors	讲师 Lecturers	助教 Assistants	教员 Instructors	教辅人员 Supporting Staff	行政人员 Adm. Personnel	工勤人员 Workers	科研机构人员 Personnel in Affiliated Research Org.	校办工厂、农场职工 Employees in School-run Factories, Farms	附设机构人员 Personnel in Other Subsidiary Units
17345	31318	16751	4345	18215	29857	25729	3070	6122	8048
963	1062	225	59	831	819	1558	551	955	287
342	607	165	27	334	505	520	18	82	52
911	1509	655	242	848	1521	1307	170	254	328
267	670	406	125	388	788	727	28	64	187
424	904	585	64	536	746	505	0	54	137
962	1557	905	243	763	1405	908	51	101	333
786	1242	715	47	824	1317	993	122	361	281
738	1312	469	165	573	1079	1034	21	283	348
737	1067	339	3	860	1068	945	501	709	359
648	1403	537	217	695	1134	1076	27	158	422
442	1181	645	139	595	978	880	16	205	139
706	1559	717	284	685	1198	1166	60	136	321
521	968	779	130	741	959	771	72	95	152
594	1109	697	244	607	1051	963	41	173	155
1262	1949	1075	181	1330	2135	1447	364	324	622
766	1761	884	171	901	1785	1339	22	132	209
758	1150	810	222	798	1286	783	228	688	469
1051	1359	715	234	737	1266	1498	97	189	566
627	932	567	32	643	850	690	222	56	224
541	901	484	160	537	790	828	52	148	276
72	150	70	39	41	136	126	19	0	37
1158	2147	1127	414	1254	2301	1770	223	121	753
376	741	437	167	403	992	612	16	47	79
342	815	556	141	526	745	625	45	42	188
0	0	0	0	0	0	0	0	0	0
500	1181	810	126	693	1149	1054	9	101	660
388	746	554	145	502	748	672	81	496	256
76	268	193	98	65	273	183	0	22	1
66	157	105	14	101	150	96	8	0	52
321	911	525	212	404	683	653	6	126	155

高 等 语 文 院

Basic Statistics of

地　区 Region	学校数(所) Institutions	本专科学生数 Undergraduate Students 毕业生数 Graduates	招生数 Students Admitted	在校学生数 Enrolment	教职 Teachers, Staff 合计 Total	校本部 Teachers, Staff & Workers 计 Subtotal	专任 Full-time 计 Subtotal	教授 Professors
总　计 Total	15	4166	7007	20252	11697	9863	4796	345
北　京 Beijing	7	1580	2706	7882	5850	4961	2411	211
天　津 Tianjin	1	353	556	1402	508	508	225	12
河　北 Hebei	0	0	0	0	0	0	0	0
山　西 Shanxi	0	0	0	0	0	0	0	0
内蒙古 Inner Mongolia	0	65	55	179	210	206	97	0
辽　宁 Liaoning	1	354	586	1696	605	569	270	9
吉　林 Jilin	0	0	0	0	0	0	0	0
黑龙江 Heilongjiang	0	0	0	0	0	0	0	0
上　海 Shanghai	1	488	634	2235	1669	1110	567	54
江　苏 Jiangsu	0	0	0	0	0	0	0	0
浙　江 Zhejiang	1	154	254	568	151	149	72	2
安　徽 Anhui	0	0	0	0	0	0	0	0
福　建 Fujian	0	0	0	0	0	0	0	0
江　西 Jiangxi	0	0	0	0	0	0	0	0
山　东 Shandong	0	0	240	240	0	0	0	0
河　南 Henan	0	0	0	0	0	0	0	0
湖　北 Hubei	0	0	0	0	0	0	0	0
湖　南 Hunan	0	0	0	0	0	0	0	0
广　东 Guangdong	1	346	584	1762	938	807	374	20
广　西 Guangxi	1	54	179	519	77	77	43	0
海　南 Hainan	0	0	0	0	0	0	0	0
四　川 Sichuan	1	595	713	2137	804	698	310	8
贵　州 Guizhou	0	0	0	0	0	0	0	0
云　南 Yunnan	0	0	0	0	0	0	0	0
西　藏 Tibet	0	0	0	0	0	0	0	0
陕　西 Shaanxi	1	177	500	1632	885	778	427	29
甘　肃 Gansu	0	0	0	0	0	0	0	0
青　海 Qinghai	0	0	0	0	0	0	0	0
宁　夏 Ningxia	0	0	0	0	0	0	0	0
新　疆 Xinjiang	0	0	0	0	0	0	0	0

校基本情况

Institutions of Languages & Literatures

单位：人

工数 & Workers									
教职工 in College or Uni. Proper							科研机构人员 Personnel in Affiliated Research Org.	校办工厂、农场职工 Employees in School-run Factories, Farms	附设机构人员 Personnel in Other Subsidiary Units
教师 Teachers				教辅人员 Supporting Staff	行政人员 Adm. Personnel	工勤人员 Workers			
副教授 Asso. Professors	讲师 Lecturers	助教 Assistants	教员 Instructors						
1319	2063	805	264	1121	2085	1861	208	46	1580
796	1023	268	113	475	1041	1034	117	44	728
54	107	35	17	74	123	86	0	0	0
0	0	0	0	0	0	0	0	0	0
0	0	0	0	0	0	0	0	0	0
12	46	39	0	21	61	27	4	0	0
60	121	65	15	78	118	103	13	0	23
0	0	0	0	0	0	0	0	0	0
0	0	0	0	0	0	0	0	0	0
148	275	53	37	141	156	246	37	0	522
0	0	0	0	0	0	0	0	0	0
22	21	18	9	15	46	16	0	2	0
0	0	0	0	0	0	0	0	0	0
0	0	0	0	0	0	0	0	0	0
0	0	0	0	0	0	0	0	0	0
0	0	0	0	0	0	0	0	0	0
0	0	0	0	0	0	0	0	0	0
0	0	0	0	0	0	0	0	0	0
0	0	0	0	0	0	0	0	0	0
94	125	135	0	131	177	125	17	0	114
7	18	12	6	6	18	10	0	0	0
0	0	0	0	0	0	0	0	0	0
55	127	75	45	77	201	110	20	0	86
0	0	0	0	0	0	0	0	0	0
0	0	0	0	0	0	0	0	0	0
0	0	0	0	0	0	0	0	0	0
71	200	105	22	103	144	104	0	0	107
0	0	0	0	0	0	0	0	0	0
0	0	0	0	0	0	0	0	0	0
0	0	0	0	0	0	0	0	0	0
0	0	0	0	0	0	0	0	0	0

地区 Region	学校数(所) Institutions	本专科学生数 Undergraduate Students			教职 Teachers, Staff			
		毕业生数 Graduates	招生数 Students Admitted	在校学生数 Enrolment	合计 Total	校本部 Teachers, Staff & Workers		
						计 Subtotal	专任 Full-time	
							计 Subtotal	教授 Professors
总计 Total	83	41741	59371	179685	49233	44392	20477	989
北京 Beijing	7	3312	4491	15583	6232	5296	2477	232
天津 Tianjin	3	2356	3149	9574	2553	2373	944	50
河北 Hebei	4	1351	3800	7677	2142	1778	777	10
山西 Shanxi	3	1880	1952	7765	1725	1696	890	39
内蒙古 Inner Mongolia	1	675	696	2586	659	644	302	3
辽宁 Liaoning	4	2333	3416	11654	3293	2572	1406	116
吉林 Jilin	4	1188	1990	6138	1686	1664	695	17
黑龙江 Heilongjiang	4	1696	2968	7925	2051	1987	907	24
上海 Shanghai	6	2622	2966	9679	3116	2878	1146	67
江苏 Jiangsu	4	1271	2080	5982	1584	1363	619	14
浙江 Zhejiang	3	1741	2882	8250	2174	1803	804	17
安徽 Anhui	4	1729	2529	7417	1991	1854	860	11
福建 Fujian	2	540	724	2234	435	415	193	1
江西 Jiangxi	2	948	2171	6559	1808	1587	717	29
山东 Shandong	3	3763	2899	8619	2115	1982	935	36
河南 Henan	3	1596	2362	7049	1549	1447	689	20
湖北 Hubei	4	1881	2683	8694	2643	2377	1041	66
湖南 Hunan	4	2155	2943	9014	2410	2221	1034	45
广东 Guangdong	3	1691	2514	7058	1399	1312	589	22
广西 Guangxi	2	487	962	2793	541	521	291	7
海南 Hainan	0	0	0	0	0	0	0	0
四川 Sichuan	3	2246	3159	8780	1868	1697	882	79
贵州 Guizhou	2	561	909	2665	920	872	398	6
云南 Yunnan	1	625	801	2687	651	606	276	9
西藏 Tibet	0	0	0	0	0	0	0	0
陕西 Shaanxi	4	1805	2366	7241	1961	1872	839	47
甘肃 Gansu	1	655	895	2676	722	660	308	15
青海 Qinghai	0	0	0	0	0	0	0	0
宁夏 Ningxia	0	0	0	0	0	0	0	0
新疆 Xinjiang	2	634	1064	3386	1005	915	458	7

校基本情况

Institutions of Finance & Economics

单位:人

工数 & Workers									
教职工 in College or Uni. Proper							科研机构人员 Personnel in Affiliated Research Org.	校办工厂、农场职工 Employees in School-run Factories, Farms	附设机构人员 Personnel in Other Subsidiary Units
教师 Teachers				教辅人员 Supporting Staff	行政人员 Adm. Personnel	工勤人员 Workers			
副教授 Asso. Professors	讲师 Lecturers	助教 Assistants	教员 Instructors						
4385	9580	4230	1293	4606	10788	8521	762	2041	2038
649	1184	284	128	453	1364	1002	119	393	424
226	489	122	57	285	639	505	51	108	21
165	326	217	59	157	483	361	14	197	153
166	353	304	28	206	323	277	9	0	20
45	101	87	66	80	185	77	15	0	0
356	586	307	41	290	548	328	56	405	260
166	303	172	37	279	394	296	9	1	12
170	461	175	77	271	496	313	29	21	14
237	580	189	73	277	738	717	83	29	126
107	309	141	48	163	293	288	42	141	38
152	463	138	34	226	312	461	18	219	134
150	434	187	78	165	471	358	10	3	124
28	67	56	41	30	114	78	1	19	0
140	332	147	69	118	478	274	39	182	0
163	396	284	56	151	556	340	18	18	97
146	356	92	75	156	390	212	19	7	76
265	460	178	72	294	551	491	39	14	213
229	458	249	53	264	399	524	19	151	19
130	251	168	18	111	405	207	1	78	8
46	114	87	37	47	85	98	2	11	7
0	0	0	0	0	0	0	0	0	0
229	380	138	56	123	371	321	81	11	79
86	212	78	16	112	233	129	30	18	0
50	172	42	3	56	162	112	9	0	36
0	0	0	0	0	0	0	0	0	0
168	410	191	23	165	447	421	25	15	49
53	148	82	10	62	133	157	10	0	52
0	0	0	0	0	0	0	0	0	0
0	0	0	0	0	0	0	0	0	0
63	235	115	38	65	218	174	14	0	76

高等政法院

Basic Statistics of

地区 Region	学校数(所) Institutions	本专科学生数 Undergraduate Students 毕业生数 Graduates	招生数 Students Admitted	在校学生数 Enrolment	教职 Teachers, Staff 合计 Total	校本部 Teachers, Staff & Workers 计 Subtotal	专任 Full-time 计 Subtotal	教授 Professors
总计 **Total**	27	7892	13079	39039	15257	13692	5207	284
北京 Beijing	5	1611	2903	8605	3995	3636	1332	130
天津 Tianjin	0	0	0	0	0	0	0	0
河北 Hebei	1	166	422	1490	1375	1055	299	2
山西 Shanxi	1	0	0	0	1311	1021	191	0
内蒙古 Inner Mongolia	0	0	0	0	0	0	0	0
辽宁 Liaoning	2	447	676	2129	1000	981	413	28
吉林 Jilin	1	151	200	647	256	251	95	0
黑龙江 Heilongjiang	0	0	0	0	0	0	0	0
上海 Shanghai	2	790	980	3605	1101	972	402	21
江苏 Jiangsu	1	353	508	1428	347	339	160	3
浙江 Zhejiang	1	137	350	919	222	222	81	0
安徽 Anhui	0	0	0	0	0	0	0	0
福建 Fujian	1	181	300	796	196	196	89	0
江西 Jiangxi	1	202	245	705	227	227	96	0
山东 Shandong	1	243	379	1051	361	348	122	3
河南 Henan	1	193	298	740	223	223	127	2
湖北 Hubei	2	757	1569	4655	1168	1020	461	23
湖南 Hunan	1	303	402	1151	223	219	108	0
广东 Guangdong	1	0	333	533	303	303	113	3
广西 Guangxi	0	0	0	0	0	0	0	0
海南 Hainan	0	0	0	0	0	0	0	0
四川 Sichuan	1	1100	1390	4076	1188	1017	402	37
贵州 Guizhou	0	0	0	0	0	0	0	0
云南 Yunnan	2	496	690	1920	551	525	213	1
西藏 Tibet	0	0	0	0	0	0	0	0
陕西 Shaanxi	1	717	884	3308	880	832	348	26
甘肃 Gansu	1	45	550	1281	330	305	155	5
青海 Qinghai	0	0	0	0	0	0	0	0
宁夏 Ningxia	0	0	0	0	0	0	0	0
新疆 Xinjiang	0	0	0	0	0	0	0	0

校基本情况

Institutions of Political Science & Law

单位：人

工　　数

& Workers

教职工 in College or Uni. Proper 教师 Teachers 副教授 Asso. Professors	讲师 Lecturers	助教 Assistants	教员 Instructors	教辅人员 Supporting Staff	行政人员 Adm. Personnel	工勤人员 Workers	科研机构人员 Personnel in Affiliated Research Org.	校办工厂、农场职工 Employees in School-run Factories, Farms	附设机构人员 Personnel in Other Subsidiary Units
1027	2276	1192	428	1595	3793	3097	218	580	767
358	597	225	22	691	812	801	87	21	251
0	0	0	0	0	0	0	0	0	0
49	110	68	70	37	285	434	13	260	47
21	39	95	36	22	245	563	0	232	58
0	0	0	0	0	0	0	0	0	0
86	201	81	17	98	347	123	0	0	19
8	41	34	12	40	94	22	5	0	0
0	0	0	0	0	0	0	0	0	0
79	218	70	14	87	317	166	39	51	39
18	75	40	24	35	109	35	0	0	8
9	48	23	1	23	76	42	0	0	0
0	0	0	0	0	0	0	0	0	0
9	30	32	18	20	80	7	0	0	0
6	36	32	22	13	80	38	0	0	0
26	62	24	7	25	118	83	0	13	0
13	47	65	0	26	48	22	0	0	0
69	196	104	69	92	333	134	5	0	143
10	38	31	29	20	58	33	0	0	4
26	44	26	14	56	77	57	0	0	0
0	0	0	0	0	0	0	0	0	0
0	0	0	0	0	0	0	0	0	0
105	198	41	21	118	279	218	22	0	149
0	0	0	0	0	0	0	0	0	0
21	94	72	25	45	202	65	12	0	14
0	0	0	0	0	0	0	0	0	0
93	150	79	0	120	177	187	26	2	20
21	52	50	27	27	56	67	9	1	15
0	0	0	0	0	0	0	0	0	0
0	0	0	0	0	0	0	0	0	0
0	0	0	0	0	0	0	0	0	0

单位:人

地 区 Region	学校数(所) Institutions	本专科学生数 Undergraduate Students: 毕业生数 Graduates	招生数 Students Admitted	在校学生数 Enrolment	教职 Teachers, Staff: 合计 Total	校本部 Teachers, Staff & Workers: 计 Subtotal	专任 Full-time: 计 Subtotal	教授 Professors
总 计 Total	15	4283	5915	17267	7340	6731	3298	195
北 京 Beijing	1	526	519	2081	1111	984	451	25
天 津 Tianjin	1	161	420	1076	455	455	205	17
河 北 Hebei	1	185	210	702	206	199	96	4
山 西 Shanxi	0	0	0	0	0	0	0	0
内蒙古 Inner Mongolia	0	0	0	0	0	0	0	0
辽 宁 Liaoning	1	412	520	1524	667	601	297	25
吉 林 Jilin	1	132	227	571	172	165	66	4
黑龙江 Heilongjiang	1	288	524	1164	356	356	172	11
上 海 Shanghai	1	326	530	1798	785	642	385	29
江 苏 Jiangsu	1	143	163	451	186	186	91	4
浙 江 Zhejiang	0	0	0	0	0	0	0	0
安 徽 Anhui	0	0	0	0	0	0	0	0
福 建 Fujian	1	206	220	737	256	243	125	1
江 西 Jiangxi	0	0	0	0	0	0	0	0
山 东 Shandong	1	218	300	781	381	359	148	8
河 南 Henan	0	0	0	0	0	0	0	0
湖 北 Hubei	1	355	479	1312	840	709	403	9
湖 南 Hunan	0	0	0	0	0	0	0	0
广 东 Guangdong	1	359	676	1705	457	414	202	24
广 西 Guangxi	1	230	259	537	125	123	66	2
海 南 Hainan	0	0	0	0	0	0	0	0
四 川 Sichuan	1	357	418	1467	663	663	327	15
贵 州 Guizhou	0	0	0	0	0	0	0	0
云 南 Yunnan	0	0	0	0	0	0	0	0
西 藏 Tibet	0	0	0	0	0	0	0	0
陕 西 Shaanxi	1	385	450	1361	680	632	264	17
甘 肃 Gansu	0	0	0	0	0	0	0	0
青 海 Qinghai	0	0	0	0	0	0	0	0
宁 夏 Ningxia	0	0	0	0	0	0	0	0
新 疆 Xinjiang	0	0	0	0	0	0	0	0

校基本情况

Institutions of Physical Culture

单位:人

工数 & Workers									
教职工 in College or Uni. Proper							科研机构人员 Personnel in Affiliated Research Org.	校办工厂、农场职工 Employees in School-run Factories, Farms	附设机构人员 Personnel in Other Subsidiary Units
教师 Teachers				教辅人员 Supporting Staff	行政人员 Adm. Personnel	工勤人员 Workers			
副教授 Asso. Professors	讲师 Lecturers	助教 Assistants	教员 Instrructors						
805	1428	799	71	579	1447	1407	91	16	502
135	180	82	29	203	93	237	42	0	85
42	109	28	9	12	139	99	0	0	0
19	43	26	4	13	58	32	0	0	7
0	0	0	0	0	0	0	0	0	0
0	0	0	0	0	0	0	0	0	0
69	161	34	8	37	138	129	0	0	66
18	21	21	2	11	56	32	0	0	7
55	71	35	0	39	81	64	0	0	0
87	161	108	0	33	118	106	23	14	106
24	43	18	2	7	57	31	0	0	0
0	0	0	0	0	0	0	0	0	0
0	0	0	0	0	0	0	0	0	0
25	58	36	5	14	65	39	0	0	13
0	0	0	0	0	0	0	0	0	0
44	63	33	0	34	113	64	0	0	22
0	0	0	0	0	0	0	0	0	0
78	144	172	0	0	82	224	16	0	115
0	0	0	0	0	0	0	0	0	0
59	78	38	3	48	113	51	8	2	33
16	35	10	3	4	30	23	2	0	0
0	0	0	0	0	0	0	0	0	0
71	146	89	6	53	165	118	0	0	0
0	0	0	0	0	0	0	0	0	0
0	0	0	0	0	0	0	0	0	0
0	0	0	0	0	0	0	0	0	0
63	115	69	0	71	139	158	0	0	48
0	0	0	0	0	0	0	0	0	0
0	0	0	0	0	0	0	0	0	0
0	0	0	0	0	0	0	0	0	0
0	0	0	0	0	0	0	0	0	0

地区 Region	学校数(所) Institutions	本专科学生数 Undergraduate Students: 毕业生数 Graduates	招生数 Students Admitted	在校学生数 Enrolment	教职 Teachers, Staff: 合计 Total	校本部 Teachers, Staff & Workers: 计 Subtotal	专任 Full-time: 计 Subtotal	教授 Professors
总计 Total	31	4003	5353	16736	12308	11448	5664	444
北京 Beijing	8	508	910	2721	3247	2986	1275	146
天津 Tianjin	2	258	286	967	676	615	320	47
河北 Hebei	0	0	0	0	0	0	0	0
山西 Shanxi	0	0	0	0	0	0	0	0
内蒙古 Inner Mongolia	0	93	154	352	248	248	134	1
辽宁 Liaoning	2	284	352	1479	913	868	457	40
吉林 Jilin	1	195	314	839	619	602	348	12
黑龙江 Heilongjiang	0	0	0	0	0	0	0	0
上海 Shanghai	2	149	222	675	818	697	284	29
江苏 Jiangsu	1	148	189	619	419	403	240	17
浙江 Zhejiang	1	69	99	353	402	356	171	21
安徽 Anhui	0	0	0	0	0	0	0	0
福建 Fujian	0	0	0	0	0	0	0	0
江西 Jiangxi	0	0	0	0	0	0	0	0
山东 Shandong	2	397	492	1564	723	670	334	15
河南 Henan	0	0	0	0	0	0	0	0
湖北 Hubei	2	357	339	1008	657	621	300	15
湖南 Hunan	0	0	0	0	0	0	0	0
广东 Guangdong	2	383	424	1343	653	638	329	29
广西 Guangxi	1	135	171	778	399	374	173	9
海南 Hainan	0	0	0	0	0	0	0	0
四川 Sichuan	2	444	565	1343	783	692	373	27
贵州 Guizhou	1	116	110	384	134	134	105	3
云南 Yunnan	1	243	227	784	457	439	201	5
西藏 Tibet	0	0	0	0	0	0	0	0
陕西 Shaanxi	2	199	397	1099	835	780	429	25
甘肃 Gansu	0	0	0	0	0	0	0	0
青海 Qinghai	0	0	0	0	0	0	0	0
宁夏 Ningxia	0	0	0	0	0	0	0	0
新疆 Xinjiang	1	25	102	428	325	325	191	3

校基本情况

Institutions of Art

单位:人

工数 & Workers 教职工 in College or Uni. Proper 教师 Teachers 副教授 Asso. Professors	讲师 Lecturers	助教 Assistants	教员 Instructors	教辅人员 Supporting Staff	行政人员 Adm. Personnel	工勤人员 Workers	科研机构人员 Personnel in Affiliated Research Org.	校办工厂、农场职工 Employees in School-run Factories, Farms	附设机构人员 Personnel in Other Subsidiary Units
1456	2176	1271	317	1297	2555	1932	246	156	458
358	459	240	72	628	543	540	109	32	120
67	120	77	9	53	150	92	20	12	29
0	0	0	0	0	0	0	0	0	0
0	0	0	0	0	0	0	0	0	0
20	43	37	33	26	72	16	0	0	0
128	156	119	14	60	218	133	3	6	36
65	134	99	38	68	98	88	10	3	4
0	0	0	0	0	0	0	0	0	0
111	108	28	8	52	238	123	32	20	69
65	124	17	17	22	88	53	0	0	16
63	67	20	0	49	74	62	0	9	37
0	0	0	0	0	0	0	0	0	0
0	0	0	0	0	0	0	0	0	0
0	0	0	0	0	0	0	0	0	0
70	128	110	11	18	161	157	27	13	13
0	0	0	0	0	0	0	0	0	0
84	111	72	18	63	177	81	5	10	21
0	0	0	0	0	0	0	0	0	0
100	130	67	3	47	175	87	10	0	5
55	76	26	7	59	81	61	8	4	13
0	0	0	0	0	0	0	0	0	0
104	132	90	20	44	121	154	18	23	50
17	36	39	10	11	18	0	0	0	0
30	103	53	10	30	96	112	4	0	14
0	0	0	0	0	0	0	0	0	0
86	170	122	26	44	186	121	0	24	31
0	0	0	0	0	0	0	0	0	0
0	0	0	0	0	0	0	0	0	0
0	0	0	0	0	0	0	0	0	0
33	79	55	21	23	59	52	0	0	0

高等民族院

Basic Statistics of

地区 Region	学校数(所) Institutions	本专科学生数 Undergraduate Students			教职 Teachers, Staff			
						校本部 Teachers, Staff & Workers		
							专任 Full-time	
		毕业生数 Graduates	招生数 Students Admitted	在校学生数 Enrolment	合计 Total	计 Subtotal	计 Subtotal	教授 Professors
总计 Total	12	6660	9885	30782	10629	9370	4486	163
北京 Beijing	1	618	792	2871	1791	1492	701	43
天津 Tianjin	0	0	0	0	0	0	0	0
河北 Hebei	0	0	0	0	0	0	0	0
山西 Shanxi	0	0	0	0	0	0	0	0
内蒙古 Inner Mongolia	0	0	0	0	0	0	0	0
辽宁 Liaoning	0	0	0	0	0	0	0	0
吉林 Jilin	0	0	0	0	0	0	0	0
黑龙江 Heilongjiang	0	0	0	0	0	0	0	0
上海 Shanghai	0	0	0	0	0	0	0	0
江苏 Jiangsu	0	0	0	0	0	0	0	0
浙江 Zhejiang	0	0	0	0	0	0	0	0
安徽 Anhui	0	0	0	0	0	0	0	0
福建 Fujian	0	0	0	0	0	0	0	0
江西 Jiangxi	0	0	0	0	0	0	0	0
山东 Shandong	0	0	0	0	0	0	0	0
河南 Henan	0	0	0	0	0	0	0	0
湖北 Hubei	2	1490	2074	6571	1768	1473	794	21
湖南 Hunan	0	0	0	0	0	0	0	0
广东 Guangdong	1	180	815	2215	439	412	202	7
广西 Guangxi	1	707	1117	3464	1047	953	470	22
海南 Hainan	0	0	0	0	0	0	0	0
四川 Sichuan	1	1058	1203	3708	1157	1059	439	17
贵州 Guizhou	1	399	846	2173	888	880	420	9
云南 Yunnan	1	797	757	2618	980	855	377	15
西藏 Tibet	1	161	383	1184	577	539	232	10
陕西 Shaanxi	0	0	0	0	0	0	0	0
甘肃 Gansu	1	680	857	2879	1010	876	449	7
青海 Qinghai	1	283	428	1376	594	488	209	11
宁夏 Ningxia	1	287	613	1723	378	343	193	1
新疆 Xinjiang	0	0	0	0	0	0	0	0

校基本情况

Institutions of Nationalities

单位：人

工数 & Workers									
教职工 in College or Uni. Proper							科研机构人员 Personnel in Affiliated Research Org.	校办工厂、农场职工 Employees in School-run Factories, Farms	附设机构人员 Personnel in Other Subsidiary Units
教师 Teachers				教辅人员 Supporting Staff	行政人员 Adm. Personnel	工勤人员 Workers			
副教授 Asso. Professors	讲师 Lecturers	助教 Assistants	教员 Instructors						
1025	2154	897	247	945	2246	1693	416	128	715
174	357	124	3	88	358	345	167	0	132
0	0	0	0	0	0	0	0	0	0
0	0	0	0	0	0	0	0	0	0
0	0	0	0	0	0	0	0	0	0
0	0	0	0	0	0	0	0	0	0
0	0	0	0	0	0	0	0	0	0
0	0	0	0	0	0	0	0	0	0
0	0	0	0	0	0	0	0	0	0
0	0	0	0	0	0	0	0	0	0
0	0	0	0	0	0	0	0	0	0
0	0	0	0	0	0	0	0	0	0
0	0	0	0	0	0	0	0	0	0
0	0	0	0	0	0	0	0	0	0
0	0	0	0	0	0	0	0	0	0
0	0	0	0	0	0	0	0	0	0
0	0	0	0	0	0	0	0	0	0
191	322	180	80	258	156	265	30	11	254
0	0	0	0	0	0	0	0	0	0
57	90	43	5	40	92	78	9	0	18
134	203	105	6	131	184	168	0	10	84
0	0	0	0	0	0	0	0	0	0
131	234	57	0	106	359	155	45	53	0
70	245	78	18	10	290	160	8	0	0
86	208	42	26	88	253	137	73	0	52
36	122	39	25	54	142	111	3	22	13
0	0	0	0	0	0	0	0	0	0
87	223	117	15	60	227	140	44	30	60
39	89	45	25	75	132	72	34	0	72
20	61	67	44	35	53	62	3	2	30
0	0	0	0	0	0	0	0	0	0

普通高等学校女学

Number of Female Students, Teachers, Staff &

地区 Region	本专科学生数 Undergraduate Students			教职 Teachers, Staff			
					校本部 Teachers, Staff & Workers		
						专任 Full-time	
	毕业生数 Graduates	招生数 Students Admitted	在校学生数 Enrolment	合计 Total	计 Subtotal	计 Subtotal	教授 Professors
总计 Total	215499	318589	964258	393727	311625	127060	3860
北京 Beijing	12818	19149	63096	45494	34340	14479	1046
天津 Tianjin	5665	8982	27180	10757	8713	3569	145
河北 Hebei	12597	19191	53406	15072	11760	5253	112
山西 Shanxi	6118	8078	27277	9219	7973	3359	86
内蒙古 Inner Mongolia	4431	5005	17889	5602	4897	2227	37
辽宁 Liaoning	13533	20762	66298	23024	19060	8582	219
吉林 Jilin	8282	11187	33835	14940	11960	5236	105
黑龙江 Heilongjiang	8540	13219	40605	15853	12791	5552	124
上海 Shanghai	12007	15663	52498	26497	19541	6748	250
江苏 Jiangsu	13406	21417	62763	24154	18905	7376	173
浙江 Zhejiang	6452	12186	32774	10128	8337	3143	63
安徽 Anhui	5174	6554	20257	8381	6898	2897	64
福建 Fujian	5121	6918	20653	6832	5668	2451	40
江西 Jiangxi	4366	6663	20300	9797	6623	2545	19
山东 Shandong	16610	21220	56716	17540	13908	5920	200
河南 Henan	9877	15018	40057	13918	11187	4692	62
湖北 Hubei	9981	15419	47215	25431	19057	6989	218
湖南 Hunan	7708	12218	38367	14772	11576	4212	82
广东 Guangdong	8481	16213	45095	16527	13021	5061	157
广西 Guangxi	4183	6137	18654	6735	5695	2235	37
海南 Hainan	750	1003	3784	1254	944	380	8
四川 Sichuan	14249	21355	62274	25096	19969	7884	249
贵州 Guizhou	2761	3690	11700	5006	4742	2004	40
云南 Yunnan	5127	6080	19394	6983	6130	2534	60
西藏 Tibet	293	358	1222	624	565	246	1
陕西 Shaanxi	8269	12241	38761	18413	14641	5858	173
甘肃 Gansu	3331	4613	13947	5658	4520	1790	31
青海 Qinghai	755	1034	3164	1127	1036	508	16
宁夏 Ningxia	1029	1418	4691	1582	1362	653	18
新疆 Xinjiang	3585	5598	20386	7311	5806	2677	25

生和女教职工数

Workers in Regular Higher Educational Institutions

单位:人

副教授 Asso. Professors	讲师 Lecturers	助教 Assistants	教员 Instructors	教辅人员 Supporting Staff	行政人员 Adm. Personnel	工勤人员 Workers	科研机构人员 Personnel in Affiliated Research Org.	校办工厂、农场职工 Employees in School-run Factories, Farms	附设机构人员 Personnel in Other Subsidiary Units
工数 & Workers									
教职工 in College or Uni. Proper									
教师 Teachers									
23648	58001	32828	8723	60339	64808	59418	13152	23775	45175
3862	6367	2521	683	6783	7135	5943	2209	1649	7296
753	1796	693	182	1619	1864	1661	568	658	818
844	2420	1412	465	2130	2184	2193	248	971	2093
433	1467	1136	237	1389	1603	1622	129	493	624
358	1029	628	175	1024	842	804	91	294	320
1416	4013	2441	493	3773	4200	2505	464	1234	2266
910	2347	1680	194	2221	2395	2108	594	849	1537
1007	2810	1290	321	2429	2568	2242	502	1218	1342
1387	3123	1723	265	3625	4265	4903	1658	2035	3263
1399	3419	1808	577	4091	3849	3589	864	1809	2576
464	1468	842	306	1694	1556	1944	250	597	944
598	1284	632	319	1521	1296	1184	239	294	950
285	1046	890	190	1085	1162	970	180	316	668
420	1019	841	246	1249	1396	1433	89	2040	1045
1134	2650	1559	377	2861	2887	2240	483	849	2300
744	2303	1298	285	2227	2367	1901	135	1333	1263
1407	2929	1792	643	4011	4203	3854	1097	1703	3574
790	1922	1029	389	2289	2277	2798	354	1062	1780
951	2355	1395	203	2782	2821	2357	565	581	2360
377	1062	581	178	1028	1193	1239	90	373	577
53	193	104	22	172	193	199	9	0	301
1613	3555	1900	567	3608	4555	3922	1211	940	2976
300	935	557	172	813	1161	764	47	73	144
484	1223	623	144	987	1401	1208	199	100	554
9	120	70	46	86	142	91	5	14	40
911	2641	1685	448	2628	2685	3470	572	940	2260
283	768	526	182	894	876	960	218	486	434
35	204	169	84	171	202	155	8	7	76
68	282	200	85	206	250	253	22	93	105
353	1251	803	245	943	1280	906	52	764	689

中 等 专 业 学

Basic Statistics of

地 区 Region	学校数(所) Schools	毕业生数 Graduates	招生数 Entrants 计 Total	招高中毕业生数 Graduates From Senior Sec. School	招初中毕业生数 Graduates From Junior Sec. School	在校学生数 Enrolment	合计 Total	计 Subtotal
总 计 Total	3987	729106	1225412	220943	1004469	3197851	516535	477503
北 京 Beijing	119	15491	22930	2776	20154	66563	14816	13484
天 津 Tianjin	73	10606	18227	2400	15827	49497	10443	9400
河 北 Hebei	203	39730	61206	15875	45331	163740	25526	24124
山 西 Shanxi	127	28791	35261	8484	26777	102885	17929	17078
内蒙古 Inner Mongolia	101	15053	18148	5411	12737	54787	15643	14665
辽 宁 Liaoning	165	30362	43849	6810	37039	133067	25429	23586
吉 林 Jilin	120	20890	35957	9001	26956	96720	17956	16341
黑龙江 Heilongjiang	109	18808	35227	7553	27674	87394	17636	15955
上 海 Shanghai	101	17243	36782	6280	30502	92300	14755	13424
江 苏 Jiangsu	213	42753	99704	8475	91229	247104	26248	23850
浙 江 Zhejiang	155	23195	49155	13358	35797	108749	15760	14435
安 徽 Anhui	139	27270	36414	6041	30373	109730	16232	15136
福 建 Fujian	108	18720	31820	4084	27736	86062	12077	11414
江 西 Jiangxi	105	25049	38576	8337	30239	91106	13777	12392
山 东 Shandong	243	50801	89643	14312	75331	222551	35066	32714
河 南 Henan	182	51571	74061	14657	59404	184281	27251	25104
湖 北 Hubei	233	47760	95384	7859	87525	236556	31146	28349
湖 南 Hunan	141	26841	58409	6962	51447	154410	21648	19559
广 东 Guangdong	230	39616	71559	12062	59497	173488	22043	21144
广 西 Guangxi	123	23416	38954	7787	31167	104762	16343	14524
海 南 Hainan	30	3718	6934	2202	4732	16188	2720	2644
四 川 Sichuan	299	51833	85749	14233	71516	224081	38473	34812
贵 州 Guizhou	111	18584	24062	4989	19073	66331	11832	11478
云 南 Yunnan	142	22105	32956	4558	28398	94321	14889	14555
西 藏 Tibet	17	1208	1443	40	1403	4899	145	61376
陕 西 Shaanxi	111	19769	30146	9021	21125	81927	17133	14923
甘 肃 Gansu	113	15505	20111	5776	14335	56227	12931	12311
青 海 Qinghai	34	3087	4363	1263	3100	12786	3001	2968
宁 夏 Ningxia	26	3400	4437	1572	2865	12355	3061	2899
新 疆 Xinjiang	114	15931	23945	8765	15180	62984	13315	12859

校基本情况

Specialized Secondary Schools

单位:人

教职工数 Teachers, Staff & Workers										兼任教师数(不在教工数中) Part-time Teachers
校本部教职工 Employees in the School Proper								校办厂、场职工 Employees in School-run Factories & Farms	附设机构人员 Employees in Subsidiary Units	
专任教师 Full-time Teachers					教辅人员 Supporting Staff	行政人员 Adm. Personnel	工勤人员 Workers			
计 Subtotal	高级讲师 Senior Lecturers	讲师 Lecturers	助理讲师 Assistant Lecturers	教员 Instructors						
247048	33118	94695	104630	14605	46339	99162	84954	25521	13511	6098
6320	1078	2808	2220	214	1496	3081	2587	929	403	360
4719	512	1773	2298	136	934	2115	1632	824	219	58
12883	1514	4768	5550	1051	2234	4688	4319	1021	381	279
8979	988	3136	4144	711	1441	3687	2971	544	307	13
7394	751	2908	3422	313	1606	3055	2610	594	384	23
12129	1932	4984	4741	472	2271	4953	4233	1099	744	199
8475	1176	3291	3576	432	1613	3499	2754	1106	509	122
7449	1298	3624	2308	219	1601	3279	3626	946	735	133
6384	968	3240	2022	154	1467	2717	2856	851	480	206
12568	1692	4832	5179	865	2385	4926	3971	1907	491	675
7442	815	3219	3064	344	1454	3180	2359	872	453	856
8068	1360	3264	3075	369	1464	3040	2564	672	424	353
6486	595	2176	3199	516	1000	2377	1551	474	189	149
6815	844	2469	3067	435	1143	2415	2019	1075	310	100
17526	2761	5862	7619	1284	2986	7090	5112	1753	599	100
13485	1830	5197	5786	672	2308	5091	4220	1201	946	20
15688	2200	5716	6485	1287	2593	5622	4446	1838	959	461
9725	1689	3980	3484	572	2112	4011	3711	1420	669	251
11150	1419	3854	5140	737	2201	4314	3479	397	502	497
7442	1143	3190	2750	359	1453	2899	2730	718	1101	129
1319	123	414	668	114	200	515	610	35	41	84
17448	2732	6617	7061	1038	3761	7216	6387	2448	1213	387
6002	575	2128	2865	434	905	2758	1813	168	186	157
7628	655	2526	3984	463	1283	2772	2872	175	159	119
744	17	290	337	100	66	294	272	27	53	14
7024	922	2879	2888	335	1512	3541	2846	1719	491	160
6206	646	2154	3012	394	1123	2382	2600	365	255	59
1662	124	565	826	147	230	490	586	8	25	30
1505	164	642	613	86	273	541	580	85	77	12
6383	595	2189	3247	352	1224	2614	2638	250	206	92

中等技术学

Basic Statistics of

地区 Region		学校数(所) Schools	毕业生数 Graduates	招生数 Entrants			在校学生数 Enrolment		
				计 Total	招高中毕业生数 Graduates From Senior Sec. School	招初中毕业生数 Graduates From Junior Sec. School		合计 Total	计 Subtotal
总计	**Total**	3093	503492	934737	187318	747419	2413955	406553	372027
北京	Beijing	99	11723	17676	2776	14900	52415	12341	11078
天津	Tianjin	63	9027	16016	2400	13616	43401	9061	8136
河北	Hebei	137	25813	43058	11330	31728	117040	18829	17677
山西	Shanxi	103	19443	26179	6640	19539	77704	14487	13751
内蒙古	Inner Mongolia	80	10890	13751	4971	8780	41534	12531	11628
辽宁	Liaoning	135	21774	34212	5226	28986	99905	20400	18773
吉林	Jilin	97	15014	27935	6921	21014	72238	14804	13401
黑龙江	Heilongjiang	80	12927	25612	7353	18259	61030	13825	12320
上海	Shanghai	90	14477	34356	6280	28076	83243	13199	11995
江苏	Jiangsu	177	34260	86334	7337	78997	212321	21211	19456
浙江	Zhejiang	126	16830	38005	11553	26452	81178	12711	11616
安徽	Anhui	98	19381	27802	4965	22837	84654	12033	11081
福建	Fujian	83	11594	21333	2419	18914	58479	8732	8172
江西	Jiangxi	78	15711	27310	7149	20161	63049	10525	9233
山东	Shandong	182	35514	72134	11901	60233	178238	27136	25220
河南	Henan	137	27852	47771	14657	33114	115642	19665	17732
湖北	Hubei	198	39518	80727	6895	73832	201268	26042	23608
湖南	Hunan	109	17504	44548	3007	41541	121444	17705	15759
广东	Guangdong	185	27882	54099	10688	43411	130221	16748	15970
广西	Guangxi	97	15887	27246	7787	19459	71232	12603	10911
海南	Hainan	22	1960	3894	1482	2412	8640	1752	1712
四川	Sichuan	191	31571	62796	12230	50566	158907	28421	25036
贵州	Guizhou	83	12527	17271	4939	12332	46958	9243	8917
云南	Yunnan	114	14810	23451	4558	18893	67189	11519	11204
西藏	Tibet	12	696	728	0	728	2752	97	3912
陕西	Shaanxi	89	12215	22124	7065	15059	60413	14255	12111
甘肃	Gansu	91	11088	14999	4969	10030	40770	10523	9954
青海	Qinghai	23	1770	2604	953	1651	7385	2127	2100
宁夏	Ningxia	22	2179	2911	1228	1683	8370	2475	2332
新疆	Xinjiang	92	11655	17855	7639	10216	46335	10677	10232

校基本情况

Secondary Technical Schools

单位:人

教职工数 Teachers, Staff & Workers										兼任教师数（不在教工数中） Part-time Teachers
校本部教职工 Employees in the School Proper								校办厂、场职工 Employees in School-run Factories & Farms	附设机构人员 Employees in Subsidiary Units	
专任教师 Full-time Teachers					教辅人员 Supporting Staff	行政人员 Adm. Personnel	工勤人员 Workers			
计 Subtotal	高级讲师 Senior Lecturers	讲师 Lecturers	助理讲师 Assistant Lecturers	教员 Instructors						
187035	25754	75180	76672	9429	38197	79798	66997	22329	12197	5837
5074	851	2391	1708	124	1246	2559	2199	882	381	360
4082	433	1577	1967	105	827	1791	1436	754	171	58
9284	1195	3603	3828	658	1686	3540	3167	786	366	263
7227	802	2558	3309	558	1222	2929	2373	457	279	3
5771	599	2370	2559	243	1385	2508	1964	525	378	23
9394	1555	4077	3493	269	1972	3954	3453	913	714	198
6840	1001	2835	2721	283	1436	2830	2295	946	457	122
5514	1019	2657	1688	150	1393	2513	2900	853	652	123
5558	822	2876	1736	124	1319	2503	2615	739	465	206
10096	1366	3997	4107	626	2003	4098	3259	1344	411	673
5781	670	2586	2291	234	1251	2646	1938	744	351	753
5812	1026	2470	2084	232	1074	2303	1892	592	360	345
4527	458	1634	2106	329	820	1695	1130	420	140	149
4931	633	1875	2132	291	874	1865	1563	1042	250	47
13329	2181	4699	5551	898	2302	5647	3942	1364	552	99
9119	1243	3720	3747	409	1780	3736	3097	1076	857	20
12649	1749	4874	5226	800	2158	5069	3732	1584	850	444
7702	1318	3209	2739	436	1783	3260	3014	1338	608	247
7919	1061	2983	3549	326	1810	3616	2625	354	424	496
5316	845	2407	1896	168	1196	2341	2058	687	1005	129
832	66	266	453	47	132	394	354	4	36	84
12161	1950	5068	4578	565	2909	5380	4586	2204	1181	365
4456	437	1690	2003	326	794	2216	1451	162	164	149
5728	526	1905	2977	320	1041	2261	2174	170	145	118
478	11	178	201	88	48	219	167	27	34	14
5416	761	2299	2141	215	1302	2987	2406	1700	444	160
4867	509	1747	2323	288	976	1897	2214	338	231	59
1105	92	394	565	54	175	392	428	5	22	26
1183	121	512	467	83	238	451	460	75	68	12
4884	454	1723	2527	180	1045	2198	2105	244	201	92

地区 Region	学校数(所) Schools	毕业生数 Graduates	招生数 Entrants 计 Total	招高中毕业生数 Graduates From Senior Sec. School	招初中毕业生数 Graduates From Junior Sec. School	在校学生数 Enrolment	合计 Total	计 Subtotal
总计 Total	959	193830	374212	64730	309482	1002492	167182	147807
北京 Beijing	32	6816	10537	1889	8648	30683	6383	5387
天津 Tianjin	25	5485	8823	1025	7798	25330	5127	4286
河北 Hebei	34	7957	12121	2817	9304	36781	6485	5716
山西 Shanxi	26	6597	9099	3183	5916	26988	5139	4803
内蒙古 Inner Mongolia	26	3954	5084	1487	3597	16820	5025	4480
辽宁 Liaoning	48	9178	15985	2053	13932	51691	10087	9119
吉林 Jilin	25	4418	8104	2421	5683	23230	5250	4938
黑龙江 Heilongjiang	24	4831	7518	3941	3577	18530	4551	4036
上海 Shanghai	38	7275	16261	3056	13205	37568	7282	6460
江苏 Jiangsu	75	19244	56047	3392	52655	132702	11260	9950
浙江 Zhejiang	36	5599	11011	4109	6902	24821	5014	4299
安徽 Anhui	34	8089	11721	1737	9984	38538	4865	4418
福建 Fujian	26	4787	9138	621	8517	24593	3740	3351
江西 Jiangxi	24	5705	10624	2417	8207	24908	4428	3788
山东 Shandong	63	12348	27159	2925	24234	67895	10291	9332
河南 Henan	39	10047	17991	4249	13742	46470	7051	6356
湖北 Hubei	69	15036	32670	2264	30406	86477	11701	10098
湖南 Hunan	33	6736	16753	1110	15643	46473	7764	6572
广东 Guangdong	57	10643	21862	3148	18714	56912	6563	6209
广西 Guangxi	25	4959	6661	1066	5595	21932	4002	3597
海南 Hainan	4	221	549	175	374	1215	341	330
四川 Sichuan	61	13287	24367	4413	19954	65034	12504	10313
贵州 Guizhou	21	2982	5157	1614	3543	14375	2703	2640
云南 Yunnan	26	3899	6231	869	5362	19166	3689	3504
西藏 Tibet	2	41	144	0	144	304	163	160
陕西 Shaanxi	26	4916	9908	3798	6110	27336	6355	4963
甘肃 Gansu	29	4862	6474	2755	3719	17238	4783	4413
青海 Qinghai	7	355	628	50	578	1844	593	585
宁夏 Ningxia	5	557	676	225	451	2287	747	660
新疆 Xinjiang	19	3006	4909	1921	2988	14351	3296	3044

校基本情况

Secondary Industrial Schools

单位: 人

教职工数 Teachers, Staff & Workers										兼任教师数(不在教工数中) Part-time Teachers
校本部教职工 Employees in the School Proper								校办厂、场职工 Employees in School-run Factories & Farms	附设机构人员 Employees in Subsidiary Units	
专任教师 Full-time Teachers					教辅人员 Supporting Staff	行政人员 Adm. Personnel	工勤人员 Workers			
计 Subtotal	高级讲师 Senior Lecturers	讲师 Lecturers	助理讲师 Assistant Lecturers	教员 Instructors						
72709	10690	30010	28632	3377	16905	31012	27181	14716	4659	1643
2361	386	1168	734	73	691	1268	1067	736	260	122
2037	250	814	931	42	514	971	764	702	139	16
2866	367	1203	1148	148	617	1135	1098	545	224	35
2397	327	872	1084	114	501	926	979	245	91	0
2149	289	984	799	77	612	934	785	298	247	0
4450	750	1920	1695	85	1095	1764	1810	729	239	61
2458	456	1106	806	90	625	968	887	172	140	0
1940	428	918	538	56	546	744	806	383	132	0
2952	422	1454	999	77	783	1260	1465	559	263	80
5255	699	2102	2119	335	1168	1909	1618	1034	276	215
2059	241	995	749	74	512	1004	724	571	144	90
2261	355	969	799	138	416	925	816	367	80	222
1796	183	686	796	131	391	701	463	341	48	43
1959	261	737	855	106	428	832	569	461	179	19
4912	707	1725	2115	365	882	2015	1523	829	130	37
3239	485	1271	1330	153	666	1264	1187	525	170	7
5280	806	2083	2106	285	946	2196	1676	1215	388	157
3219	565	1334	1116	204	806	1277	1270	904	288	43
3063	464	1145	1327	127	794	1389	963	218	136	214
1824	316	820	629	59	396	782	595	349	56	42
177	13	42	103	19	11	97	45	0	11	0
4825	846	1996	1736	247	1344	2225	1919	1748	443	94
1254	140	531	529	54	255	698	433	39	24	11
1761	178	595	917	71	388	714	641	144	41	24
85	0	20	14	51	5	38	32	2	1	10
2050	326	935	735	54	597	1235	1081	1191	201	90
2012	244	770	897	101	466	805	1130	225	145	7
279	21	113	124	21	61	118	127	4	4	0
333	24	150	139	20	76	135	116	42	45	4
1456	141	552	763	0	313	683	592	138	114	0

地 区 Region	学校数(所) Schools	毕业生数 Graduates	招生数 Entrants 计 Total	招高中毕业生数 Graduates From Senior Sec. School	招初中毕业生数 Graduates From Junior Sec. School	在校学生数 Enrolment	合计 Total	计 Subtotal
总 计 Total	368	56719	118531	13689	104842	302855	50084	45792
北 京 Beijing	1	469	705	119	586	1561	349	294
天 津 Tianjin	3	233	478	0	478	1581	322	322
河 北 Hebei	23	4636	7969	1782	6187	21236	2965	2814
山 西 Shanxi	16	2479	3146	265	2881	10188	1911	1798
内蒙古 Inner Mongolia	11	1588	1961	69	1892	5796	1898	1729
辽 宁 Liaoning	12	2097	3311	80	3231	9696	2083	1922
吉 林 Jilin	9	2375	5251	496	4755	12256	1876	1766
黑龙江 Heilongjiang	11	2201	4831	306	4525	11891	2697	2212
上 海 Shanghai	3	360	1793	80	1713	3701	477	398
江 苏 Jiangsu	10	1479	4045	60	3985	11234	1614	1491
浙 江 Zhejiang	11	1122	3690	379	3311	7453	1066	1007
安 徽 Anhui	13	2167	3432	180	3252	9966	1308	1270
福 建 Fujian	12	1551	3394	95	3299	8774	1151	1138
江 西 Jiangxi	12	1918	3698	1230	2468	7853	1614	1279
山 东 Shandong	14	2890	6759	100	6659	18682	3121	2717
河 南 Henan	6	2351	3675	1585	2090	7667	1082	1073
湖 北 Hubei	23	4826	11942	587	11355	29073	3087	2854
湖 南 Hunan	22	2593	8810	576	8234	23381	3067	2774
广 东 Guangdong	14	2178	5943	410	5533	12818	1419	1350
广 西 Guangxi	18	2563	6065	483	5582	13186	1994	1783
海 南 Hainan	6	366	1082	280	802	2509	508	504
四 川 Sichuan	28	3754	9441	702	8739	23012	3512	3302
贵 州 Guizhou	15	2373	3103	233	2870	8631	1730	1627
云 南 Yunnan	22	2152	3943	759	3184	12698	2018	1993
西 藏 Tibet	1	129	144	0	144	611	145	100
陕 西 Shaanxi	12	1273	2789	542	2247	7944	2360	1829
甘 肃 Gansu	13	1408	2083	354	1729	6280	1557	1443
青 海 Qinghai	2	312	440	200	240	1351	317	303
宁 夏 Ningxia	3	510	524	134	390	1552	478	441
新 疆 Xinjiang	22	2366	4084	1603	2481	10274	2358	2259

校基本情况

Secondary Agricultural Schools

单位：人

教职工数 Teachers, Staff & Workers										兼任教师数(不在教工数中) Part-time Teachers
校本部教职工 Employees in the School Proper								校办厂、场职工 Employees in School-run Factories & Farms	附设机构人员 Employees in Subsidiary Units	
专任教师 Full-time Teachers					教辅人员 Supporting Staff	行政人员 Adm. Personnel	工勤人员 Workers			
计 Subtotal	高级讲师 Senior Lecturers	讲师 Lecturers	助理讲师 Assistant Lecturers	教员 Instructors						
22484	3081	7859	10105	1439	4922	8712	9674	3444	848	322
123	48	45	30	0	45	57	69	31	24	15
155	17	65	69	4	30	77	60	0	0	3
1591	197	506	732	156	245	482	496	128	23	0
855	114	295	381	65	187	409	347	104	9	2
815	70	295	395	55	222	329	363	135	34	0
944	172	409	322	41	177	444	357	123	38	0
821	116	308	376	21	196	278	471	92	18	0
920	189	356	356	19	233	434	625	371	114	15
177	23	83	71	0	50	79	92	79	0	5
708	109	280	292	27	187	255	341	103	20	0
509	58	188	221	42	153	176	169	35	24	6
598	81	213	271	33	139	250	283	26	12	0
639	59	201	308	71	105	207	187	12	1	7
669	85	218	294	72	120	155	335	315	20	0
1397	262	488	555	92	350	532	438	256	148	4
524	111	210	193	10	132	164	253	6	3	0
1549	181	428	802	138	278	525	502	161	72	25
1306	206	453	593	54	333	559	576	232	61	33
620	82	183	320	35	142	270	318	54	15	5
789	151	323	287	28	237	356	401	193	18	8
203	16	60	127	0	44	100	157	0	4	76
1663	237	647	693	86	368	658	613	190	20	18
796	82	255	391	68	167	344	320	66	37	3
1092	89	307	586	110	144	322	435	20	5	2
57	1	23	33	0	10	11	22	18	27	0
804	116	300	356	32	197	378	450	496	35	17
685	49	221	355	60	151	256	351	83	31	52
156	14	51	87	4	29	69	49	0	14	12
224	28	106	81	9	51	66	100	33	4	0
1095	118	342	528	107	200	470	494	82	17	14

中 等 林 业 学

Basic Statistics of

地区 Region	学校数(所) Schools	毕业生数 Graduates	招生数 Entrants 计 Total	招高中毕业生数 Graduates From Senior Sec. School	招初中毕业生数 Graduates From Junior Sec. School	在校学生数 Enrolment	合计 Total	计 Subtotal
总计 Total	52	7675	14384	1633	12751	41982	8695	8070
北京 Beijing	1	42	40	0	40	366	87	81
天津 Tianjin	1	68	305	42	263	814	166	166
河北 Hebei	1	158	250	0	250	948	180	172
山西 Shanxi	1	229	263	0	263	988	194	164
内蒙古 Inner Mongolia	2	195	232	0	232	1084	339	339
辽宁 Liaoning	1	177	223	0	223	947	259	255
吉林 Jilin	3	330	682	90	592	2606	665	621
黑龙江 Heilongjiang	5	671	1940	473	1467	4837	1157	1114
上海 Shanghai	1	36	171	0	171	640	138	134
江苏 Jiangsu	1	71	301	0	301	1018	263	239
浙江 Zhejiang	2	298	603	70	533	1807	289	278
安徽 Anhui	2	320	360	0	360	1116	236	229
福建 Fujian	2	310	453	0	453	1720	313	279
江西 Jiangxi	2	485	1022	210	812	2184	344	304
山东 Shandong	1	308	370	0	370	1400	382	303
河南 Henan	3	347	602	40	562	1842	378	367
湖北 Hubei	5	1090	2227	75	2152	4997	666	553
湖南 Hunan	1	251	434	0	434	1389	223	223
广东 Guangdong	2	297	442	130	312	1072	187	181
广西 Guangxi	3	383	635	132	503	2006	423	346
海南 Hainan	0	0	0	0	0	0	0	0
四川 Sichuan	1	491	750	178	572	1850	364	305
贵州 Guizhou	2	242	381	40	341	1332	256	246
云南 Yunnan	2	247	440	83	357	1310	234	233
西藏 Tibet	0	0	0	0	0	0	0	0
陕西 Shaanxi	3	243	488	0	488	1535	394	383
甘肃 Gansu	2	227	546	0	546	1485	250	247
青海 Qinghai	0	0	0	0	0	0	0	0
宁夏 Ningxia	1	72	64	0	64	206	84	84
新疆 Xinjiang	1	87	160	70	90	483	224	224

校基本情况

Secondary Forestry Schools

单位:人

教职工数 Teachers, Staff & Workers — 校本部教职工 Employees in the School Proper — 专任教师 Full-time Teachers: 计 Subtotal	高级讲师 Senior Lecturers	讲师 Lecturers	助理讲师 Assistant Lecturers	教员 Instructors	教辅人员 Supporting Staff	行政人员 Adm. Personnel	工勤人员 Workers	校办厂、场职工 Employees in School-run Factories & Farms	附设机构人员 Employees in Subsidiary Units	兼任教师数(不在教工数中) Part-time Teachers
3681	539	1434	1561	147	788	1623	1978	459	166	52
33	6	21	6	0	11	19	18	3	3	0
82	5	28	43	6	6	24	54	0	0	11
89	7	15	67	0	18	24	41	8	0	0
81	17	28	31	5	17	42	24	30	0	0
149	19	40	84	6	21	82	87	0	0	0
114	23	51	39	1	40	32	69	0	4	0
320	60	145	114	1	46	110	145	38	6	0
409	62	205	133	9	97	234	374	32	11	0
50	10	21	17	2	8	42	34	2	2	0
92	18	53	17	4	30	54	63	2	22	0
157	25	53	76	3	29	34	58	9	2	0
121	13	48	60	0	16	57	35	0	7	0
146	17	62	63	4	29	55	49	30	4	0
160	16	47	85	12	37	75	32	34	6	0
108	21	51	36	0	38	78	79	33	46	0
186	26	82	78	0	29	45	107	7	4	0
277	25	72	137	43	48	95	133	91	22	0
108	31	48	24	5	16	39	60	0	0	0
86	17	32	35	2	29	37	29	0	6	17
149	22	57	66	4	38	77	82	61	16	8
0	0	0	0	0	0	0	0	0	0	0
126	33	64	29	0	36	67	76	59	0	0
120	8	42	55	15	24	68	34	7	3	0
122	21	38	60	3	20	46	45	1	0	9
0	0	0	0	0	0	0	0	0	0	0
149	16	57	71	5	39	74	121	11	0	7
126	8	43	60	15	37	37	47	1	2	0
0	0	0	0	0	0	0	0	0	0	0
35	3	16	14	2	11	17	21	0	0	0
86	10	15	61	0	18	59	61	0	0	0

中 等 医 药 学

Basic Statistics of

地区 Region	学校数(所) Schools	毕业生数 Graduates	招生数 Entrants			在校学生数 Enrolment		
			计 Total	招高中毕业生数 Graduates From Senior Sec. School	招初中毕业生数 Graduates From Junior Sec. School		合计 Total	计 Subtotal
总 计 Total	551	81718	127874	8133	119741	364700	66425	59713
北 京 Beijing	38	1824	2582	95	2487	8616	2056	2000
天 津 Tianjin	8	1018	1699	41	1658	5096	830	816
河 北 Hebei	20	3662	6065	335	5730	16676	2407	2305
山 西 Shanxi	15	3438	4582	80	4502	12855	2185	1989
内蒙古 Inner Mongolia	16	1670	1811	785	1026	5485	2103	1992
辽 宁 Liaoning	22	3415	4905	298	4607	14688	2985	2588
吉 林 Jilin	13	2334	3357	833	2524	8390	2203	1496
黑龙江 Heilongjiang	16	2445	4435	255	4180	11624	2557	2234
上 海 Shanghai	23	2364	3089	78	3011	11309	1958	1940
江 苏 Jiangsu	22	5129	6837	0	6837	22225	2386	2364
浙 江 Zhejiang	19	3284	3993	87	3906	12566	2083	2032
安 徽 Anhui	20	2354	3467	185	3282	9906	2391	2033
福 建 Fujian	14	1792	2756	100	2656	8438	1291	1221
江 西 Jiangxi	13	2974	4571	44	4527	12718	1678	1658
山 东 Shandong	29	6499	10629	181	10448	28975	4244	4081
河 南 Henan	23	4515	7252	535	6717	18651	4852	3706
湖 北 Hubei	36	6845	12533	33	12500	31576	4068	3762
湖 南 Hunan	15	2493	5898	0	5898	17829	2625	2347
广 东 Guangdong	36	4455	8559	0	8559	22553	2823	2673
广 西 Guangxi	19	2885	3747	1908	1839	10939	3094	2119
海 南 Hainan	3	635	645	95	550	1832	375	352
四 川 Sichuan	38	4475	9923	739	9184	27262	5527	4730
贵 州 Guizhou	14	2184	2303	253	2050	6711	1465	1357
云 南 Yunnan	18	2546	3408	130	3278	10581	1864	1793
西 藏 Tibet	4	297	110	0	110	759	282	269
陕 西 Shaanxi	14	2020	3293	105	3188	9675	2002	1834
甘 肃 Gansu	14	1699	2037	205	1832	6107	1502	1487
青 海 Qinghai	7	406	491	0	491	1805	489	488
宁 夏 Ningxia	3	313	547	41	506	1684	422	415
新 疆 Xinjiang	19	1748	2350	692	1658	7169	1678	1632

校基本情况

Secondary Health Schools

单位:人

教职工数 Teachers, Staff & Workers										兼任教师数(不在教工数中) Part-time Teachers
校本部教职工 Employees in the School Proper								校办厂、场职工 Employees in School-run Factories & Farms	附设机构人员 Employees in Subsidiary Units	
专任教师 Full-time Teachers					教辅人员 Supporting Staff	行政人员 Adm. Personnel	工勤人员 Workers			
计 Subtotal	高级讲师 Senior Lecturers	讲师 Lecturers	助理讲师 Assistant Lecturers	教员 Instructors						
30742	4895	13371	11515	961	7039	11360	10572	1709	5003	1532
987	137	423	409	18	255	406	352	45	11	168
479	39	141	299	0	76	140	121	12	2	6
1172	208	491	417	56	312	399	422	25	77	194
1087	132	474	422	59	222	357	323	38	158	1
990	103	412	450	25	311	386	305	22	89	23
1262	245	557	416	44	356	542	428	19	378	88
812	119	320	359	14	133	280	271	432	275	95
1031	168	535	303	25	242	456	505	6	317	45
982	149	590	232	11	215	321	422	8	10	2
1168	203	491	427	47	264	482	450	14	8	184
1055	158	487	386	24	229	412	336	1	50	62
1152	294	519	322	17	221	341	319	156	202	76
645	99	246	285	15	149	240	187	7	63	7
944	146	436	341	21	151	276	287	1	19	2
2208	424	820	895	69	465	853	555	60	103	38
1742	258	825	605	54	473	809	682	498	648	0
2000	293	886	740	81	446	676	640	23	283	188
1143	281	570	260	32	322	470	412	56	222	17
1451	209	623	567	52	287	505	430	8	142	95
1086	178	549	334	25	218	372	443	76	899	12
173	13	73	87	0	43	55	81	4	19	0
2468	444	1121	819	84	576	878	808	156	641	15
749	92	304	340	13	128	266	214	31	77	114
984	114	370	470	30	169	262	378	0	71	0
128	6	71	51	0	20	68	53	7	6	4
855	131	346	365	13	249	391	339	0	168	10
810	108	280	373	49	145	250	282	0	15	0
255	20	61	156	18	30	80	123	0	1	0
201	36	73	77	15	60	77	77	0	7	8
723	88	277	308	50	272	310	327	4	42	78

地区 Region	学校数(所) Schools	毕业生数 Graduates	招生数 Entrants			在校学生数 Enrolment		
			计 Total	招高中毕业生数 Graduates From Senior Sec. School	招初中毕业生数 Graduates From Junior Sec. School		合计 Total	计 Subtotal
总 计 Total	572	105067	188361	64503	123858	442168	62351	60244
北 京 Beijing	9	1350	1985	526	1459	5516	1251	1153
天 津 Tianjin	9	1230	2193	484	1709	5879	1164	1119
河 北 Hebei	29	6172	11108	4626	6482	26901	3883	3813
山 西 Shanxi	21	4006	5759	2219	3540	16449	2305	2262
内蒙古 Inner Mongolia	14	1935	2722	1783	939	7449	1873	1803
辽 宁 Liaoning	19	4078	5994	1976	4018	13164	2091	2035
吉 林 Jilin	15	2722	4523	2096	2427	10164	1776	1746
黑龙江 Heilongjiang	14	1545	5062	1575	3487	9627	1543	1491
上 海 Shanghai	11	2377	4737	1949	2788	9979	1449	1354
江 苏 Jiangsu	35	6477	14886	2745	12141	34921	3578	3368
浙 江 Zhejiang	23	3766	8371	5411	2960	16307	2373	2193
安 徽 Anhui	19	4373	6555	1874	4681	18199	2046	1966
福 建 Fujian	16	1987	3991	590	3401	10845	1314	1297
江 西 Jiangxi	15	2556	4604	1962	2642	9146	1484	1227
山 东 Shandong	37	8750	17717	5785	11932	40205	5021	4865
河 南 Henan	32	7140	12059	5454	6605	27885	3669	3630
湖 北 Hubei	30	8453	14824	2767	12057	33580	3865	3749
湖 南 Hunan	24	3739	8790	520	8270	23699	2860	2749
广 东 Guangdong	35	6041	9684	3142	6542	20759	2555	2451
广 西 Guangxi	19	3554	7432	2955	4477	17714	1847	1832
海 南 Hainan	5	444	1118	562	556	2097	301	299
四 川 Sichuan	36	6928	12546	4018	8528	29003	4125	4044
贵 州 Guizhou	20	2890	3866	1810	2056	10320	1872	1839
云 南 Yunnan	28	4219	6114	1497	4617	15662	2364	2345
西 藏 Tibet	2	119	174	0	174	494	166	166
陕 西 Shaanxi	16	2115	3385	1578	1807	8306	1676	1655
甘 肃 Gansu	14	1651	2187	1084	1103	5126	1130	1074
青 海 Qinghai	3	523	715	585	130	1480	372	368
宁 夏 Ningxia	5	375	629	457	172	1423	402	390
新 疆 Xinjiang	17	3552	4631	2473	2158	9869	1996	1961

校基本情况

Finance & Economics Schools

单位: 人

教职工数 Teachers, Staff & Workers										兼任教师数（不在教工数中） Part-time Teachers
校本部教职工 Employees in the School Proper								校办厂、场职工 Employees in School-run Factories & Farms	附设机构人员 Employees in Subsidiary Units	
专任教师 Full-time Teachers					教辅人员 Supporting Staff	行政人员 Adm. Personnel	工勤人员 Workers			
计 Subtotal	高级讲师 Senior Lecturers	讲师 Lecturers	助理讲师 Assistant Lecturers	教员 Instructors						
30449	3414	11746	13783	1506	4606	14642	10547	1211	896	620
495	56	268	161	10	83	294	281	15	83	0
522	33	208	257	24	98	260	239	25	20	2
1914	252	762	781	119	264	863	772	44	26	0
1131	89	349	612	81	170	596	365	31	12	0
924	73	351	474	26	134	426	319	67	3	0
1050	145	468	413	24	135	472	378	36	20	8
850	112	388	314	36	179	454	263	12	18	0
699	121	358	209	11	114	356	322	17	35	54
598	85	328	177	8	149	370	237	72	23	15
1766	168	600	869	129	222	813	567	171	39	112
1072	95	480	465	32	190	502	429	73	107	54
1080	178	441	420	41	149	430	307	43	37	21
746	46	234	401	65	100	289	162	1	16	11
659	84	242	296	37	96	298	174	231	26	21
2465	373	779	1139	174	383	1244	773	65	91	20
1980	214	757	941	68	271	843	536	22	17	11
1993	250	785	821	137	266	948	542	43	73	45
1357	162	544	554	97	226	670	496	94	17	53
1283	153	437	644	49	179	591	398	45	59	77
909	99	413	354	43	151	422	350	8	7	48
149	13	49	83	4	12	91	47	0	2	8
1947	227	768	875	77	312	956	829	25	56	34
920	65	345	426	84	134	514	271	18	15	8
1139	74	357	637	71	151	589	466	5	14	0
80	0	27	53	0	3	42	41	0	0	0
829	102	311	396	20	117	480	229	2	19	4
559	54	190	290	25	92	249	174	25	31	0
204	13	76	108	7	29	59	76	1	3	14
205	12	96	91	6	18	80	87	0	12	0
924	66	335	522	1	179	441	417	20	15	0

中等政法学

Basic Statistics of Secondary

地区 Region		学校数(所) Schools	毕业生数 Graduates	招生数 Entrants			在校学生数 Enrolment	合计 Total	计 Subtotal
				计 Total	招高中毕业生数 Graduates From Senior Sec. School	招初中毕业生数 Graduates From Junior Sec. School			
总计	**Total**	146	24245	33962	27220	6742	67987	14486	14238
北京	Beijing	4	692	693	109	584	1569	419	419
天津	Tianjin	3	658	1012	353	659	1664	359	334
河北	Hebei	9	1511	2411	1720	691	5299	932	892
山西	Shanxi	4	719	1105	743	362	2090	535	526
内蒙古	Inner Mongolia	5	490	668	504	164	1503	584	581
辽宁	Liaoning	7	680	724	699	25	1637	605	601
吉林	Jilin	6	422	935	935	0	1638	443	443
黑龙江	Heilongjiang	4	702	803	803	0	1557	553	536
上海	Shanghai	3	546	1200	650	550	2465	546	527
江苏	Jiangsu	6	612	1459	1112	347	3232	694	653
浙江	Zhejiang	8	1084	1330	1167	163	2858	630	612
安徽	Anhui	4	1015	1007	809	198	2868	412	412
福建	Fujian	4	624	842	802	40	1523	300	296
江西	Jiangxi	5	698	1023	1023	0	1943	406	406
山东	Shandong	8	1430	2511	1981	530	4652	923	897
河南	Henan	8	1688	2234	2234	0	4073	631	631
湖北	Hubei	9	1043	1373	754	619	2827	536	528
湖南	Hunan	3	675	1262	525	737	2446	254	254
广东	Guangdong	10	2606	3740	3467	273	6919	1120	1115
广西	Guangxi	4	1000	1157	1155	2	2179	484	480
海南	Hainan	2	194	370	370	0	584	103	103
四川	Sichuan	5	1252	1603	1415	188	3283	655	654
贵州	Guizhou	3	743	720	670	50	1494	344	338
云南	Yunnan	5	739	830	760	70	1646	342	342
西藏	Tibet	1	76	103	0	103	315	81	81
陕西	Shaanxi	5	1161	925	880	45	1731	554	548
甘肃	Gansu	2	312	331	301	30	666	209	209
青海	Qinghai	2	160	260	118	142	698	241	241
宁夏	Ningxia	2	229	331	281	50	739	162	162
新疆	Xinjiang	5	484	1000	880	120	1889	429	417

校基本情况

Politics & Law Schools

单位:人

教职工数 Teachers, Staff & Workers										兼任教师数(不在教工数中) Part-time Teachers
校本部教职工 Employees in the School Proper								校办厂、场职工 Employees in School-run Factories & Farms	附设机构人员 Employees in Subsidiary Units	
专任教师 Full-time Teachers					教辅人员 Supporting Staff	行政人员 Adm. Personnel	工勤人员 Workers			
计 Subtotal	高级讲师 Senior Lecturers	讲师 Lecturers	助理讲师 Assistant Lecturers	教员 Instructors						
6175	593	2265	2944	373	1232	4901	1930	106	142	124
186	24	68	79	15	15	168	50	0	0	0
152	5	66	72	9	11	121	50	15	10	0
402	26	144	180	52	98	305	87	24	16	0
233	26	62	131	14	42	193	58	0	9	0
285	18	104	154	9	41	222	33	3	0	0
230	27	90	105	8	37	262	72	0	4	1
196	30	104	55	7	41	154	52	0	0	27
192	16	96	77	3	100	127	117	17	0	9
202	25	78	85	14	33	194	98	19	0	0
223	17	61	120	25	47	276	107	9	32	0
249	16	108	114	11	40	238	85	8	10	10
176	18	63	92	3	44	139	53	0	0	14
147	5	34	93	15	20	95	34	0	4	0
180	15	48	117	0	25	112	89	0	0	0
373	68	113	144	48	49	341	134	5	21	0
298	35	118	112	33	86	172	75	0	0	0
285	41	115	125	4	37	167	39	4	4	29
108	10	42	56	0	23	69	54	0	0	2
450	39	146	249	16	78	391	196	0	5	6
201	16	84	98	3	77	150	52	0	4	0
59	7	13	20	19	7	27	10	0	0	0
277	27	120	115	15	95	215	67	1	0	0
176	8	77	82	9	26	99	37	1	5	2
156	3	41	106	6	26	114	46	0	0	7
41	0	13	15	13	3	28	9	0	0	0
224	28	95	94	7	34	242	48	0	6	17
84	1	27	50	6	9	89	27	0	0	0
135	17	54	64	0	20	46	40	0	0	0
81	8	28	36	9	19	40	22	0	0	0
174	17	53	104	0	49	105	89	0	12	0

中 等 体 育 学
Basic Statistics of Secondary

地区 Region	学校数(所) Schools	毕业生数 Graduates	招生数 Entrants: 计 Total	招生数 Entrants: 招高中毕业生数 Graduates From Senior Sec. School	招生数 Entrants: 招初中毕业生数 Graduates From Junior Sec. School	在校学生数 Enrolment	合计 Total	计 Subtotal
总计 Total	163	11437	17421	202	17219	48460	13143	12762
北京 Beijing	7	262	349	38	311	1132	693	688
天津 Tianjin	5	168	209	0	209	768	265	265
河北 Hebei	8	422	944	0	944	2419	582	581
山西 Shanxi	7	830	879	0	879	3394	849	840
内蒙古 Inner Mongolia	1	582	486	0	486	1376	81	81
辽宁 Liaoning	14	1383	1332	0	1332	3531	1180	1165
吉林 Jilin	6	301	395	0	395	1227	451	450
黑龙江 Heilongjiang	3	462	590	0	590	1639	402	362
上海 Shanghai	3	31	183	9	174	475	518	371
江苏 Jiangsu	12	682	752	0	752	1770	485	485
浙江 Zhejiang	4	138	285	0	285	680	269	269
安徽 Anhui	2	404	400	0	400	1296	247	225
福建 Fujian	3	179	282	111	171	939	114	114
江西 Jiangxi	3	435	419	0	419	1193	256	256
山东 Shandong	17	911	2004	0	2004	5053	1429	1400
河南 Henan	8	661	1313	0	1313	3788	687	686
湖北 Hubei	7	887	2026	0	2026	5136	750	743
湖南 Hunan	3	143	280	0	280	1000	267	260
广东 Guangdong	13	738	1138	35	1103	3044	820	768
广西 Guangxi	1	61	220	0	220	374	183	183
海南 Hainan	1	49	50	0	50	146	24	24
四川 Sichuan	4	121	375	9	366	910	264	254
贵州 Guizhou	2	359	373	0	373	971	357	354
云南 Yunnan	4	293	557	0	557	1314	422	414
西藏 Tibet	1	25	35	0	35	137	54	54
陕西 Shaanxi	7	245	661	0	661	1887	413	401
甘肃 Gansu	10	376	440	0	440	1613	582	571
青海 Qinghai	1	0	40	0	40	77	41	41
宁夏 Ningxia	0	0	0	0	0	0	0	0
新疆 Xinjiang	6	289	404	0	404	1171	458	457

校基本情况
Physical Culture Schools

单位:人

教职工数 Teachers, Staff & Workers — 校本部教职工 Employees in the School Proper — 专任教师 Full-time Teachers — 计 Subtotal	高级讲师 Senior Lecturers	讲师 Lecturers	助理讲师 Assistant Lecturers	教员 Instructors	教辅人员 Supporting Staff	行政人员 Adm. Personnel	工勤人员 Workers	校办厂、场职工 Employees in School-run Factories & Farms	附设机构人员 Employees in Subsidiary Units	兼任教师数(不在教工数中) Part-time Teachers
6886	718	3012	2681	475	828	2877	2171	69	312	141
275	35	118	122	0	10	184	219	5	0	6
150	10	67	68	5	13	63	39	0	0	1
343	38	133	137	35	35	90	113	1	0	0
558	38	186	255	79	43	143	96	9	0	0
52	3	25	24	0	4	14	11	0	0	0
631	96	295	201	39	78	269	187	2	13	0
244	21	119	90	14	17	122	67	1	0	0
145	10	84	43	8	41	72	104	0	40	0
159	26	89	44	0	10	120	82	0	147	4
316	46	162	92	16	12	125	32	0	0	31
117	25	51	31	10	44	56	52	0	0	0
118	16	64	38	0	21	51	35	0	22	0
83	8	31	44	0	0	27	4	0	0	22
131	9	65	55	2	6	76	43	0	0	0
847	134	341	311	61	21	308	224	26	3	0
387	45	164	158	20	35	162	102	1	0	2
454	32	196	188	38	33	155	101	6	1	0
130	9	69	44	8	12	53	65	0	7	28
315	23	142	139	11	189	140	124	4	48	39
43	9	24	10	0	42	63	35	0	0	0
10	2	0	8	0	12	2	0	0	0	0
116	12	53	47	4	2	108	28	10	0	0
218	18	57	82	61	3	79	54	0	3	8
125	4	64	40	17	106	98	85	0	8	0
32	1	11	20	0	3	9	10	0	0	0
251	15	142	81	13	8	76	66	0	12	0
323	19	130	154	20	21	113	114	4	7	0
25	3	14	8	0	0	13	3	0	0	0
0	0	0	0	0	0	0	0	0	0	0
288	11	116	147	14	7	86	76	0	1	0

中等艺术学

Basic Statistics of

地区 Region	学校数(所) Schools	毕业生数 Graduates	招生数 Entrants			在校学生数 Enrolment		
			计 Total	招高中毕业生数 Graduates From Senior Sec. School	招初中毕业生数 Graduates From Junior Sec. School		合计 Total	计 Subtotal
总计 Total	153	8896	19464	943	18521	55718	14579	14274
北京 Beijing	6	184	512	0	512	2260	1060	1013
天津 Tianjin	4	130	312	36	276	1064	424	424
河北 Hebei	6	196	363	0	363	1827	687	687
山西 Shanxi	10	1145	1196	0	1196	4453	1256	1256
内蒙古 Inner Mongolia	3	207	460	62	398	1399	486	486
辽宁 Liaoning	8	199	1008	0	1008	3016	785	765
吉林 Jilin	2	169	1119	0	1119	2588	263	263
黑龙江 Heilongjiang	2	70	283	0	283	918	262	235
上海 Shanghai	6	234	323	0	323	1441	656	651
江苏 Jiangsu	12	263	1377	28	1349	3557	706	696
浙江 Zhejiang	6	109	268	0	268	1280	388	371
安徽 Anhui	3	308	390	30	360	1327	403	403
福建 Fujian	5	275	348	59	289	1436	478	445
江西 Jiangxi	2	645	911	33	878	2299	265	265
山东 Shandong	10	1020	1920	179	1741	4633	1108	1077
河南 Henan	15	899	2035	0	2035	4290	1102	1073
湖北 Hubei	13	975	1998	198	1800	5034	924	891
湖南 Hunan	4	453	850	10	840	1532	289	289
广东 Guangdong	12	430	1102	80	1022	2983	818	785
广西 Guangxi	2	276	541	88	453	1449	223	223
海南 Hainan	1	51	80	0	80	257	100	100
四川 Sichuan	6	210	397	39	358	1356	612	592
贵州 Guizhou	2	82	342	59	283	764	126	126
云南 Yunnan	2	97	309	42	267	1077	229	229
西藏 Tibet	1	9	18	0	18	132	82	82
陕西 Shaanxi	4	82	513	0	513	1677	371	371
甘肃 Gansu	2	41	182	0	182	360	153	153
青海 Qinghai	1	14	30	0	30	130	74	74
宁夏 Ningxia	1	0	0	0	0	168	84	84
新疆 Xinjiang	2	123	277	0	277	1011	165	165

校基本情况

Secondary Art Schools

单位:人

教职工数 Teachers, Staff & Workers										兼任教师数(不在教工数中) Part-time Teachers
校本部教职工 Employees in the School Proper								校办厂、场职工 Employees in School-run Factories & Farms	附设机构人员 Employees in Subsidiary Units	
专任教师 Full-time Teachers					教辅人员 Supporting Staff	行政人员 Adm. Personnel	工勤人员 Workers			
计 Subtotal	高级讲师 Senior Lecturers	讲师 Lecturers	助理讲师 Assistant Lecturers	教员 Instructors						
8980	1223	3796	3202	759	1073	2538	1683	214	91	378
584	152	274	150	8	133	153	143	47	0	49
279	33	143	98	5	33	50	62	0	0	8
445	55	193	146	51	43	104	95	0	0	16
848	59	292	393	104	40	221	147	0	0	0
337	18	113	161	45	17	88	44	0	0	0
539	74	235	214	16	33	101	92	4	16	35
159	15	67	64	13	41	42	21	0	0	0
125	16	76	18	15	15	69	26	27	0	0
360	79	187	89	5	58	96	137	0	5	62
434	58	204	133	39	63	127	72	9	1	66
240	30	101	96	13	15	80	36	3	14	15
253	54	130	69	0	56	69	25	0	0	0
313	39	139	107	28	21	70	41	29	4	52
205	14	71	79	41	10	16	34	0	0	5
679	129	270	229	51	69	173	156	26	5	0
672	60	252	291	69	65	223	113	15	14	0
588	84	232	208	64	76	186	41	33	0	0
195	31	88	40	36	21	40	33	0	0	36
424	49	179	165	31	52	209	100	21	12	21
150	38	68	39	5	18	42	13	0	0	0
61	2	29	25	5	3	22	14	0	0	0
313	65	150	77	21	71	118	90	0	20	10
60	8	22	20	10	23	31	12	0	0	3
151	15	62	71	3	30	26	22	0	0	0
55	3	13	15	24	4	23	0	0	0	0
204	26	102	41	35	39	87	41	0	0	0
96	10	33	53	0	14	26	17	0	0	0
51	4	25	18	4	6	7	10	0	0	0
52	2	22	18	10	2	15	15	0	0	0
108	1	24	75	8	2	24	31	0	0	0

其他中等技术

Basic Statistics of Other

地区 Region	学校数(所) Schools	毕业生数 Graduates	招生数 Entrants 计 Total	招高中毕业生数 Graduates From Senior Sec. School	招初中毕业生数 Graduates From Junior Sec. School	在校学生数 Enrolment	合计 Total	计 Subtotal
总计 Total	129	13905	40528	6265	34263	87593	9608	9127
北京 Beijing	1	84	273	0	273	712	43	43
天津 Tianjin	5	37	985	419	566	1205	404	404
河北 Hebei	7	1099	1827	50	1777	4953	708	697
山西 Shanxi	3	0	150	150	0	299	113	113
内蒙古 Inner Mongolia	2	269	327	281	46	622	142	137
辽宁 Liaoning	4	567	730	120	610	1535	325	323
吉林 Jilin	18	1943	3569	50	3519	10139	1877	1678
黑龙江 Heilongjiang	1	0	150	0	150	407	103	100
上海 Shanghai	2	1254	6599	458	6141	15665	175	160
江苏 Jiangsu	4	303	630	0	630	1662	225	210
浙江 Zhejiang	17	1430	8454	330	8124	13406	599	555
安徽 Anhui	1	351	470	150	320	1438	125	125
福建 Fujian	1	89	129	41	88	211	31	31
江西 Jiangxi	2	295	438	230	208	805	50	50
山东 Shandong	3	1358	3065	750	2315	6743	617	548
河南 Henan	3	204	610	560	50	976	213	210
湖北 Hubei	6	363	1134	217	917	2568	445	430
湖南 Hunan	4	421	1471	266	1205	3695	356	291
广东 Guangdong	6	494	1629	276	1353	3161	443	438
广西 Guangxi	6	206	788	0	788	1453	353	348
海南 Hainan	0	0	0	0	0	0	0	0
四川 Sichuan	12	1053	3394	717	2677	7197	858	842
贵州 Guizhou	4	672	1026	260	766	2360	390	390
云南 Yunnan	7	618	1619	418	1201	3735	357	351
西藏 Tibet	0	0	0	0	0	0	0	0
陕西 Shaanxi	2	160	162	162	0	322	130	127
甘肃 Gansu	5	512	719	270	449	1895	357	357
青海 Qinghai	0	0	0	0	0	0	0	0
宁夏 Ningxia	2	123	140	90	50	311	96	96
新疆 Xinjiang	1	0	40	0	40	118	73	73

学校基本情况

Secondary Technical Schools

单位:人

教职工数 Teachers, Staff & Workers										兼任教师数(不在教工数中) Part-time Teachers
校本部教职工 Employees in the School Proper								校办厂、场职工 Employees in School-run Factories & Farms	附设机构人员 Employees in Subsidiary Units	
专任教师 Full-time Teachers					教辅人员 Supporting Staff	行政人员 Adm. Personnel	工勤人员 Workers			
计 Subtotal	高级讲师 Senior Lecturers	讲师 Lecturers	助理讲师 Assistant Lecturers	教员 Instructors						
4929	601	1687	2249	392	804	2133	1261	401	80	1025
30	7	6	17	0	3	10	0	0	0	0
226	41	45	130	10	46	85	47	0	0	11
462	45	156	220	41	54	138	43	11	0	18
37	0	0	0	37	0	42	34	0	0	0
70	6	46	18	0	23	27	17	0	5	0
174	23	52	88	11	21	68	60	0	2	5
980	72	278	543	87	158	422	118	199	0	0
53	9	29	11	4	5	21	21	0	3	0
78	3	46	22	7	13	21	48	0	15	38
134	48	44	38	4	10	57	9	2	13	65
323	22	123	153	25	39	144	49	44	0	516
53	17	23	13	0	12	41	19	0	0	12
12	2	1	9	0	5	11	3	0	0	7
24	3	11	10	0	1	25	0	0	0	0
340	63	112	127	38	45	103	60	64	5	0
91	9	41	39	2	23	54	42	2	1	0
223	37	77	99	10	28	121	58	8	7	0
136	23	61	52	0	24	83	48	52	13	35
227	25	96	103	3	60	84	67	4	1	22
165	16	69	79	1	19	77	87	0	5	11
0	0	0	0	0	0	0	0	0	0	0
426	59	149	187	31	105	155	156	15	1	194
163	16	57	78	12	34	117	76	0	0	0
198	28	71	90	9	7	90	56	0	6	76
0	0	0	0	0	0	0	0	0	0	0
50	1	11	2	36	22	24	31	0	3	15
172	16	53	91	12	41	72	72	0	0	0
0	0	0	0	0	0	0	0	0	0	0
52	8	21	11	12	1	21	22	0	0	0
30	2	9	19	0	5	20	18	0	0	0

中等师范学

Basic Statistics of

地区 Region	学校数(所) Schools	毕业生数 Graduates	招生数 Entrants			在校学生数 Enrolment		
			计 Total	招高中毕业生数 Graduates From Senior Sec. School	招初中毕业生数 Graduates From Junior Sec. School		合计 Total	计 Subtotal
总计 Total	894	225614	290675	33625	257050	783896	109982	105476
北京 Beijing	20	3768	5254	0	5254	14148	2475	2406
天津 Tianjin	10	1579	2211	0	2211	6096	1382	1264
河北 Hebei	66	13917	18148	4545	13603	46700	6697	6447
山西 Shanxi	24	9348	9082	1844	7238	25181	3442	3327
内蒙古 Inner Mongolia	21	4163	4397	440	3957	13253	3112	3037
辽宁 Liaoning	30	8588	9637	1584	8053	33162	5029	4813
吉林 Jilin	23	5876	8022	2080	5942	24482	3152	2940
黑龙江 Heilongjiang	29	5881	9615	200	9415	26364	3811	3635
上海 Shanghai	11	2766	2426	0	2426	9057	1556	1429
江苏 Jiangsu	36	8493	13370	1138	12232	34783	5037	4394
浙江 Zhejiang	29	6365	11150	1805	9345	27571	3049	2819
安徽 Anhui	41	7889	8612	1076	7536	25076	4199	4055
福建 Fujian	25	7126	10487	1665	8822	27583	3345	3242
江西 Jiangxi	27	9338	11266	1188	10078	28057	3252	3159
山东 Shandong	61	15287	17509	2411	15098	44313	7930	7494
河南 Henan	45	23719	26290	0	26290	68639	7586	7372
湖北 Hubei	35	8242	14657	964	13693	35288	5104	4741
湖南 Hunan	32	9337	13861	3955	9906	32966	3943	3800
广东 Guangdong	45	11734	17460	1374	16086	43267	5295	5174
广西 Guangxi	26	7529	11708	0	11708	33530	3740	3613
海南 Hainan	8	1758	3040	720	2320	7548	968	932
四川 Sichuan	108	20262	22953	2003	20950	65174	10052	9776
贵州 Guizhou	28	6057	6791	50	6741	19373	2589	2561
云南 Yunnan	28	7295	9505	0	9505	27132	3370	3351
西藏 Tibet	5	512	715	40	675	2147	483	464
陕西 Shaanxi	22	7554	8022	1956	6066	21514	2878	2812
甘肃 Gansu	22	4417	5112	807	4305	15457	2408	2357
青海 Qinghai	11	1317	1759	310	1449	5401	874	868
宁夏 Ningxia	4	1221	1526	344	1182	3985	586	567
新疆 Xinjiang	22	4276	6090	1126	4964	16649	2638	2627

校基本情况

Teacher Training Schools

单位:人

教职工数 Teachers, Staff & Workers										兼任教师数(不在教工数中) Part-time Teachers
校本部教职工 Employees in the School Proper								校办厂、场职工 Employees in School-run Factories & Farms	附设机构人员 Employees in Subsidiary Units	
专任教师 Full-time Teachers					教辅人员 Supporting Staff	行政人员 Adm. Personnel	工勤人员 Workers			
计 Subtotal	高级讲师 Senior Lecturers	讲师 Lecturers	助理讲师 Assistant Lecturers	教员 Instructors						
60013	7364	19515	27958	5176	8142	19364	17957	3192	1314	261
1246	227	417	512	90	250	522	388	47	22	0
637	79	196	331	31	107	324	196	70	48	0
3599	319	1165	1722	393	548	1148	1152	235	15	16
1752	186	578	835	153	219	758	598	87	28	10
1623	152	538	863	70	221	547	646	69	6	0
2735	377	907	1248	203	299	999	780	186	30	1
1635	175	456	855	149	177	669	459	160	52	0
1935	279	967	620	69	208	766	726	93	83	10
826	146	364	286	30	148	214	241	112	15	0
2472	326	835	1072	239	382	828	712	563	80	2
1661	145	633	773	110	203	534	421	128	102	103
2256	334	794	991	137	390	737	672	80	64	8
1959	137	542	1093	187	180	682	421	54	49	0
1884	211	594	935	144	269	550	456	33	60	53
4197	580	1163	2068	386	684	1443	1170	389	47	1
4366	587	1477	2039	263	528	1355	1123	125	89	0
3039	451	842	1259	487	435	553	714	254	109	17
2023	371	771	745	136	329	751	697	82	61	4
3231	358	871	1591	411	391	698	854	43	78	1
2126	298	783	854	191	257	558	672	31	96	0
487	57	148	215	67	68	121	256	31	5	0
5287	782	1549	2483	473	852	1836	1801	244	32	22
1546	138	438	862	108	111	542	362	6	22	8
1900	129	621	1007	143	242	511	698	5	14	1
266	6	112	136	12	18	75	105	0	19	0
1608	161	580	747	120	210	554	440	19	47	0
1339	137	407	689	106	147	485	386	27	24	0
557	32	171	261	93	55	98	158	3	3	4
322	43	130	146	3	35	90	120	10	9	0
1499	141	466	720	172	179	416	533	6	5	0

中等师范学校中幼

Basic Statistics of Pre－primary

地　区 Region	学校数(所) Schools	毕业生数 Graduates	招生数 Entrants			在校学生数 Enrolment		
			计 Total	招高中毕业生数 Graduates From Senior Sec. School	招初中毕业生数 Graduates From Junior Sec. School		合　计 Total	计 Subtotal
总　计　Total	67	12174	17900	486	17414	47558	8058	7491
北　京　Beijing	1	253	238	0	238	732	151	151
天　津　Tianjin	2	456	508	0	508	1451	408	348
河　北　Hebei	4	501	669	0	669	2015	215	215
山　西　Shanxi	4	771	822	0	822	2590	421	393
内蒙古　Inner Mongolia	2	346	437	0	437	1054	252	246
辽　宁　Liaoning	5	727	1207	0	1207	3454	779	750
吉　林　Jilin	5	751	1310	100	1210	3630	547	494
黑龙江　Heilongjiang	3	529	887	0	887	2153	311	305
上　海　Shanghai	2	503	493	0	493	1462	263	254
江　苏　Jiangsu	4	439	927	0	927	2226	371	319
浙　江　Zhejiang	3	364	670	0	670	1560	331	246
安　徽　Anhui	3	493	570	0	570	1766	340	297
福　建　Fujian	2	510	880	42	838	2201	292	258
江　西　Jiangxi	1	146	190	0	190	531	86	86
山　东　Shandong	4	987	1149	40	1109	3102	681	651
河　南　Henan	1	347	370	0	370	1125	169	169
湖　北　Hubei	4	920	1803	34	1769	4225	601	537
湖　南　Hunan	2	514	854	270	584	1844	241	223
广　东　Guangdong	4	919	1509	0	1509	3684	486	480
广　西　Guangxi	1	372	318	0	318	1098	176	150
海　南　Hainan	0	0	0	0	0	0	0	0
四　川　Sichuan	4	741	1061	0	1061	2609	450	436
贵　州　Guizhou	1	76	110	0	110	298	64	63
云　南　Yunnan	1	153	216	0	216	591	97	97
西　藏　Tibet	0	0	0	0	0	0	0	0
陕　西　Shaanxi	1	158	270	0	270	783	125	125
甘　肃　Gansu	1	120	140	0	140	412	82	82
青　海　Qinghai	1	0	60	0	60	120	30	27
宁　夏　Ningxia	0	0	0	0	0	0	0	0
新　疆　Xinjiang	1	78	232	0	232	842	89	89

儿师范学校基本情况

Teacher Training Schools

单位:人

教职工数 Teachers, Staff & Workers										兼任教师数(不在教工数中) Part-time Teachers
校本部教职工 Employees in the School Proper								校办厂、场职工 Employees in School-run Factories & Farms	附设机构人员 Employees in Subsidiary Units	
专任教师 Full-time Teachers					教辅人员 Supporting Staff	行政人员 Adm. Personnel	工勤人员 Workers			
计 Subtotal	高级讲师 Senior Lecturers	讲师 Lecturers	助理讲师 Assistant Lecturers	教员 Instructors						
4271	620	1457	1829	365	597	1579	1044	182	385	9
74	13	35	25	1	11	39	27	0	0	0
181	26	62	90	3	30	69	68	15	45	0
124	14	37	52	21	27	39	25	0	0	0
218	25	72	96	25	21	81	73	11	17	0
140	18	47	75	0	23	39	44	0	6	0
444	57	141	214	32	57	141	108	10	19	0
263	21	58	156	28	36	154	41	17	36	0
178	35	101	37	5	21	79	27	1	5	0
141	19	56	61	5	36	42	35	4	5	0
174	26	78	57	13	12	84	49	10	42	0
144	13	60	58	13	18	49	35	27	58	0
185	25	53	89	18	25	54	33	21	22	5
148	12	46	86	4	8	68	34	4	30	0
59	6	16	29	8	0	23	4	0	0	0
326	47	115	137	27	66	161	98	30	0	0
106	26	41	32	7	7	33	23	0	0	0
340	80	105	103	52	37	80	80	9	55	0
112	16	40	47	9	21	47	43	3	15	0
293	42	77	146	28	57	66	64	6	0	0
85	21	42	21	1	18	23	24	0	26	0
0	0	0	0	0	0	0	0	0	0	0
240	43	80	99	18	48	96	52	14	0	0
40	9	13	18	0	2	16	5	0	1	4
48	3	23	16	6	0	35	14	0	0	0
0	0	0	0	0	0	0	0	0	0	0
66	10	24	20	12	11	34	14	0	0	0
53	6	14	33	0	5	11	13	0	0	0
25	4	19	2	0	0	2	0	0	3	0
0	0	0	0	0	0	0	0	0	0	0
64	3	2	30	29	0	14	11	0	0	0

中等专业学校女学

Number of Female Students, Teachers, Staff

地区 Region	毕业生数 Graduates	招生数 Entrants			在校学生数 Enrolment		
		计 Total	招高中毕业生数 Graduates From Senior Sec. School	招初中毕业生数 Graduates From Junior Sec. School		合计 Total	计 Subtotal
总计 Total	332327	598235	81415	516820	1561572	210483	194337
北京 Beijing	8407	12751	1274	11477	36687	7565	7032
天津 Tianjin	5390	9650	1164	8486	26168	4861	4424
河北 Hebei	21275	32752	8032	24720	88484	10808	10317
山西 Shanxi	15406	18174	3135	15039	55201	7554	7243
内蒙古 Inner Mongolia	6489	8017	1801	6216	25300	6881	6539
辽宁 Liaoning	15629	23837	2691	21146	75508	11084	10370
吉林 Jilin	11388	19089	3599	15490	53583	8081	7298
黑龙江 Heilongjiang	10541	19109	3184	15925	50969	7843	7091
上海 Shanghai	9430	20587	2747	17840	52656	6693	6168
江苏 Jiangsu	19528	50799	3020	47779	121730	9965	9019
浙江 Zhejiang	9793	24584	4378	20206	53406	6488	5982
安徽 Anhui	9831	14418	1623	12795	44240	5739	5269
福建 Fujian	8955	16573	1590	14983	43840	4579	4325
江西 Jiangxi	9445	16696	2156	14540	39605	5059	4507
山东 Shandong	23304	43490	5341	38149	108180	13318	12408
河南 Henan	24129	38091	5096	32995	94499	10377	9379
湖北 Hubei	20342	43913	2314	41599	107533	12329	11101
湖南 Hunan	10966	26355	2916	23439	64622	8544	7687
广东 Guangdong	17167	36006	3311	32695	85635	9401	8992
广西 Guangxi	9901	18837	2248	16589	50277	6996	6046
海南 Hainan	1496	3107	721	2386	7638	1094	1036
四川 Sichuan	21616	36781	4878	31903	98416	14613	13132
贵州 Guizhou	6571	8943	1616	7327	24201	4866	4682
云南 Yunnan	9608	15524	1645	13879	43369	6362	6226
西藏 Tibet	481	583	15	568	2252	618	573
陕西 Shaanxi	8704	13739	3390	10349	37622	6028	5250
甘肃 Gansu	5608	7944	1687	6257	22017	4414	4187
青海 Qinghai	1441	2200	619	1581	6125	1123	1105
宁夏 Ningxia	1558	2140	689	1451	6150	1338	1258
新疆 Xinjiang	7928	13546	4535	9011	35659	5862	5691

生和女教职工数

& Workers in Specialized Secondary Schools

单位：人

教职工数 Teachers, Staff & Workers — 校本部教职工 Employees in the School Proper — 专任教师 Full-time Teachers — 计 Subtotal	高级讲师 Senior Lecturers	讲师 Lecturers	助理讲师 Assistant Lecturers	教员 Instructors	教辅人员 Supporting Staff	行政人员 Adm. Personnel	工勤人员 Workers	校办厂、场职工 Employees in School-run Factories & Farms	附设机构人员 Employees in Subsidiary Units	兼任教师数 不在教(工数中) Part-time Teachers
101599	8935	38159	47901	6604	26329	35171	31238	8736	7410	1651
3597	438	1632	1402	125	900	1464	1071	377	156	157
2406	142	812	1382	70	522	896	600	344	93	17
6113	453	2215	2918	527	1275	1463	1466	306	185	102
4016	245	1274	2157	340	962	1257	1008	145	166	0
3387	240	1230	1755	162	1014	1242	896	180	162	14
5909	549	2410	2677	273	1306	1813	1342	317	397	75
4212	367	1641	1954	250	921	1317	848	496	287	42
3601	433	1855	1200	113	900	1289	1301	323	429	24
2819	276	1404	1063	76	773	1168	1408	288	237	66
4856	484	1802	2197	373	1201	1577	1385	705	241	185
2977	214	1254	1347	162	835	1179	991	295	211	239
2722	373	1092	1124	133	797	963	787	243	227	71
2400	109	718	1360	213	553	774	598	141	113	42
2239	197	782	1091	169	703	821	744	405	147	20
7085	862	2327	3310	586	1643	2053	1627	545	365	10
5111	444	1970	2435	262	1294	1630	1344	466	532	7
5582	536	2039	2508	499	1519	2140	1860	705	523	114
3507	457	1355	1427	268	1265	1408	1507	458	399	62
4609	363	1524	2385	337	1199	1613	1571	135	274	102
2794	250	1251	1135	158	829	1091	1332	200	750	24
421	12	116	238	55	111	196	308	30	28	0
6505	644	2453	2979	429	2000	2520	2107	811	670	102
2408	148	836	1233	191	498	1047	729	56	128	65
3185	133	1010	1849	193	694	1081	1266	48	88	38
307	3	108	151	45	48	121	97	17	28	1
2447	201	903	1195	148	819	1046	938	488	290	28
2087	159	653	1115	160	617	636	847	101	126	4
661	20	221	362	58	133	162	149	3	15	8
677	43	277	322	35	172	174	235	38	42	2
2959	140	995	1630	194	826	1030	876	70	101	30

普通中学校数、

Number of General Secondary Schools

地　区 Region	学校数(所) Schools 计 Total	初级中学 Junior Sec. Schools	高级中学 Senior Sec. Schools	完全中学 Complete Sec. Schools	计 Total	小计 Subtotal
总　计　Total	82358	68116	3296	10946	995569	857898
北　京　Beijing	693	413	10	270	14193	12066
天　津　Tianjin	672	489	33	150	9658	8186
河　北　Hebei	5294	4723	257	314	53401	47396
山　西　Shanxi	3485	3077	165	243	30962	26638
内蒙古　Inner Mongolia	1905	1534	84	287	22671	18865
辽　宁　Liaoning	2448	2062	244	142	39082	33811
吉　林　Jilin	1845	1545	141	159	25307	21894
黑龙江　Heilongjiang	2690	2193	209	288	36115	31170
上　海　Shanghai	754	498	29	227	13924	11344
江　苏　Jiangsu	4761	3794	76	891	60742	51875
浙　江　Zhejiang	3315	2773	173	369	39353	34084
安　徽　Anhui	4234	3613	35	586	45481	40351
福　建　Fujian	1639	1236	3	400	28688	25061
江　西　Jiangxi	2812	2273	31	508	33768	28755
山　东　Shandong	5429	4797	359	273	75356	65376
河　南　Henan	6476	5815	479	182	67634	59599
湖　北　Hubei	4027	3437	274	316	44445	38157
湖　南　Hunan	5022	4235	250	537	52759	44925
广　东　Guangdong	3817	2993	54	770	57919	50966
广　西　Guangxi	3050	2598	78	374	34409	30320
海　南　Hainan	475	353	1	121	5599	4775
四　川　Sichuan	6287	5178	61	1048	77612	67273
贵　州　Guizhou	1769	1427	16	326	20752	18117
云　南　Yunnan	2182	1713	8	461	26269	22516
西　藏　Tibet	77	59	0	18	713	583
陕　西　Shaanxi	2829	2260	162	407	29241	23692
甘　肃　Gansu	1632	1174	15	443	19492	15934
青　海　Qinghai	471	286	11	174	4362	3393
宁　夏　Ningxia	438	324	6	108	5812	4696
新　疆　Xinjiang	1830	1244	32	554	19850	16080

班数(总计)

and Classes (Regional Aggregates)

班数(个) Classes								
初中 Junior Sec. Schools				高中 Senior Sec. Schools				
一年级 Grade 1	二年级 Grade 2	三年级 Grade 3	四年级 Grade 4	小计 Subtotal	一年级 Grade 1	二年级 Grade 2	三年级 Grade 3	
311109	281073	262275	3441	137671	47546	44849	45276	
4455	3855	3751	5	2127	784	659	684	
3078	2672	2433	3	1472	523	467	482	
17451	15636	13875	434	6005	2148	1938	1919	
9619	8714	8220	85	4324	1320	1447	1557	
6781	6178	5823	83	3806	1290	1241	1275	
11827	10986	10927	71	5271	1854	1716	1701	
7460	7299	7077	58	3413	1220	1096	1097	
11273	10247	9297	353	4945	1736	1594	1615	
4490	3463	3375	16	2580	913	841	826	
18063	16979	16782	51	8867	3051	2922	2894	
12289	10806	10982	7	5269	1935	1746	1588	
14931	13173	12215	32	5130	1789	1655	1686	
9496	8221	7344	0	3627	1196	1168	1263	
10326	9651	8774	4	5013	1710	1651	1652	
22740	20895	19865	1876	9980	3567	3337	3076	
22158	19760	17541	140	8035	2613	2655	2767	
13890	12679	11518	70	6288	2255	1960	2073	
16349	14945	13622	9	7834	2779	2564	2491	
19227	16928	14803	8	6953	2493	2298	2162	
11358	10107	8835	20	4089	1358	1348	1383	
1893	1572	1310	0	824	291	266	267	
24441	21686	21130	16	10339	3422	3321	3596	
6540	5942	5629	6	2635	897	854	884	
7850	7460	7161	45	3753	1271	1223	1259	
230	194	159	0	130	52	37	41	
8687	7851	7150	4	5549	2012	1791	1746	
5598	5245	5062	29	3558	1233	1107	1218	
1176	1108	1103	6	969	339	308	322	
1656	1586	1453	1	1116	383	362	371	
5777	5235	5059	9	3770	1112	1277	1381	

普通中学校数、

Number of General Secondary

地区 Region		学校数(所) Schools 计 Total	初级中学 Junior Sec. Schools	高级中学 Senior Sec. Schools	完全中学 Complete Sec. Schools	计 Total	小计 Subtotal
总计	**Total**	12725	7771	895	4059	202669	154326
北京	Beijing	305	114	8	183	7685	6184
天津	Tianjin	277	177	5	95	4761	3933
河北	Hebei	732	524	43	165	10683	8746
山西	Shanxi	421	258	30	133	6260	4686
内蒙古	Inner Mongolia	331	184	30	117	5680	4122
辽宁	Liaoning	725	525	107	93	13229	10600
吉林	Jilin	471	324	68	79	8168	6332
黑龙江	Heilongjiang	726	494	103	129	10899	8473
上海	Shanghai	408	261	10	137	7230	5655
江苏	Jiangsu	660	447	13	200	10205	8310
浙江	Zhejiang	368	223	40	105	6232	4598
安徽	Anhui	471	284	8	179	6666	5252
福建	Fujian	192	93	2	97	3978	2914
江西	Jiangxi	325	177	14	134	4997	3433
山东	Shandong	777	550	83	144	14005	10282
河南	Henan	783	551	103	129	10831	8142
湖北	Hubei	851	565	75	211	12704	9711
湖南	Hunan	622	359	25	238	8294	6186
广东	Guangdong	589	285	22	282	11598	8883
广西	Guangxi	189	109	9	71	3667	2901
海南	Hainan	37	19	1	17	645	468
四川	Sichuan	779	414	21	344	11088	8278
贵州	Guizhou	245	157	9	79	2954	2195
云南	Yunnan	239	112	5	122	3177	2128
西藏	Tibet	14	7	0	7	235	166
陕西	Shaanxi	488	265	34	189	6688	4722
甘肃	Gansu	225	82	4	139	3752	2640
青海	Qinghai	76	21	7	48	902	649
宁夏	Ningxia	61	36	5	20	1038	746
新疆	Xinjiang	338	154	11	173	4418	2991

班数(城市)

Schools and Classes (Urban)

班数(个) Classes							
初中 Junior Sec. Schools				高中 Senior Sec. Schools			
一年级 Grade 1	二年级 Grade 2	三年级 Grade 3	四年级 Grade 4	小计 Subtotal	一年级 Grade 1	二年级 Grade 2	三年级 Grade 3
55339	49423	48660	904	48343	16690	15941	15712
2328	1936	1915	5	1501	557	469	475
1533	1261	1138	1	828	295	268	265
3239	2842	2651	14	1937	692	633	612
1682	1528	1451	25	1574	484	529	561
1483	1328	1254	57	1558	526	520	512
3799	3318	3422	61	2629	933	863	833
2107	2083	2116	26	1836	664	589	583
3011	2705	2688	69	2426	869	785	772
2360	1703	1592	0	1575	544	518	513
2995	2651	2645	19	1895	633	629	633
1709	1429	1454	6	1634	602	541	491
1807	1706	1725	14	1414	501	458	455
1074	913	927	0	1064	352	346	366
1178	1138	1113	4	1564	527	528	509
3646	3224	3037	375	3723	1303	1241	1179
2765	2604	2654	119	2689	889	891	909
3334	3144	3190	43	2993	1072	966	955
2189	2019	1976	2	2108	733	701	674
3064	2971	2842	6	2715	969	924	822
997	952	944	8	766	250	255	261
178	147	143	0	177	68	57	52
3231	2586	2454	7	2810	891	912	1007
769	709	717	0	759	252	256	251
708	667	731	22	1049	349	346	354
54	62	50	0	69	31	19	19
1707	1524	1491	0	1966	689	665	612
891	839	895	15	1112	398	360	354
206	212	231	0	253	87	87	79
253	248	245	0	292	106	97	89
1042	974	969	6	1427	424	488	515

普通中学校数、

Number of General Secondary Schools

地区 Region	学校数（所）Schools 计 Total	 初级中学 Junior Sec. Schools	 高级中学 Senior Sec. Schools	 完全中学 Complete Sec. Schools	 计 Total	 小计 Subtotal
总　计　Total	18496	12566	1427	4503	270172	205086
北　京　Beijing	157	99	1	57	3181	2687
天　津　Tianjin	105	57	9	39	1635	1220
河　北　Hebei	1308	1010	176	122	16009	12479
山　西　Shanxi	430	292	63	75	6187	4186
内蒙古　Inner Mongolia	398	225	44	129	6654	4721
辽　宁　Liaoning	374	239	106	29	6517	4335
吉　林　Jilin	636	487	73	76	9374	7825
黑龙江　Heilongjiang	686	484	89	113	10383	8306
上　海　Shanghai	147	76	18	53	3183	2408
江　苏　Jiangsu	1542	1028	30	484	23186	18191
浙　江　Zhejiang	2085	1699	129	257	25276	21724
安　徽　Anhui	391	215	7	169	6209	4222
福　建　Fujian	710	471	1	238	15332	13103
江　西　Jiangxi	700	416	7	277	11013	8123
山　东　Shandong	349	234	55	60	6372	3860
河　南　Henan	958	719	212	27	12460	8736
湖　北　Hubei	402	258	101	43	5537	3600
湖　南　Hunan	826	537	88	201	11413	7839
广　东　Guangdong	802	575	17	210	13608	11139
广　西　Guangxi	465	272	39	154	6624	4380
海　南　Hainan	61	21	0	40	1340	941
四　川　Sichuan	2713	2022	37	654	36115	29069
贵　州　Guizhou	286	144	6	136	4338	2931
云　南　Yunnan	541	297	1	243	8265	6069
西　藏　Tibet	61	50	0	11	474	413
陕　西　Shaanxi	634	387	93	154	8465	5596
甘　肃　Gansu	234	79	4	151	3953	2378
青　海　Qinghai	139	52	3	84	1638	1106
宁　夏　Ningxia	76	25	1	50	1600	1011
新　疆　Xinjiang	280	96	17	167	3831	2488

班数(县镇)

and Classes (County Seats & Towns)

班　　数(个)
Classes

初中 Junior Sec. Schools				高中 Senior Sec. Schools			
一年级 Grade 1	二年级 Grade 2	三年级 Grade 3	四年级 Grade 4	小计 Subtotal	一年级 Grade 1	二年级 Grade 2	三年级 Grade 3
73514	67094	64066	412	65086	22605	21092	21389
986	860	841	0	494	178	151	165
444	403	371	2	415	148	128	139
4523	4109	3698	149	3530	1269	1128	1133
1513	1352	1304	17	2001	629	663	709
1667	1545	1495	14	1933	662	620	651
1476	1406	1453	0	2182	765	705	712
2662	2609	2531	23	1549	546	498	505
2862	2753	2618	73	2077	720	668	689
931	735	736	6	775	286	252	237
6267	5951	5953	20	4995	1727	1645	1623
7743	6907	7074	0	3552	1305	1177	1070
1489	1412	1321	0	1987	694	649	644
4975	4301	3827	0	2229	731	723	775
2862	2719	2542	0	2890	988	944	958
1353	1235	1214	58	2512	924	838	750
3124	2903	2707	2	3724	1237	1219	1268
1280	1195	1114	11	1937	704	595	638
2876	2608	2354	1	3574	1275	1167	1132
4199	3701	3239	0	2469	878	805	786
1545	1469	1356	10	2244	762	739	743
345	314	282	0	399	141	128	130
10642	9380	9038	9	7046	2379	2253	2414
1009	952	968	2	1407	490	451	466
2117	1989	1954	9	2196	756	711	729
173	132	108	0	61	21	18	22
2020	1854	1719	3	2869	1058	911	900
826	777	775	0	1575	541	491	543
378	363	363	2	532	190	168	174
350	355	306	0	589	202	191	196
877	805	805	1	1343	399	456	488

普通中学校数、

Number of General Secondary

地区 Region	学校数(所) Schools				计 Total	小计 Subtotal
	计 Total	初级中学 Junior Sec. Schools	高级中学 Senior Sec. Schools	完全中学 Complete Sec. Schools		
总 计 Total	51137	47779	974	2384	522728	498486
北 京 Beijing	231	200	1	30	3327	3195
天 津 Tianjin	290	255	19	16	3262	3033
河 北 Hebei	3254	3189	38	27	26709	26171
山 西 Shanxi	2634	2527	72	35	18515	17766
内蒙古 Inner Mongolia	1176	1125	10	41	10337	10022
辽 宁 Liaoning	1349	1298	31	20	19336	18876
吉 林 Jilin	738	734	0	4	7765	7737
黑龙江 Heilongjiang	1278	1215	17	46	14833	14391
上 海 Shanghai	199	161	1	37	3511	3281
江 苏 Jiangsu	2559	2319	33	207	27351	25374
浙 江 Zhejiang	862	851	4	7	7845	7762
安 徽 Anhui	3372	3114	20	238	32606	30877
福 建 Fujian	737	672	0	65	9378	9044
江 西 Jiangxi	1787	1680	10	97	17758	17199
山 东 Shandong	4303	4013	221	69	54979	51234
河 南 Henan	4735	4545	164	26	44343	42721
湖 北 Hubei	2774	2614	98	62	26204	24846
湖 南 Hunan	3574	3339	137	98	33052	30900
广 东 Guangdong	2426	2133	15	278	32713	30944
广 西 Guangxi	2396	2217	30	149	24118	23039
海 南 Hainan	377	313	0	64	3614	3366
四 川 Sichuan	2795	2742	3	50	30409	29926
贵 州 Guizhou	1238	1126	1	111	13460	12991
云 南 Yunnan	1402	1304	2	96	14827	14319
西 藏 Tibet	2	2	0	0	4	4
陕 西 Shaanxi	1707	1608	35	64	14088	13374
甘 肃 Gansu	1173	1013	7	153	11787	10916
青 海 Qinghai	256	213	1	42	1822	1638
宁 夏 Ningxia	301	263	0	38	3174	2939
新 疆 Xinjiang	1212	994	4	214	11601	10601

班数(农村)

Schools and Classes (Rural)

班数(个) Classes								
初中 Junior Sec. Schools				高中 Senior Sec. Schools				
一年级 Grade 1	二年级 Grade 2	三年级 Grade 3	四年级 Grade 4	小计 Subtotal	一年级 Grade 1	二年级 Grade 2	三年级 Grade 3	
182256	164556	149549	2125	24242	8251	7816	8175	
1141	1059	995	0	132	49	39	44	
1101	1008	924	0	229	80	71	78	
9689	8685	7526	271	538	187	177	174	
6424	5834	5465	43	749	207	255	287	
3631	3305	3074	12	315	102	101	112	
6552	6262	6052	10	460	156	148	156	
2691	2607	2430	9	28	10	9	9	
5400	4789	3991	211	442	147	141	154	
1199	1025	1047	10	230	83	71	76	
8801	8377	8184	12	1977	691	648	638	
2837	2470	2454	1	83	28	28	27	
11635	10055	9169	18	1729	594	548	587	
3447	3007	2590	0	334	113	99	122	
6286	5794	5119	0	559	195	179	185	
17741	16436	15614	1443	3745	1340	1258	1147	
16269	14253	12180	19	1622	487	545	590	
9276	8340	7214	16	1358	479	399	480	
11284	10318	9292	6	2152	771	696	685	
11964	10256	8722	2	1769	646	569	554	
8816	7686	6535	2	1079	346	354	379	
1370	1111	885	0	248	82	81	85	
10568	9720	9638	0	483	152	156	175	
4762	4281	3944	4	469	155	147	167	
5025	4804	4476	14	508	166	166	176	
3	0	1	0	0	0	0	0	
4960	4473	3940	1	714	265	215	234	
3881	3629	3392	14	871	294	256	321	
592	533	509	4	184	62	53	69	
1053	983	902	1	235	75	74	86	
3858	3456	3285	2	1000	289	333	378	

普通中学毕业生数、招生数、毕业班学生数(总计)

Number of Graduates, Entrants & Graduates for Next Year in General Secondary Schools (Regional Aggregates)

单位:人

地区 Region	毕业生数 Graduates		招生数 Entrants		毕业班学生数 Graduates for Next Year	
	初中 Junior Sec. Schools	高中 Senior Sec. Schools	初中 Junior Sec. Schools	高中 Senior Sec. Schools	初中 Junior Sec. Schools	高中 Senior Sec. Schools
总计 Total	11526031	2093021	16163581	2433887	12503861	2065886
北京 Beijing	118940	24112	183538	34704	149545	24261
天津 Tianjin	93035	19312	132522	23942	100971	18934
河北 Hebei	580111	92572	925412	118673	664247	89893
山西 Shanxi	346902	70894	457302	59482	357084	72709
内蒙古 Inner Mongolia	230934	53608	329115	65142	242882	51118
辽宁 Liaoning	492907	82879	591654	98859	530440	83154
吉林 Jilin	341973	50393	365851	65985	358133	52008
黑龙江 Heilongjiang	421005	76620	512194	89789	430782	74380
上海 Shanghai	134844	33280	215281	42471	155562	37071
江苏 Jiangsu	749345	133591	946149	158332	809489	138352
浙江 Zhejiang	499365	69485	630188	98032	525665	72116
安徽 Anhui	590644	79711	860877	95847	644255	76906
福建 Fujian	287583	56763	460644	54715	344622	57634
江西 Jiangxi	478819	78408	573243	87450	467552	78680
山东 Shandong	1010463	157777	1334578	212097	1017074	163112
河南 Henan	899191	139768	1302254	139756	970332	140331
湖北 Hubei	532035	100623	758951	125701	586377	101660
湖南 Hunan	562894	114124	878564	147252	632308	108895
广东 Guangdong	637122	103398	1047969	130256	764575	102638
广西 Guangxi	378658	70872	610908	69498	425322	67668
海南 Hainan	59299	14521	99945	14615	71014	12858
四川 Sichuan	771960	153937	1191255	153027	842109	146443
贵州 Guizhou	245591	39211	338226	45590	267829	39467
云南 Yunnan	303557	57296	389582	62456	317438	57424
西藏 Tibet	4829	1480	9026	1705	6123	1423
陕西 Shaanxi	296362	81175	411563	100698	313308	71541
甘肃 Gansu	205261	50213	260756	58766	217794	50368
青海 Qinghai	46368	12820	52433	16094	48693	11742
宁夏 Ningxia	64285	17088	78916	18401	64379	15959
新疆 Xinjiang	141749	57090	214685	44552	177957	47141

普通中学毕业生数、招生数、毕业班学生数(城市)

Number of Graduates, Entrants & Graduates for Next Year in General Secondary Schools (Urban)

单位:人

地区 Region	毕业生数 Graduates		招生数 Entrants		毕业班学生数 Graduates for Next Year	
	初中 Junior Sec. Schools	高中 Senior Sec. Schools	初中 Junior Sec. Schools	高中 Senior Sec. Schools	初中 Junior Sec. Schools	高中 Senior Sec. Schools
总计 Total	2134503	695655	2742261	835030	2289348	707780
北京 Beijing	62903	15752	96373	24377	77150	16638
天津 Tianjin	44803	10474	67840	13617	47909	10818
河北 Hebei	108804	28012	162121	35189	120532	28154
山西 Shanxi	64663	24693	85178	22116	67246	26035
内蒙古 Inner Mongolia	52507	21702	74904	25801	55407	21175
辽宁 Liaoning	173086	39703	196082	48050	179984	39650
吉林 Jilin	108294	26072	113257	36513	115340	28527
黑龙江 Heilongjiang	131742	35731	150332	45178	128014	35405
上海 Shanghai	61067	21070	110756	24605	71930	22586
江苏 Jiangsu	115862	27417	148672	31192	123713	28848
浙江 Zhejiang	67969	21030	88051	30302	72849	22772
安徽 Anhui	80578	19423	89824	24420	86474	19145
福建 Fujian	37905	15903	50925	16158	41902	16755
江西 Jiangxi	58854	23246	58241	26250	50774	23720
山东 Shandong	154253	59236	213576	77629	157057	63097
河南 Henan	123177	42546	140208	45022	129530	43768
湖北 Hubei	140671	43294	167289	57615	150998	45700
湖南 Hunan	81742	28811	111856	36336	90347	28160
广东 Guangdong	121516	38925	155834	50474	143530	39427
广西 Guangxi	35527	12545	48129	12032	44687	12459
海南 Hainan	7124	2873	9256	3527	8274	2630
四川 Sichuan	83534	40950	147522	38649	97891	39704
贵州 Guizhou	31366	11180	36149	13054	31703	11617
云南 Yunnan	33699	15297	32723	17202	31684	16510
西藏 Tibet	1798	896	2458	917	2051	749
陕西 Shaanxi	62509	24997	79922	32534	65019	23800
甘肃 Gansu	39261	14675	41471	19609	40505	15407
青海 Qinghai	9810	3727	9819	4084	10441	2794
宁夏 Ningxia	9732	3912	11388	4750	10348	3692
新疆 Xinjiang	29747	21563	42105	17828	36059	18038

普通中学毕业生数、招生数、毕业班学生数(县镇)

Number of Graduates, Entrants & Graduates for Next Year in General Secondary Schools (County Seats & Towns)

单位:人

地区 Region		毕业生数 Graduates		招生数 Entrants		毕业班学生数 Graduates for Next Year	
		初中 Junior Sec. Schools	高中 Senior Sec. Schools	初中 Junior Sec. Schools	高中 Senior Sec. Schools	初中 Junior Sec. Schools	高中 Senior Sec. Schools
总计	**Total**	2852346	1018801	3851468	1183868	3134507	1007692
北京	Beijing	26896	6865	41854	7982	34570	6428
天津	Tianjin	13927	5759	19610	6690	15674	5161
河北	Hebei	158107	56472	246128	72967	185017	53790
山西	Shanxi	62146	33073	78426	29249	64579	34196
内蒙古	Inner Mongolia	65662	27583	86876	34876	69624	26207
辽宁	Liaoning	71572	35738	78605	42586	75373	36338
吉林	Jilin	117094	23944	129964	29010	126277	23097
黑龙江	Heilongjiang	121711	34014	135104	37875	125171	32664
上海	Shanghai	29886	9620	46529	13919	35138	11185
江苏	Jiangsu	271435	76403	326822	90182	291844	78252
浙江	Zhejiang	324880	47188	400313	66360	341365	48139
安徽	Anhui	68658	31468	84812	39016	70961	31120
福建	Fujian	157559	35285	249147	33857	186286	35779
江西	Jiangxi	137429	46790	158594	51710	135158	46929
山东	Shandong	68636	40677	86255	58830	69411	42965
河南	Henan	144290	69167	195190	71110	163988	71019
湖北	Hubei	55103	31951	71759	41630	60198	32887
湖南	Hunan	95323	53203	161508	68980	116694	51571
广东	Guangdong	144520	40185	233204	48416	174615	39758
广西	Guangxi	60621	38637	83887	40894	72322	39030
海南	Hainan	15444	7748	21047	7701	18056	7279
四川	Sichuan	343040	105622	539542	108491	377443	100727
贵州	Guizhou	43698	21637	53047	25532	48939	21901
云南	Yunnan	88920	34671	107219	37452	92961	33992
西藏	Tibet	2989	584	6394	788	4000	674
陕西	Shaanxi	74137	46218	98881	55874	78752	40001
甘肃	Gansu	34168	22216	41437	26400	36256	23862
青海	Qinghai	15220	6600	16929	9244	16628	6795
宁夏	Ningxia	15182	9611	17469	10381	16299	9475
新疆	Xinjiang	24093	19872	34916	15866	30908	16471

普通中学毕业生数、招生数、毕业班学生数(农村)

Number of Graduates, Entrants & Graduates for Next Year in General Secondary Schools (Rural)

单位:人

地区 Region	毕业生数 Graduates 初中 Junior Sec. Schools	毕业生数 Graduates 高中 Senior Sec. Schools	招生数 Entrants 初中 Junior Sec. Schools	招生数 Entrants 高中 Senior Sec. Schools	毕业班学生数 Graduates for Next Year 初中 Junior Sec. Schools	毕业班学生数 Graduates for Next Year 高中 Senior Sec. Schools
总计 Total	6539182	378565	9569852	414989	7080006	350414
北京 Beijing	29141	1495	45311	2345	37825	1195
天津 Tianjin	34305	3079	45072	3635	37388	2955
河北 Hebei	313200	8088	517163	10517	358698	7949
山西 Shanxi	220093	13128	293698	8117	225259	12478
内蒙古 Inner Mongolia	112765	4323	167335	4465	117851	3736
辽宁 Liaoning	248249	7438	316967	8223	275083	7166
吉林 Jilin	116585	377	122630	462	116516	384
黑龙江 Heilongjiang	167552	6875	226758	6736	177597	6311
上海 Shanghai	43891	2590	57996	3947	48494	3300
江苏 Jiangsu	362048	29771	470655	36958	393932	31252
浙江 Zhejiang	106516	1267	141824	1370	111451	1205
安徽 Anhui	441408	28820	686241	32411	486820	26641
福建 Fujian	92119	5575	160572	4700	116434	5100
江西 Jiangxi	282536	8372	356408	9490	281620	8031
山东 Shandong	787574	57864	1034747	75638	790606	57050
河南 Henan	631724	28055	966856	23624	676814	25544
湖北 Hubei	336261	25378	519903	26456	375181	23073
湖南 Hunan	385829	32110	605200	41936	425267	29164
广东 Guangdong	371086	24288	658931	31366	446430	23453
广西 Guangxi	282510	19690	478892	16572	308313	16179
海南 Hainan	36731	3900	69642	3387	44684	2949
四川 Sichuan	345386	7365	504191	5887	366775	6012
贵州 Guizhou	170527	6394	249030	7004	187187	5949
云南 Yunnan	180938	7328	249640	7802	192793	6922
西藏 Tibet	42	0	174	0	72	0
陕西 Shaanxi	159716	9960	232760	12290	169537	7740
甘肃 Gansu	131832	13322	177848	12757	141033	11099
青海 Qinghai	21338	2493	25685	2766	21624	2153
宁夏 Ningxia	39371	3565	50059	3270	37732	2792
新疆 Xinjiang	87909	15655	137664	10858	110990	12632

普通中学在校

Enrolment of General Secondary

地 区 Region	合 计 Total	初 Junior Secondary Schools 计 Subtotal	一 年 级 Grade 1	二 年 级 Grade 2	中 三 年 级 Grade 3
总 计 Total	49816643	43168600	16322559	14059149	12621380
北 京 Beijing	583758	497174	187426	159986	149566
天 津 Tianjin	410350	347951	134294	112610	100933
河 北 Hebei	2736025	2431495	936486	800150	680322
山 西 Shanxi	1425214	1228250	461558	403222	360167
内蒙古 Inner Mongolia	1030607	858529	332114	277048	246127
辽 宁 Liaoning	1922132	1655352	593435	528376	530249
吉 林 Jilin	1266409	1093020	367929	363501	358706
黑龙江 Heilongjiang	1684547	1442761	523485	464430	437099
上 海 Shanghai	661914	542746	219123	167423	155417
江 苏 Jiangsu	3046616	2608109	948960	846734	810150
浙 江 Zhejiang	1940201	1687143	632280	528916	525678
安 徽 Anhui	2494272	2239350	862731	730448	644584
福 建 Fujian	1362098	1196716	463975	388119	344622
江 西 Jiangxi	1826597	1576428	580103	528613	467488
山 东 Shandong	4271530	3709276	1337231	1174229	1098308
河 南 Henan	3848043	3422945	1329191	1117033	970922
湖 北 Hubei	2368939	2041307	764166	683987	589630
湖 南 Hunan	2653543	2277117	884025	760665	632096
广 东 Guangdong	3073751	2727104	1052974	908913	764801
广 西 Guangxi	1766861	1561177	619044	515738	425636
海 南 Hainan	295728	255235	101547	82674	71014
四 川 Sichuan	3438005	3002641	1198164	961668	842250
贵 州 Guizhou	1030770	906177	347383	290864	267657
云 南 Yunnan	1242741	1067530	396690	349680	319364
西 藏 Tibet	28725	24204	9792	8261	6151
陕 西 Shaanxi	1342382	1090466	418676	358342	313338
甘 肃 Gansu	880041	722695	267562	235775	217966
青 海 Qinghai	191932	151711	53455	49240	48748
宁 夏 Ningxia	269316	218265	80571	73315	64329
新 疆 Xinjiang	723596	585726	218189	189189	178062

学生数(总计)

Schools (Regional Aggregates)

单位: 人

	高中 Senior Secondary Schools				
四年级 Grade 4	计 Subtotal	一年级 Grade 1	二年级 Grade 2	三年级 Grade 3	合计中住宿生 of the total Boarding Students
165512	6648043	2443211	2138972	2065860	13497637
196	86584	35094	27229	24261	33022
114	62399	24178	19287	18934	19971
14537	304530	118799	95838	89893	448860
3303	196964	59591	64664	72709	452407
3240	172078	65351	55609	51118	269150
3292	266780	99082	84570	83128	209128
2884	173389	66025	55356	52008	111385
17747	241786	89837	77569	74380	215365
783	119168	43283	38814	37071	27396
2265	438507	159254	140901	138352	513264
269	253058	98500	82442	72116	517088
1587	254922	96122	81894	76906	471401
0	165382	55134	52614	57634	427193
224	250169	88120	83369	78680	667828
99508	562254	212103	187039	163112	1009363
5799	425098	141223	143544	140331	1463461
3524	327632	125889	100083	101660	1149783
331	376426	147490	120041	108895	921848
416	346647	130369	113640	102638	859553
759	205684	70177	67839	67668	1093693
0	40493	14731	12904	12858	73632
559	435364	153243	135678	146443	960096
273	124593	45891	39235	39467	225749
1796	175211	62782	55005	57424	679041
0	4521	1746	1352	1423	10816
110	251916	101124	79251	71541	327888
1392	157346	58616	48362	50368	155563
268	40221	16166	12313	11742	27222
50	51051	18592	16500	15959	44853
286	137870	44699	46030	47141	111618

普通中学在校

Enrolment of General Secondary

地区 Region		合计 Total	初中 Junior Secondary Schools 计 Subtotal	一年级 Grade 1	二年级 Grade 2	三年级 Grade 3
总计	**Total**	9800809	7502964	2760745	2389273	2311614
北京	Beijing	317888	257032	98313	81352	77171
天津	Tianjin	208146	172031	68986	55136	47864
河北	Hebei	521113	427254	163456	138675	124518
山西	Shanxi	300814	229322	85626	75029	67746
内蒙古	Inner Mongolia	266813	197076	75247	62981	56679
辽宁	Liaoning	674125	544822	196248	166100	179555
吉林	Jilin	436965	340976	113608	110723	115373
黑龙江	Heilongjiang	533353	414584	151653	130619	128570
上海	Shanghai	337949	266697	113447	81320	71930
江苏	Jiangsu	491266	401711	149528	127778	123590
浙江	Zhejiang	312550	233059	88369	71598	72853
安徽	Anhui	329815	265001	90017	87922	86490
福建	Fujian	183726	134729	51506	41321	41902
江西	Jiangxi	240480	164257	58708	54737	50658
山东	Shandong	788498	577873	213672	177162	168989
河南	Henan	537406	403028	141688	127001	129415
湖北	Hubei	632375	480851	168003	156937	153906
湖南	Hunan	396336	299942	112343	97133	90399
广东	Guangdong	587533	452505	156969	151365	143858
广西	Guangxi	175516	138883	48405	45285	44843
海南	Hainan	35145	26040	9259	8507	8274
四川	Sichuan	471695	356635	147770	110569	98062
贵州	Guizhou	136717	100231	36357	32171	31703
云南	Yunnan	145303	95373	32987	29294	32264
西藏	Tibet	9944	7440	2503	2804	2133
陕西	Shaanxi	298403	213652	80491	68142	65019
甘肃	Gansu	174113	122858	41614	39644	40858
青海	Qinghai	40698	30050	9898	9711	10441
宁夏	Ningxia	45001	32308	11496	10464	10348
新疆	Xinjiang	171123	116744	42578	37793	36203

学生数(城市)

Schools (Urban)

单位:人

	高中 Senior Secondary Schools				
四年级 Grade 4	计 Subtotal	一年级 Grade 1	二年级 Grade 2	三年级 Grade 3	合计中住宿生 Of the total Boarding Students
41332	2297845	837516	752530	707799	899548
196	60856	24685	19533	16638	8657
45	36115	13794	11503	10818	2694
605	93859	35306	30399	28154	54546
921	71492	22150	23307	26035	41743
2169	69737	25894	22668	21175	29275
2919	129303	48084	41595	39624	27270
1272	95989	36574	30888	28527	30562
3742	118769	45193	38171	35405	35430
0	71252	25069	23597	22586	5013
815	89555	31217	29490	28848	23596
239	79491	30547	26172	22772	45903
572	64814	24473	21196	19145	15437
0	48997	16364	15878	16755	24681
154	76223	26436	26067	23720	22398
18050	210625	77634	69894	63097	97063
4924	134378	45146	45464	43768	68552
2005	151524	57689	48135	45700	90346
67	96394	36472	31762	28160	55789
313	135028	50021	45535	39472	38435
350	36633	12066	12108	12459	20100
0	9105	3528	2947	2630	7881
234	115060	38685	36671	39704	60423
0	36486	13113	11756	11617	11450
828	49930	17260	16160	16510	31960
0	2504	957	798	749	846
0	84751	32658	28293	23800	22447
742	51255	19646	16202	15407	10833
0	10648	4140	3714	2794	596
0	12693	4752	4249	3692	930
170	54379	17963	18378	18038	14692

普通中学在校

Enrolment of General Secondary

地 区 Region		合 计 Total	初 中 Junior Secondary Schools			
			计 Subtotal	一 年 级 Grade 1	二 年 级 Grade 2	三 年 级 Grade 3
总 计	**Total**	13685366	10460771	3890786	3405938	3146376
北 京	Beijing	135265	114135	42685	36880	34570
天 津	Tianjin	70056	53238	19682	17436	16051
河 北	Hebei	844235	660810	250025	216651	189185
山 西	Shanxi	310979	216734	80008	70692	65379
内蒙古	Inner Mongolia	326602	235988	88492	76180	70811
辽 宁	Liaoning	341277	226099	78800	71926	75373
吉 林	Jilin	460985	384744	130572	126333	126692
黑龙江	Heilongjiang	500419	396791	137370	130177	125388
上 海	Shanghai	156470	119094	47031	36632	35103
江 苏	Jiangsu	1168593	920070	327437	299340	292313
浙 江	Zhejiang	1253730	1084007	401539	341103	341365
安 徽	Anhui	339225	234949	85226	78762	70961
福 建	Fujian	750545	647817	250899	210632	186286
江 西	Jiangxi	593832	445904	161913	148758	135233
山 东	Shandong	389154	236919	86305	75074	72455
河 南	Henan	757733	542757	198741	179843	164082
湖 北	Hubei	307821	202160	72823	68272	60361
湖 南	Hunan	595183	418070	162193	139201	116653
广 东	Guangdong	744116	613860	233835	204745	175280
广 西	Guangxi	360461	239698	86198	80696	72456
海 南	Hainan	81355	59323	21469	19798	18056
四 川	Sichuan	1655933	1352884	542217	432929	377413
贵 州	Guizhou	220525	151126	54038	48149	48910
云 南	Yunnan	404316	300378	109033	97794	93175
西 藏	Tibet	18426	16409	7115	5348	3946
陕 西	Shaanxi	406410	267600	101337	87371	78800
甘 肃	Gansu	190566	117905	43010	38643	36252
青 海	Qinghai	74051	51239	17424	17158	16584
宁 夏	Ningxia	81944	52539	18049	18191	16299
新 疆	Xinjiang	145159	97524	35320	31224	30944

学生数(县镇)

Schools (County Seats & Towns)

单位:人

四年级 Grade 4	高中 Senior Secondary Schools 计 Subtotal	一年级 Grade 1	二年级 Grade 2	三年级 Grade 3	合计中住宿生 Of the total Boarding Students
17671	3224595	1188824	1028020	1007751	4008145
0	21130	8302	6400	6428	14460
69	16818	6720	4937	5161	10751
4949	183425	73073	56562	53790	247659
655	94245	29279	30770	34196	106699
505	90614	34992	29415	26207	90870
0	115178	42751	36089	36338	82683
1147	76241	28989	24155	23097	62815
3856	103628	37897	33067	32664	77655
328	37376	14180	12011	11185	19056
980	248523	90907	79364	78252	213900
0	169723	66580	55004	48139	347531
0	104276	39181	33993	31102	70101
0	102728	34054	32895	35779	229794
0	147928	52131	48902	46895	205657
3085	152235	58830	50440	42965	125794
91	214976	72190	71767	71019	284759
704	105661	41162	31612	32887	130494
23	177113	69032	56510	51571	244984
0	130256	48182	42224	39850	209867
348	120763	41424	40309	39030	176147
0	22032	7752	7001	7279	18481
325	303049	108645	93677	100727	580924
29	69399	25750	21748	21901	49240
376	103938	37683	32263	33992	199223
0	2017	789	554	674	9872
92	138810	56146	42663	40001	100009
0	72661	26510	22270	23881	39300
73	22812	9260	6757	6795	15995
0	29405	10548	9382	9475	19012
36	47635	15885	15279	16471	24413

普通中学在校

Enrolment of General Secondary

地　区 Region		合　计 Total	初 中 Junior Secondary Schools 计 Subtotal	一年级 Grade 1	二年级 Grade 2	三年级 Grade 3
总　计	**Total**	26330468	25204865	9671028	8263938	7163390
北　京	Beijing	130605	126007	46428	41754	37825
天　津	Tianjin	132148	122682	45626	40038	37018
河　北	Hebei	1370677	1343431	523005	444824	366619
山　西	Shanxi	813421	782194	295924	257501	227042
内蒙古	Inner Mongolia	437192	425465	168375	137887	118637
辽　宁	Liaoning	906730	884431	318387	290350	275321
吉　林	Jilin	368459	367300	123749	126445	116641
黑龙江	Heilongjiang	650775	631386	234462	203634	183141
上　海	Shanghai	167495	156955	58645	49471	48384
江　苏	Jiangsu	1386757	1286328	471995	419616	394247
浙　江	Zhejiang	373921	370077	142372	116215	111460
安　徽	Anhui	1825232	1739400	687488	563764	487133
福　建	Fujian	427827	414170	161570	136166	116434
江　西	Jiangxi	992285	966267	359482	325118	281597
山　东	Shandong	3093878	2894484	1037254	921993	856864
河　南	Henan	2552904	2477160	988762	810189	677425
湖　北	Hubei	1428743	1358296	523340	458778	375363
湖　南	Hunan	1662024	1559105	609489	524331	425044
广　东	Guangdong	1742102	1660739	662170	552803	445663
广　西	Guangxi	1230884	1182596	484441	389757	308337
海　南	Hainan	179228	169872	70819	54369	44684
四　川	Sichuan	1310377	1293122	508177	418170	366775
贵　州	Guizhou	673528	654820	256988	210544	187044
云　南	Yunnan	693122	671779	254670	222592	193925
西　藏	Tibet	355	355	174	109	72
陕　西	Shaanxi	637569	609214	236848	202829	169519
甘　肃	Gansu	515362	481932	182938	157488	140856
青　海	Qinghai	77183	70422	26133	22371	21723
宁　夏	Ningxia	142371	133418	51026	44660	37682
新　疆	Xinjiang	407314	371458	140291	120172	110915

学生数(农村)

Schools (Rural)

单位: 人

	高中 Senior Secondary Schools				
四年级 Grade 4	计 Subtotal	一年级 Grade 1	二年级 Grade 2	三年级 Grade 3	合计中住宿生 Of the total Boarding Students
106509	1125603	416871	358422	350310	8589944
0	4598	2107	1296	1195	9905
0	9466	3664	2847	2955	6526
8983	27246	10420	8877	7949	146655
1727	31227	8162	10587	12478	303965
566	11727	4465	3526	3736	149005
373	22299	8247	6886	7166	99175
465	1159	462	313	384	18008
10149	19389	6747	6331	6311	102280
455	10540	4034	3206	3300	3327
470	100429	37130	32047	31252	275768
30	3844	1373	1266	1205	123654
1015	85832	32468	26705	26659	385863
0	13657	4716	3841	5100	172718
70	26018	9553	8400	8065	439773
78373	199394	75639	66705	57050	786506
784	75744	23887	26313	25544	1110150
815	70447	27038	20336	23073	928943
241	102919	41986	31769	29164	621075
103	81363	32166	25881	23316	611251
61	48288	16687	15422	16179	897446
0	9356	3451	2956	2949	47270
0	17255	5913	5330	6012	318749
244	18708	7028	5731	5949	165059
592	21343	7839	6582	6922	447858
0	0	0	0	0	98
18	28355	12320	8295	7740	205432
650	33430	12460	9890	11080	105430
195	6761	2766	1842	2153	10631
50	8953	3292	2869	2792	24911
80	35856	10851	12373	12632	72513

普通中学学生

Number of Female Students in

地区 Region		合计 Total	初中 Junior Secondary Schools 计 Subtotal	一年级 Grade 1	二年级 Grade 2	三年级 Grade 3
总计	**Total**	22069970	19446289	7366172	6315606	5687525
北京	Beijing	286968	243292	90406	77613	75185
天津	Tianjin	200536	170037	65643	54181	50160
河北	Hebei	1296454	1157089	444360	383153	323215
山西	Shanxi	680483	589771	221103	191930	174967
内蒙古	Inner Mongolia	492527	409331	157067	131911	118690
辽宁	Liaoning	926557	801729	284767	257214	258131
吉林	Jilin	596032	518778	173972	172226	171269
黑龙江	Heilongjiang	813076	698617	251953	225223	212990
上海	Shanghai	324448	266033	106577	81648	77400
江苏	Jiangsu	1327341	1167274	431350	375314	359536
浙江	Zhejiang	889349	787775	298593	244924	244125
安徽	Anhui	1014297	936997	365888	310672	259807
福建	Fujian	550139	498349	200088	160051	138210
江西	Jiangxi	703571	620681	236525	205272	178774
山东	Shandong	1875943	1662702	604020	526658	486560
河南	Henan	1732409	1561720	605885	505463	447368
湖北	Hubei	998810	889332	331709	298318	257543
湖南	Hunan	1157650	1028400	403662	341380	283215
广东	Guangdong	1333169	1209786	464986	401596	343018
广西	Guangxi	737466	665703	259838	219078	186396
海南	Hainan	125586	111955	44580	36750	30625
四川	Sichuan	1510032	1350988	541938	432117	376690
贵州	Guizhou	392831	350072	135604	112294	102037
云南	Yunnan	541224	469059	170155	152360	145631
西藏	Tibet	13722	10909	4328	3785	2796
陕西	Shaanxi	611067	504438	192199	165354	146843
甘肃	Gansu	366075	305903	112847	99228	93116
青海	Qinghai	88423	69088	23335	22373	23253
宁夏	Ningxia	120422	98331	35984	33077	29255
新疆	Xinjiang	363363	292150	106810	94443	90720

总数中女学生数

General Secondary Schools

单位: 人

四年级 Grade 4	高中 Senior Secondary Schools 计 Subtotal	一年级 Grade 1	二年级 Grade 2	三年级 Grade 3	合计中住宿生 Of the total Boarding Students
76986	2623681	975655	840801	807225	5419354
88	43676	17277	13916	12483	16310
53	30499	11752	9428	9319	9978
6361	139365	54310	43976	41079	197351
1771	90712	27088	29915	33709	213591
1663	83196	31435	26766	24995	124070
1617	124828	46799	39018	39011	96933
1311	77254	29630	24449	23175	49652
8451	114459	42954	36476	35029	94682
408	58415	21076	19107	18232	12323
1074	160067	58372	51204	50491	189187
133	101574	40327	32638	28609	225991
630	77300	30073	24862	22365	164004
0	51790	17512	16412	17866	167081
110	82890	30354	27196	25340	226216
45464	213241	81825	70411	61005	404023
3004	170689	57582	57059	56048	639017
1762	109478	42756	33401	33321	444460
143	129250	51602	40484	37164	345664
186	123383	47341	40626	35416	352753
391	71763	25158	23151	23454	414454
0	13631	5143	4409	4079	32005
243	159044	56984	49454	52606	368954
137	42759	15936	14055	12768	70266
913	72165	26286	22295	23584	289411
0	2813	1023	1029	761	3504
42	106629	43165	33391	30073	136457
712	60172	23157	18452	18563	54589
127	19335	7726	6026	5583	10978
15	22091	8360	7218	6513	14987
177	71213	22652	23977	24584	50463

普通中学教

Number of Teachers, Staff & Workers in General

教职工

Teachers, Staff &

地区 Region	合计 Total	专任教师 Full-time Teachers 计 Total	初中 Junior Sec. Schools	高中 Senior Sec. Schools	行政人员 Adm. Personnel
总计 Total	4190692	3233707	2686868	546839	500507
北京 Beijing	69452	44731	36371	8360	15534
天津 Tianjin	48980	34256	27937	6319	10050
河北 Hebei	215286	170145	145377	24768	23693
山西 Shanxi	143223	111989	92953	19036	15921
内蒙古 Inner Mongolia	106645	77980	62790	15190	13626
辽宁 Liaoning	184758	135499	114539	20960	28803
吉林 Jilin	120059	88238	73300	14938	20764
黑龙江 Heilongjiang	173347	128506	106769	21737	24379
上海 Shanghai	70839	44846	36251	8595	16155
江苏 Jiangsu	254007	183455	149309	34146	29527
浙江 Zhejiang	127220	101187	83265	17922	13953
安徽 Anhui	173491	136725	116404	20321	18597
福建 Fujian	106655	85254	71645	13609	13008
江西 Jiangxi	139794	116179	95825	20354	10218
山东 Shandong	345640	268514	227894	40620	37276
河南 Henan	290027	239374	204600	34774	28350
湖北 Hubei	212143	168781	139637	29144	17447
湖南 Hunan	210991	171994	141025	30969	17612
广东 Guangdong	208805	162803	137655	25148	25125
广西 Guangxi	126801	92599	77998	14601	17395
海南 Hainan	25523	18125	14932	3193	2373
四川 Sichuan	323843	251540	210313	41227	40364
贵州 Guizhou	78307	63059	53090	9969	8734
云南 Yunnan	101687	78488	65814	12674	10381
西藏 Tibet	3601	2691	2157	534	312
陕西 Shaanxi	128118	99166	77368	21798	19188
甘肃 Gansu	75885	62047	49013	13034	6877
青海 Qinghai	19481	15749	11726	4023	2035
宁夏 Ningxia	22105	17700	13835	3865	2180
新疆 Xinjiang	83979	62087	47076	15011	10630

职 工 数（总 计）

Secondary Schools (Regional Aggregates)

单位:人

数 Workers			代课教师 Substitute Teachers	临时工 Temporary Workers	兼任教师 Part-time Teachers
工勤人员 Workers	校办工厂、农场职工 Employees in School-run Factories & Farms				
	计 Total	其中:由厂、场收入支付工资的职工 Employees maintained by income of School-run businesses			
378924	77554	39441	133196	106674	11322
5294	3893	1914	2188	4160	409
3008	1666	295	390	644	218
17867	3581	1677	10980	8169	342
13569	1744	1032	6127	6023	520
13398	1641	575	2009	1350	129
11126	9330	8088	3310	3321	477
8531	2526	1903	3838	1132	86
17006	3456	2404	4206	2857	401
6275	3563	3	828	1767	5
28461	12564	7499	6517	7666	461
7662	4418	3160	13564	6750	1065
16546	1623	432	5801	6955	539
7070	1323	869	5985	1904	829
12162	1235	681	3426	3030	642
35668	4182	1061	3974	5554	165
19468	2835	1176	5741	2534	422
21574	4341	1915	1492	4498	328
18130	3255	1446	5316	2316	344
19865	1012	303	9632	7011	446
15705	1102	494	12058	3794	516
4949	76	57	512	594	55
28163	3776	268	9891	4912	873
6087	427	156	3678	3221	737
12324	494	240	4279	9011	250
596	2	2	65	334	38
8447	1317	450	2160	2329	266
6377	584	281	1609	1563	101
1544	153	77	188	663	71
2001	224	125	496	1027	356
10051	1211	858	2936	1585	231

普通中学教

Number of Teachers, Staff & Workers in General

地区 Region		教职工 Teachers, Staff &				
		合计 Total	专任教师 Full-time Teachers			行政人员 Adm. Personnel
			计 Total	初中 Junior Sec. Schools	高中 Senior Sec. Schools	
总计	**Total**	1060247	749023	555186	193837	177873
北京	Beijing	42585	25499	19620	5879	10384
天津	Tianjin	26817	17255	13773	3482	6509
河北	Hebei	53481	38724	30830	7894	8292
山西	Shanxi	35645	25482	18684	6798	5715
内蒙古	Inner Mongolia	31348	21918	15487	6431	5775
辽宁	Liaoning	72765	49261	39029	10232	12313
吉林	Jilin	46744	32586	24579	8007	8903
黑龙江	Heilongjiang	62769	44778	33915	10863	10744
上海	Shanghai	42633	26472	21091	5381	10455
江苏	Jiangsu	52537	33688	26453	7235	8153
浙江	Zhejiang	28165	19136	13527	5609	4085
安徽	Anhui	33497	25293	19476	5817	4830
福建	Fujian	18695	13604	9587	4017	3001
江西	Jiangxi	25402	20364	14232	6132	2765
山东	Shandong	76372	54449	39292	15157	12486
河南	Henan	58049	41845	30656	11189	10148
湖北	Hubei	66695	50060	36901	13159	8764
湖南	Hunan	41723	30675	21991	8684	5323
广东	Guangdong	49704	36681	26995	9686	8018
广西	Guangxi	15544	11421	8766	2655	2327
海南	Hainan	2966	2233	1604	629	353
四川	Sichuan	59193	42156	30335	11821	9738
贵州	Guizhou	15133	11442	8331	3111	2265
云南	Yunnan	15791	11339	7620	3719	2464
西藏	Tibet	1145	857	625	232	97
陕西	Shaanxi	33672	24258	16494	7764	6209
甘肃	Gansu	18375	14036	9709	4327	2586
青海	Qinghai	4913	3546	2439	1107	925
宁夏	Ningxia	4697	3546	2536	1010	525
新疆	Xinjiang	23192	16419	10609	5810	3721

职 工 数（城 市）

Secondary Schools (Urban)

单位:人

数 Workers			代课教师 Substitute Teachers	临 时 工 Temporary Workers	兼任教师 Part-time Teachers
工勤人员 Workers	校办工厂、农场职工 Employees in School-run Factories & Farms				
	计 Total	其中:由厂、场收入支付工资的职工 Employees maintained by income of School-run businesses			
87617	45734	28139	8672	18423	6244
3307	3395	1778	550	2054	316
1737	1316	245	117	189	208
4752	1713	860	813	1103	253
3510	938	548	693	1090	401
2748	907	237	106	498	82
3973	7218	6611	78	1426	420
3174	2081	1815	241	360	28
5019	2228	1733	296	655	276
3625	2081	0	573	1246	0
3937	6759	5627	576	881	244
2173	2771	2319	297	897	612
2766	608	188	249	564	189
1229	861	678	131	221	399
1927	346	124	54	169	263
7226	2211	648	154	927	73
4587	1469	840	144	281	270
5681	2190	1000	331	1422	278
3833	1892	1342	258	352	197
4473	532	185	1361	1317	262
1475	321	187	192	276	73
361	19	12	38	43	11
5658	1641	24	553	580	456
1275	151	31	256	269	348
1764	224	119	130	407	127
189	2	2	10	25	4
2394	811	341	195	568	207
1448	305	170	109	241	73
346	96	62	23	52	48
489	137	77	23	64	31
2541	511	336	121	246	95

普通中学教

Number of Teachers, Staff & Workers in General

教 职 工
Teachers, Staff &

地 区 Region	合 计 Total	专任教师 Full-time Teachers 计 Total	初中 Junior Sec. Schools	高中 Senior Sec. Schools	行政人员 Adm. Personnel
总 计 Total	1199233	901894	648038	253856	146327
北 京 Beijing	14094	9811	7849	1962	2932
天 津 Tianjin	8638	5995	4214	1781	1761
河 北 Hebei	71377	54061	39323	14738	8280
山 西 Shanxi	33075	24404	15606	8798	3835
内蒙古 Inner Mongolia	32529	23268	15894	7374	4278
辽 宁 Liaoning	36108	25450	16850	8600	6054
吉 林 Jilin	44968	32943	26125	6818	7732
黑龙江 Heilongjiang	53255	38789	29745	9044	7547
上 海 Shanghai	13983	8749	6385	2364	2948
江 苏 Jiangsu	101481	72913	53787	19126	11740
浙 江 Zhejiang	79504	65118	53069	12049	8054
安 徽 Anhui	28858	21219	13545	7674	3409
福 建 Fujian	55926	44961	36705	8256	6700
江 西 Jiangxi	48109	38898	27306	11592	3335
山 东 Shandong	35676	24832	15144	9688	4986
河 南 Henan	63078	48904	32834	16070	6477
湖 北 Hubei	30309	23376	14391	8985	2289
湖 南 Hunan	51237	39774	25736	14038	4717
广 东 Guangdong	53170	41078	32067	9011	5852
广 西 Guangxi	30969	21314	13419	7895	4303
海 南 Hainan	7287	4960	3259	1701	688
四 川 Sichuan	158825	120511	93013	27498	20342
贵 州 Guizhou	19913	15097	9999	5098	2471
云 南 Yunnan	35401	26138	18897	7241	3963
西 藏 Tibet	2427	1813	1511	302	210
陕 西 Shaanxi	39155	29848	18652	11196	5923
甘 肃 Gansu	17632	13421	7872	5549	1775
青 海 Qinghai	7703	6011	3818	2193	754
宁 夏 Ningxia	6762	5081	3060	2021	858
新 疆 Xinjiang	17784	13157	7963	5194	2114

职 工 数（县 镇）

Secondary Schools (County Seats & Towns)

单位：人

数 Workers			代课教师 Substitute Teachers	临时工 Temporary Workers	兼任教师 Part-time Teachers
工勤人员 Workers	校办工厂、农场职工 Employees in School-run Factories & Farms				
	计 Total	其中：由厂、场收入支付工资的职工 Employees maintained by income of School-run businesses			
129674	21338	7912	31375	34286	2747
1084	267	66	675	1146	42
641	241	34	23	256	3
7575	1461	682	2517	4303	52
4199	637	420	911	2045	59
4500	483	190	353	341	29
3054	1550	1250	418	896	9
3885	408	79	1423	617	29
6154	765	401	1022	419	50
1407	879	0	93	233	0
12586	4242	1450	2086	3214	147
4798	1534	833	8761	4505	407
3766	464	104	462	1270	146
3906	359	137	3034	1140	261
5212	664	430	827	1083	155
5102	756	100	101	816	20
6734	963	271	714	251	108
3777	867	413	83	541	12
5777	969	88	405	618	90
5907	333	97	1375	1851	56
4885	467	198	394	565	321
1631	8	4	45	142	30
16167	1805	158	3987	2385	333
2138	207	111	192	670	122
5109	191	88	528	2652	52
404	0	0	54	305	34
3032	352	83	423	647	38
2252	184	86	190	371	17
886	52	15	81	329	12
740	83	45	41	380	93
2366	147	79	157	295	20

普通中学教

Number of Teachers, Staff & Workers in General

教职工

Teachers, Staff &

地区 Region		合计 Total	专任教师 Full-time Teachers			行政人员 Adm. Personnel
			计 Total	初中 Junior Sec. Schools	高中 Senior Sec. Schools	
总计	**Total**	1931212	1582790	1483644	99146	176307
北京	Beijing	12773	9421	8902	519	2218
天津	Tianjin	13525	11006	9950	1056	1780
河北	Hebei	90428	77360	75224	2136	7121
山西	Shanxi	74503	62103	58663	3440	6371
内蒙古	Inner Mongolia	42768	32794	31409	1385	3573
辽宁	Liaoning	75885	60788	58660	2128	10436
吉林	Jilin	28347	22709	22596	113	4129
黑龙江	Heilongjiang	57323	44939	43109	1830	6088
上海	Shanghai	14223	9625	8775	850	2752
江苏	Jiangsu	99989	76854	69069	7785	9634
浙江	Zhejiang	19551	16933	16669	264	1814
安徽	Anhui	111136	90213	83383	6830	10358
福建	Fujian	32034	26689	25353	1336	3307
江西	Jiangxi	66283	56917	54287	2630	4118
山东	Shandong	233592	189233	173458	15775	19804
河南	Henan	168900	148625	141110	7515	11725
湖北	Hubei	115139	95345	88345	7000	6394
湖南	Hunan	118031	101545	93298	8247	7572
广东	Guangdong	105931	85044	78593	6451	11255
广西	Guangxi	80288	59864	55813	4051	10765
海南	Hainan	15270	10932	10069	863	1332
四川	Sichuan	105825	88873	86965	1908	10284
贵州	Guizhou	43261	36520	34760	1760	3998
云南	Yunnan	50495	41011	39297	1714	3954
西藏	Tibet	29	21	21	0	5
陕西	Shaanxi	55291	45060	42222	2838	7056
甘肃	Gansu	39878	34590	31432	3158	2516
青海	Qinghai	6865	6192	5469	723	356
宁夏	Ningxia	10646	9073	8239	834	797
新疆	Xinjiang	43003	32511	28504	4007	4795

职工数（农村）

Secondary Schools (Rural)

单位:人

数 Workers			代课教师 Substitute Teachers	临时工 Temporary Workers	兼任教师 Part-time Teachers
工勤人员 Workers	校办工厂、农场职工 Employees in School-run Factories & Farms				
	计 Total	其中:由厂、场收入支付工资的职工 Employees maintained by income of School-run businesses			
161633	10482	3390	93149	53965	2331
903	231	70	963	960	51
630	109	16	250	199	7
5540	407	135	7650	2763	37
5860	169	64	4523	2888	60
6150	251	148	1550	511	18
4099	562	227	2814	999	48
1472	37	9	2174	155	29
5833	463	270	2888	1783	75
1243	603	3	162	288	5
11938	1563	422	3855	3571	70
691	113	8	4506	1348	46
10014	551	140	5090	5121	204
1935	103	54	2820	543	169
5023	225	127	2545	1778	224
23340	1215	313	3719	3811	72
8147	403	65	4883	2002	44
12116	1284	502	1078	2535	38
8520	394	16	4653	1346	57
9485	147	21	6896	3843	128
9345	314	109	11472	2953	122
2957	49	41	429	409	14
6338	330	86	5351	1947	84
2674	69	14	3230	2282	267
5451	79	33	3621	5952	71
3	0	0	1	4	0
3021	154	26	1542	1114	21
2677	95	25	1310	951	11
312	5	0	84	282	11
772	4	3	432	583	232
5144	553	443	2658	1044	116

普通中学教职工总

Number of General Secondary Schools Teachers,

教　职　工

Teachers, Staff &

地　区 Region	合　计 Total	专任教师 Full-time Teachers			行政人员 Adm. Personnel
		计 Total	初　中 Junior Sec. Schools	高　中 Senior Sec. Schools	
总　计　Total	10893	6787	4921	1866	2012
北　京　Beijing	392	202	98	104	128
天　津　Tianjin	140	75	75	0	52
河　北　Hebei	908	495	386	109	183
山　西　Shanxi	393	249	201	48	77
内蒙古　Inner Mongolia	188	126	78	48	55
辽　宁　Liaoning	0	0	0	0	0
吉　林　Jilin	29	18	18	0	6
黑龙江　Heilongjiang	758	479	249	230	145
上　海　Shanghai	87	63	40	23	22
江　苏　Jiangsu	412	113	74	39	36
浙　江　Zhejiang	606	324	91	233	134
安　徽　Anhui	202	173	158	15	15
福　建　Fujian	276	160	141	19	66
江　西　Jiangxi	313	216	162	54	38
山　东　Shandong	388	246	163	83	68
河　南　Henan	45	41	33	8	0
湖　北　Hubei	48	38	31	7	5
湖　南　Hunan	1221	838	522	316	217
广　东　Guangdong	572	292	264	28	92
广　西　Guangxi	1901	1321	1176	145	293
海　南　Hainan	72	54	38	16	10
四　川　Sichuan	1181	745	485	260	241
贵　州　Guizhou	337	260	251	9	37
云　南　Yunnan	141	75	69	6	26
西　藏　Tibet	0	0	0	0	0
陕　西　Shaanxi	218	144	104	40	50
甘　肃　Gansu	50	33	14	19	8
青　海　Qinghai	0	0	0	0	0
宁　夏　Ningxia	15	7	0	7	8
新　疆　Xinjiang					

数中民办教职工数

Staff & Workers Maintained by the Communities

单位:人

数 Workers			代课教师 Substitute Teachers	临时工 Temporary Workers	兼任教师 Part-time Teachers
工勤人员 Workers	校办工厂、农场职工 Employees in School-run Factories & Farms				
	计 Total	其中:由厂、场收入支付工资的职工 Employees maintained by income of School-run businesses			
1756	338	326	1059	991	4075
55	7	0	5	31	51
13	0	0	49	20	138
230	0	0	21	3	148
65	2	2	27	49	143
7	0	0	0	18	65
0	0	0	58	279	402
5	0	0	0	0	10
101	33	33	15	28	250
1	1	0	35	0	0
21	242	242	12	32	105
125	23	22	66	44	661
14	0	0	40	19	94
50	0	0	0	0	131
59	0	0	4	34	193
74	0	0	22	30	38
4	0	0	0	112	357
5	0	0	8	27	48
163	3	3	116	45	231
188	0	0	4	13	47
285	2	0	220	43	389
8	0	0	0	0	0
182	13	12	186	122	375
37	3	3	112	14	51
40	0	0	0	5	33
0	0	0	0	0	0
24	0	0	16	14	86
0	9	9	36	9	6
0	0	0	0	0	0
0	0	0	7	0	23

地区 Region	教职工 Teachers, Staff &				
	合计 Total	专任教师 Full-time Teachers			行政人员 Adm. Personnel
		计 Total	初中 Junior Sec. Schools	高中 Senior Sec. Schools	
总计 Total	1397366	1121093	967307	153786	118198
北京 Beijing	40200	28106	23670	4436	7793
天津 Tianjin	25358	19390	16501	2889	4246
河北 Hebei	85449	74959	65607	9352	4678
山西 Shanxi	53925	46573	40392	6181	3370
内蒙古 Inner Mongolia	42641	34042	28590	5452	3875
辽宁 Liaoning	87988	70352	60408	9944	8946
吉林 Jilin	56353	46161	39358	6803	6293
黑龙江 Heilongjiang	82829	66304	56302	10002	8283
上海 Shanghai	35557	23425	20037	3388	7366
江苏 Jiangsu	70969	51548	44298	7250	5255
浙江 Zhejiang	42452	34367	29681	4686	2969
安徽 Anhui	39149	30652	27278	3374	2935
福建 Fujian	30671	24776	22040	2736	2329
江西 Jiangxi	33101	27978	24080	3898	1364
山东 Shandong	95718	80881	70482	10399	6375
河南 Henan	84748	74325	66128	8197	5497
湖北 Hubei	57645	44646	39050	5596	3974
湖南 Hunan	60989	51161	44414	6747	2871
广东 Guangdong	66055	50933	44884	6049	4709
广西 Guangxi	37903	27745	24314	3431	2785
海南 Hainan	7289	4086	3591	495	490
四川 Sichuan	94382	75780	66144	9636	8682
贵州 Guizhou	22018	17731	15129	2602	1867
云南 Yunnan	34817	25781	22513	3268	2560
西藏 Tibet	1206	905	737	168	98
陕西 Shaanxi	37308	31463	25483	5980	3305
甘肃 Gansu	18265	15153	12563	2590	1158
青海 Qinghai	7344	6073	4774	1299	592
宁夏 Ningxia	7509	6173	5036	1137	436
新疆 Xinjiang	37528	29624	23823	5801	3097

数中女教职工数

Workers in General Secondary Schools

单位:人

数 Workers			代课教师 Substitute Teachers	临时工 Temporary Workers	兼任教师 Part-time Teachers
工勤人员 Workers	校办工厂、农场职工 Employees in School-run Factories & Farms				
	计 Total	其中:由厂、场收入支付工资的职工 Employees maintained by income of School-run businesses			
127430	30645	19518	54161	38459	2587
2616	1685	1024	1500	1573	209
1138	584	105	159	116	118
4600	1212	680	6083	1531	76
3377	605	383	3107	1446	82
4116	608	192	869	438	9
3588	5102	4791	1355	1065	220
2563	1336	1060	1654	463	17
6642	1600	1269	1866	1067	105
3435	1331	0	2	0	0
9178	4988	3830	2114	2004	96
3247	1869	1538	7539	3270	265
5021	541	196	1448	2463	75
2980	586	446	2091	722	131
3345	414	280	830	803	118
7238	1224	348	1769	1146	10
4088	838	353	2064	642	51
7676	1349	711	509	1857	60
5694	1263	777	1522	1031	24
10032	381	140	3858	3627	83
6939	434	229	4392	1991	78
2670	43	33	197	389	12
8965	955	98	3261	1485	135
2300	120	60	1027	1569	128
6318	158	96	1787	5124	60
202	1	1	32	162	6
2133	407	177	870	573	78
1716	238	141	499	379	26
617	62	29	62	288	24
742	158	93	206	599	201
4254	553	438	1489	636	90

职业中学校数、班数、

Number of Schools, Classes, Graduates & Students

地区 Region		学校数(所) Schools		
	计 Total	初中 Junior Sec. Schools	高中 Senior Sec. Schools	初高中合设 Junior & Senior Sec. Schools
总计 Total	10217	1538	8109	570
北京 Beijing	180	0	180	0
天津 Tianjin	101	3	74	24
河北 Hebei	358	85	259	14
山西 Shanxi	369	102	237	30
内蒙古 Inner Mongolia	410	209	153	48
辽宁 Liaoning	606	73	518	15
吉林 Jilin	310	34	261	15
黑龙江 Heilongjiang	428	19	385	24
上海 Shanghai	81	1	80	0
江苏 Jiangsu	446	0	438	8
浙江 Zhejiang	481	10	458	13
安徽 Anhui	694	328	302	64
福建 Fujian	271	9	240	22
江西 Jiangxi	379	51	308	20
山东 Shandong	602	51	529	22
河南 Henan	785	65	698	22
湖北 Hubei	455	149	280	26
湖南 Hunan	604	91	487	26
广东 Guangdong	526	9	468	49
广西 Guangxi	278	31	210	37
海南 Hainan	41	1	38	2
四川 Sichuan	639	37	582	20
贵州 Guizhou	279	108	154	17
云南 Yunnan	231	35	186	10
西藏 Tibet	1	0	0	1
陕西 Shaanxi	245	12	223	10
甘肃 Gansu	194	9	171	14
青海 Qinghai	32	6	21	5
宁夏 Ningxia	34	5	26	3
新疆 Xinjiang	157	5	143	9

毕业生数和招生数(总计)

Admitted in Vocational Schools (Regional Aggregates)

班数(个) Classes		毕业生数(人) Graduates		招生数(人) Students Admitted	
初中 Junior	高中 Senior	初中 Junior	高中 Senior	初中 Junior	高中 Senior
13372	81567	138031	938179	285107	1467726
6	2004	46	16987	218	29421
73	1132	1489	8356	1848	16029
788	3580	9462	43114	13793	74948
598	1776	5938	28584	9301	32291
1947	1718	18709	18690	37755	22234
164	4065	3267	46698	3123	65630
741	2638	16043	39896	18054	48515
238	3033	1435	43386	6371	42475
7	2000	29	17089	23	35618
27	5836	254	66945	564	95035
53	3856	430	38349	831	74367
2638	2745	25495	32832	64860	47656
219	3446	1703	29139	2599	58725
483	2285	5588	30222	9094	48430
312	7891	3712	100407	7420	152114
533	6645	4779	56802	8533	161065
1110	2314	10397	28415	21275	41308
305	4101	3030	36459	6139	75277
180	4085	1978	65356	4436	72750
307	2155	3080	26708	6376	37346
18	249	141	2284	310	3834
235	6673	3273	67139	4167	105157
631	945	6845	14043	11039	15250
1035	1586	2402	21863	34388	30695
1	5	21	96	20	75
127	2082	1180	24008	2681	38409
80	1107	898	13286	2583	20463
123	162	2504	2412	460	2943
74	200	1801	2616	2294	2868
319	1253	2102	15998	4552	16798

职业中学校数、班数、

Number of Schools, Classes, Graduates & Students

地区 Region	学校数(所) Schools			
	计 Total	初中 Junior Sec. Schools	高中 Senior Sec. Schools	初高中合设 Junior & Senior Sec. Schools
总计 Total	3442	38	3266	138
北京 Beijing	124	0	124	0
天津 Tianjin	65	1	42	22
河北 Hebei	111	2	101	8
山西 Shanxi	110	6	100	4
内蒙古 Inner Mongolia	70	2	59	9
辽宁 Liaoning	383	2	376	5
吉林 Jilin	127	4	122	1
黑龙江 Heilongjiang	163	1	160	2
上海 Shanghai	51	1	50	0
江苏 Jiangsu	116	0	115	1
浙江 Zhejiang	189	0	178	11
安徽 Anhui	113	2	106	5
福建 Fujian	89	0	83	6
江西 Jiangxi	107	0	106	1
山东 Shandong	220	1	205	14
河南 Henan	300	2	297	1
湖北 Hubei	145	5	134	6
湖南 Hunan	227	0	222	5
广东 Guangdong	154	2	144	8
广西 Guangxi	80	0	68	12
海南 Hainan	7	1	6	0
四川 Sichuan	188	0	182	6
贵州 Guizhou	59	4	53	2
云南 Yunnan	52	0	48	4
西藏 Tibet	0	0	0	0
陕西 Shaanxi	81	1	80	0
甘肃 Gansu	45	0	44	1
青海 Qinghai	9	0	9	0
宁夏 Ningxia	9	0	8	1
新疆 Xinjiang	48	1	44	3

毕业生数和招生数(城市)

Admitted in Vocational Schools (Urban)

班数(个) Classes		毕业生数(人) Graduates		招生数(人) Students Admitted	
初中 Junior	高中 Senior	初中 Junior	高中 Senior	初中 Junior	高中 Senior
531	38180	4885	398461	7660	641632
6	1431	46	11657	218	20654
43	815	591	5916	963	11504
45	1475	492	16036	274	25967
37	852	495	11132	626	15054
14	868	87	8220	177	11446
7	2908	89	30550	97	46584
19	1342	98	17036	95	23088
5	1648	35	19108	117	23428
7	1343	29	10398	23	21325
9	1759	52	20087	109	22577
0	1725	0	16294	0	32154
124	1321	694	13998	1349	21614
19	1432	19	11120	248	22697
0	852	96	9381	0	15433
13	3621	159	47707	254	69785
20	3215	141	25711	337	66493
43	1346	443	15713	617	22852
6	1898	65	15903	91	33967
27	1731	246	23702	704	30257
4	892	24	8771	83	14259
0	80	0	538	0	1358
12	2498	114	24033	151	35720
31	374	308	5478	282	5294
21	578	299	7173	497	11560
0	0	0	30	0	0
4	1029	0	9687	79	17383
0	463	36	5064	0	9214
0	75	0	852	0	1209
1	99	60	1200	30	1195
14	510	167	5966	239	7561

职业中学校数、班数、

Number of Schools, Classes, Graduates & Students

地　区 Region		学校数(所) Schools 计 Total	初中 Junior Sec. Schools	高中 Senior Sec. Schools	初高中合设 Junior & Senior Sec. Schools
总　计	**Total**	3094	136	2784	174
北　京	Beijing	28	0	28	0
天　津	Tianjin	18	0	17	1
河　北	Hebei	138	18	117	3
山　西	Shanxi	79	2	61	16
内蒙古	Inner Mongolia	93	11	61	21
辽　宁	Liaoning	80	1	79	0
吉　林	Jilin	125	10	107	8
黑龙江	Heilongjiang	148	4	136	8
上　海	Shanghai	15	0	15	0
江　苏	Jiangsu	203	0	200	3
浙　江	Zhejiang	267	6	259	2
安　徽	Anhui	94	7	79	8
福　建	Fujian	130	3	116	11
江　西	Jiangxi	123	8	112	3
山　东	Shandong	75	1	72	2
河　南	Henan	167	7	154	6
湖　北	Hubei	77	6	64	7
湖　南	Hunan	202	15	176	11
广　东	Guangdong	127	0	110	17
广　西	Guangxi	120	5	105	10
海　南	Hainan	5	0	5	0
四　川	Sichuan	351	15	326	10
贵　州	Guizhou	91	4	80	7
云　南	Yunnan	110	6	99	5
西　藏	Tibet	1	0	0	1
陕　西	Shaanxi	92	1	87	4
甘　肃	Gansu	56	2	52	2
青　海	Qinghai	17	3	11	3
宁　夏	Ningxia	16	1	13	2
新　疆	Xinjiang	46	0	43	3

毕业生数和招生数(县镇)

Admitted in Vocational Schools (County Seats & Towns)

班数(个) Classes		毕业生数(人) Graduates		招生数(人) Students Admitted	
初中 Junior	高中 Senior	初中 Junior	高中 Senior	初中 Junior	高中 Senior
2040	27084	24316	326163	45594	518642
0	337	0	3643	0	6442
5	163	130	1257	108	2350
201	1680	2232	20825	4013	39926
68	473	584	8598	2036	8919
288	549	2672	6922	6300	6582
0	810	0	10733	0	13678
298	961	7781	15014	7328	17372
51	867	331	15121	1105	12609
0	433	0	2335	0	5973
3	2905	0	32783	159	51148
35	2032	366	20780	476	40359
114	711	1350	7879	2542	13131
153	1644	1511	14383	1430	30042
93	829	1253	11898	1774	19653
3	1095	130	14247	90	23334
87	1526	378	15443	883	43151
69	531	599	7111	1579	11241
56	1423	502	14039	1220	27808
0	1029	0	18147	0	19672
55	912	605	12768	1353	16007
0	30	0	314	0	364
74	3527	1430	35865	1338	59775
43	489	464	6979	1045	8577
207	754	393	10634	8304	14462
1	5	21	66	20	75
31	632	310	8772	673	13654
8	282	106	3482	296	5429
46	79	365	1360	200	1459
38	73	737	1195	1047	1302
13	303	66	3570	275	4148

职业中学校数、班数、

Number of Schools, Classes, Graduates & Students

地区 Region	学校数(所) Schools 计 Total	初中 Junior Sec. Schools	高中 Senior Sec. Schools	初高中合设 Junior & Senior Sec. Schools
总计 Total	3681	1364	2059	258
北京 Beijing	28	0	28	0
天津 Tianjin	18	2	15	1
河北 Hebei	109	65	41	3
山西 Shanxi	180	94	76	10
内蒙古 Inner Mongolia	247	196	33	18
辽宁 Liaoning	143	70	63	10
吉林 Jilin	58	20	32	6
黑龙江 Heilongjiang	117	14	89	14
上海 Shanghai	15	0	15	0
江苏 Jiangsu	127	0	123	4
浙江 Zhejiang	25	4	21	0
安徽 Anhui	487	319	117	51
福建 Fujian	52	6	41	5
江西 Jiangxi	149	43	90	16
山东 Shandong	307	49	252	6
河南 Henan	318	56	247	15
湖北 Hubei	233	138	82	13
湖南 Hunan	175	76	89	10
广东 Guangdong	245	7	214	24
广西 Guangxi	78	26	37	15
海南 Hainan	29	0	27	2
四川 Sichuan	100	22	74	4
贵州 Guizhou	129	100	21	8
云南 Yunnan	69	29	39	1
西藏 Tibet	0	0	0	0
陕西 Shaanxi	72	10	56	6
甘肃 Gansu	93	7	75	11
青海 Qinghai	6	3	1	2
宁夏 Ningxia	9	4	5	0
新疆 Xinjiang	63	4	56	3

毕业生数和招生数(农村)

Admitted in Vocational Schools (Rural)

班数(个) Classes		毕业生数(人) Graduates		招生数(人) Students Admitted	
初 中 Junior	高 中 Senior	初 中 Junior	高 中 Senior	初 中 Junior	高 中 Senior
10801	16303	108830	213555	231853	307452
0	236	0	1687	0	2325
25	154	768	1183	777	2175
542	425	6738	6253	9506	9055
493	451	4859	8854	6639	8318
1645	301	15950	3548	31278	4206
157	347	3178	5415	3026	5368
424	335	8164	7846	10631	8055
182	518	1069	9157	5149	6438
0	224	0	4356	0	8320
15	1172	202	14075	296	21310
18	99	64	1275	355	1854
2400	713	23451	10955	60969	12911
47	370	173	3636	921	5986
390	604	4239	8943	7320	13344
296	3175	3423	38453	7076	58995
426	1904	4260	15648	7313	51421
998	437	9355	5591	19079	7215
243	780	2463	6517	4828	13502
153	1325	1732	23507	3732	22821
248	351	2451	5169	4940	7080
18	139	141	1432	310	2112
149	648	1729	7241	2678	9662
557	82	6073	1586	9712	1379
807	254	1710	4056	25587	4673
0	0	0	0	0	0
92	421	870	5549	1929	7372
72	362	756	4740	2287	5820
77	8	2139	200	260	275
35	28	1004	221	1217	371
292	440	1869	6462	4038	5089

职业中学在校学生

Enrolment and Number of Graduates for Next Year

在校学

Enrolment

地区 Region	合计 Total	初中 Junior Sec. Schools 计 Subtotal	一年级 Grade 1	二年级 Grade 2	三年级 Grade 3
总计 Total	4056121	630538	287913	174851	167774
北京 Beijing	66350	218	218	0	0
天津 Tianjin	44251	2385	1848	318	219
河北 Hebei	206078	38604	13834	11475	13295
山西 Shanxi	100798	24939	9306	6788	8845
内蒙古 Inner Mongolia	140460	84965	38009	24902	22054
辽宁 Liaoning	167876	5118	3129	1356	633
吉林 Jilin	151545	39258	18078	8612	12568
黑龙江 Heilongjiang	124838	12299	6415	3407	2477
上海 Shanghai	75413	129	42	66	21
江苏 Jiangsu	243307	1193	565	286	342
浙江 Zhejiang	158379	2168	833	705	630
安徽 Anhui	260053	143473	64860	46639	31974
福建 Fujian	144492	7707	3128	2361	2218
江西 Jiangxi	123683	24717	9252	7728	7737
山东 Shandong	407946	16620	7420	4800	4400
河南 Henan	357358	27301	8748	7134	11419
湖北 Hubei	152044	55258	21304	17131	16823
湖南 Hunan	182694	13379	6218	3751	3410
广东 Guangdong	188070	10032	4460	3131	2441
广西 Guangxi	105465	14508	6376	4766	3366
海南 Hainan	9303	703	310	220	173
四川 Sichuan	263621	10221	4182	3096	2943
贵州 Guizhou	67894	27829	11333	8149	8347
云南 Yunnan	108002	38931	34390	2170	2371
西藏 Tibet	103	20	20	0	0
陕西 Shaanxi	88276	5763	2685	1646	1432
甘肃 Gansu	45616	3488	2583	469	436
青海 Qinghai	10792	5386	1521	249	3616
宁夏 Ningxia	10520	3603	2294	395	914
新疆 Xinjiang	50894	10323	4552	3101	2670

数、毕业班学生数(总计)

in Vocational Schools (Regional Aggregates)

单位:人

生数 高中 Senior Sec. Schools 计 Subtotal	二年制 2-year 一年级 Grade 1	二年制 2-year 二年级 Grade 2	三年制 3-year 一年级 Grade 1	三年制 3-year 二年级 Grade 2	三年制 3-year 三年级 Grade 3	四年制 4-year	毕业班学生数 Graduates for Next Year 初中 Junior Sec. Schools	毕业班学生数 Graduates for Next Year 高中 Senior Sec. Schools
3425583	394011	300090	1051855	878771	745045	55811	168782	1060737
66132	5689	4598	20401	15110	11253	9081	0	17400
41866	982	1032	7964	6978	6241	18669	1689	10107
167474	21536	14249	53541	45897	31946	305	10211	47011
75859	13656	11772	17154	15969	15426	1882	8845	28198
55495	4927	3137	17314	15235	14882	0	19501	18019
162758	5246	3921	60384	48035	43475	1697	2267	48664
112287	23355	20361	25007	21130	22021	413	16470	43009
112539	14012	15036	28403	27249	27648	191	3091	42743
75284	8965	4042	24582	20546	12733	4416	21	17205
242114	16170	12573	79124	70410	63239	598	268	75998
156211	34321	27551	39817	31209	22540	773	630	50232
116580	6019	5921	41637	34810	28146	47	31974	34067
136785	15451	12772	42907	40120	24039	1496	2260	37225
98966	18903	14286	29108	19747	16922	0	7466	31174
391326	29448	17950	122594	117643	103464	227	4400	123625
330057	30316	16071	128058	85464	65223	4925	11601	82374
96786	9249	6800	31990	26102	22201	444	12881	28974
169315	8109	5916	64990	49329	37695	3276	3980	44083
178038	16881	14091	55856	46457	44308	445	2441	58399
90957	4866	2289	31341	24227	22890	5344	3366	26020
8600	1264	918	2629	2165	1624	0	173	2542
253400	52123	41601	52993	53494	53086	103	2737	94687
40065	3632	3653	11618	11046	10022	94	8347	13769
69071	17224	15322	13233	12237	10495	560	2371	25960
83	75	8	0	0	0	0	0	66
82513	19799	14677	18315	15526	13672	524	1031	28731
42128	3987	3103	16421	10563	8054	0	676	11773
5406	1702	1218	912	744	601	229	4856	2189
6917	694	480	2174	1860	1709	0	2559	2189
40571	5410	4742	11388	9469	9490	72	2670	14304

职业中学在校学生

Enrolment and Number of Graduates for Next Year

地区 Region	在校学 Enrolment				
	合计 Total	初中 Junior Sec. Schools			
		计 Subtotal	一年级 Grade 1	二年级 Grade 2	三年级 Grade 3
总计 Total	1597055	16789	7726	4940	4123
北京 Beijing	46915	218	218	0	0
天津 Tianjin	32562	1500	963	318	219
河北 Hebei	63136	771	275	226	270
山西 Shanxi	37971	1706	626	531	549
内蒙古 Inner Mongolia	30474	332	177	78	77
辽宁 Liaoning	116021	260	97	80	83
吉林 Jilin	57025	365	95	154	116
黑龙江 Heilongjiang	60806	187	117	40	30
上海 Shanghai	48082	129	42	66	21
江苏 Jiangsu	66466	338	110	100	128
浙江 Zhejiang	71687	0	0	0	0
安徽 Anhui	58500	2867	1349	926	592
福建 Fujian	59971	731	248	277	206
江西 Jiangxi	34379	0	0	0	0
山东 Shandong	185575	732	254	286	192
河南 Henan	146423	879	382	226	271
湖北 Hubei	58559	1721	617	623	481
湖南 Hunan	78099	238	91	85	62
广东 Guangdong	79924	1374	704	345	325
广西 Guangxi	37819	152	83	36	33
海南 Hainan	2441	0	0	0	0
四川 Sichuan	97041	389	151	94	144
贵州 Guizhou	16630	674	282	256	136
云南 Yunnan	27402	698	497	89	112
西藏 Tibet	0	0	0	0	0
陕西 Shaanxi	39422	79	79	0	0
甘肃 Gansu	19073	0	0	0	0
青海 Qinghai	2696	0	0	0	0
宁夏 Ningxia	3584	30	30	0	0
新疆 Xinjiang	18372	419	239	104	76

数、毕业班学生数(城市)

in Vocational Schools (Urban)

单位:人

生数							毕业班学生数 Graduates for Next Year	
高中 Senior Sec. Schools								
计 Subtotal	二年制 2-year		三年制 3-year			四年制 4-year	初中 Junior Sec. Schools	高中 Senior Sec. Schools
	一年级 Grade 1	二年级 Grade 2	一年级 Grade 1	二年级 Grade 2	三年级 Grade 3			
1580266	110437	91903	513323	451858	365380	47365	4617	467539
46697	3896	2934	13576	9991	7552	8748	0	12035
31062	218	392	4203	3969	3721	18559	924	6891
62365	5501	3431	20471	18155	14665	142	270	18157
36265	3896	3874	9808	8717	8201	1769	549	13075
30142	1865	1343	9588	9195	8151	0	77	9494
115761	2044	1441	44540	35788	30373	1575	83	33027
56660	6779	4870	16279	14259	14221	252	116	19182
60619	6068	7585	17340	15585	13910	131	30	21534
47953	3657	2168	16278	13630	8682	3538	21	11280
66128	1390	1453	21215	21148	20889	33	128	22342
71687	13301	10606	18708	16667	11747	658	0	22494
55633	1292	1436	20322	18572	13964	47	592	15400
59240	3441	3378	19247	19866	12825	483	133	16266
34379	5594	4320	9619	7740	7106	0	0	11392
184843	9643	6417	60149	58843	49724	67	192	56942
145544	7097	5691	57732	42713	28276	4035	271	34684
56838	4066	2374	19256	16311	14524	307	313	16871
77861	2183	2445	30089	24799	16470	1875	62	19135
78550	1964	1478	28256	24541	22248	63	325	23726
37667	462	583	12702	10309	8795	4816	33	10148
2441	49	35	976	841	540	0	0	575
96652	11200	9936	24524	26862	24099	31	144	34035
15956	903	1409	4391	5221	4032	0	136	5441
26704	5162	4913	6260	6064	4075	230	112	9052
0	0	0	0	0	0	0	0	0
39343	6040	4780	11332	9518	7667	6	0	12447
19073	259	492	8964	5704	3654	0	0	4526
2696	696	601	513	497	389	0	0	990
3554	128	125	1067	1204	1030	0	30	1155
17953	1643	1393	5918	5149	3850	0	76	5243

职业中学在校学生

Enrolment and Number of Graduates for Next Year

地区 Region	合计 Total	初中 Junior Sec. Schools 计 Subtotal	一年级 Grade 1	二年级 Grade 2	三年级 Grade 3
	在校学 Enrolment				
总 计 Total	1253721	95475	46479	23040	25956
北 京 Beijing	13982	0	0	0	0
天 津 Tianjin	5765	108	108	0	0
河 北 Hebei	95208	10444	4021	3220	3203
山 西 Shanxi	25057	3571	2036	849	686
内蒙古 Inner Mongolia	28616	12540	6348	3198	2994
辽 宁 Liaoning	34584	0	0	0	0
吉 林 Jilin	56068	15590	7352	3706	4532
黑龙江 Heilongjiang	36576	2483	1105	682	696
上 海 Shanghai	11738	0	0	0	0
江 苏 Jiangsu	127703	159	159	0	0
浙 江 Zhejiang	82324	1319	476	429	414
安 徽 Anhui	38668	6488	2542	2024	1922
福 建 Fujian	69765	5344	1952	1682	1710
江 西 Jiangxi	42014	4655	1774	1439	1442
山 东 Shandong	56004	140	90	50	0
河 南 Henan	87892	4067	883	681	2503
湖 北 Hubei	26472	3428	1579	992	857
湖 南 Hunan	65022	2382	1220	809	353
广 东 Guangdong	48485	0	0	0	0
广 西 Guangxi	42011	2736	1353	804	579
海 南 Hainan	1397	0	0	0	0
四 川 Sichuan	137396	3256	1342	945	969
贵 州 Guizhou	21898	2120	1053	591	476
云 南 Yunnan	40896	8688	8304	232	152
西 藏 Tibet	103	20	20	0	0
陕 西 Shaanxi	29262	1306	673	299	334
甘 肃 Gansu	11178	327	296	19	12
青 海 Qinghai	4343	2003	471	109	1423
宁 夏 Ningxia	4250	1805	1047	165	593
新 疆 Xinjiang	9044	496	275	115	106

数、毕业班学生数(县镇)

in Vocational Schools (County Seats & Towns)

单位:人

生数								毕业班学生数 Graduates for Next Year	
高中 Senior Sec. Schools									
计 Subtotal	二年制 2-year		三年制 3-year			四年制 4-year		初中 Junior Sec. Schools	高中 Senior Sec. Schools
	一年级 Grade 1	二年级 Grade 2	一年级 Grade 1	二年级 Grade 2	三年级 Grade 3				
1158246	180825	135125	335214	267157	234912	5013		27068	372643
13982	1448	1197	5003	3596	2738	0		0	3935
5657	364	428	1986	1541	1253	85		108	1737
84764	12729	8350	27463	22661	13491	70		2118	22101
21486	3862	3081	4992	4814	4722	15		686	7803
16076	2143	1375	4439	3685	4434	0		2545	5809
34584	978	527	12700	9627	10630	122		0	11212
40478	10169	10420	7122	5857	6749	161		5531	17249
34093	5471	5253	7098	7515	8716	40		749	13969
11738	1639	880	4026	3009	1716	468		0	2596
127544	7013	5775	44336	37566	32289	565		0	38250
81005	20016	16034	20259	14067	10514	115		469	26548
32180	1341	1637	11548	9229	8425	0		1922	10062
64421	9350	7269	20634	17653	9434	81		1710	16848
37359	8859	5948	10605	6604	5343	0		1417	11291
55864	5260	3046	18074	15765	13719	0		0	17204
83825	15207	7619	27246	16635	16348	770		2503	24358
23044	3529	2710	7207	5589	3921	88		811	6631
62640	3947	2674	23299	17373	14169	1178		873	17095
48485	4583	3737	15158	12317	12581	109		0	16318
39275	3197	1093	12816	10662	11061	446		579	12224
1397	30	72	592	410	293	0		0	365
134140	34714	26554	25003	22915	24882	72		969	51436
19778	2594	2012	5983	4459	4730	0		476	6742
32208	8317	7127	6045	5383	5006	330		152	12212
83	75	8	0	0	0	0		0	66
27956	8127	5553	5379	4471	4386	40		211	10075
10851	1962	1668	3477	2139	1605	0		12	3273
2340	906	537	269	217	182	229		1848	1089
2445	566	355	736	361	427	0		1273	782
8548	2429	2186	1719	1037	1148	29		106	3363

职业中学在校学生

Enrolment and Number of Graduates for Next Year

地区 Region	合计 Total	在校学 Enrolment — 初中 Junior Sec. Schools — 计 Subtotal	一年级 Grade 1	二年级 Grade 2	三年级 Grade 3
总计 Total	1205345	518274	233708	146871	137695
北京 Beijing	5453	0	0	0	0
天津 Tianjin	5924	777	777	0	0
河北 Hebei	47734	27389	9538	8029	9822
山西 Shanxi	37770	19662	6644	5408	7610
内蒙古 Inner Mongolia	81370	72093	31484	21626	18983
辽宁 Liaoning	17271	4858	3032	1276	550
吉林 Jilin	38452	23303	10631	4752	7920
黑龙江 Heilongjiang	27456	9629	5193	2685	1751
上海 Shanghai	15593	0	0	0	0
江苏 Jiangsu	49138	696	296	186	214
浙江 Zhejiang	4368	849	357	276	216
安徽 Anhui	162885	134118	60969	43689	29460
福建 Fujian	14756	1632	928	402	302
江西 Jiangxi	47290	20062	7478	6289	6295
山东 Shandong	166367	15748	7076	4464	4208
河南 Henan	123043	22355	7483	6227	8645
湖北 Hubei	67013	50109	19108	15516	15485
湖南 Hunan	39573	10759	4907	2857	2995
广东 Guangdong	59661	8658	3756	2786	2116
广西 Guangxi	25635	11620	4940	3926	2754
海南 Hainan	5465	703	310	220	173
四川 Sichuan	29184	6576	2689	2057	1830
贵州 Guizhou	29366	25035	9998	7302	7735
云南 Yunnan	39704	29545	25589	1849	2107
西藏 Tibet	0	0	0	0	0
陕西 Shaanxi	19592	4378	1933	1347	1098
甘肃 Gansu	15365	3161	2287	450	424
青海 Qinghai	3753	3383	1050	140	2193
宁夏 Ningxia	2686	1768	1217	230	321
新疆 Xinjiang	23478	9408	4038	2882	2488

数、毕业班学生数(农村)

in Vocational Schools (Rural)

单位:人

生数							毕业班学生数 Graduates for Next Year	
高中 Senior Sec. Schools								
计 Subtotal	二年制 2-year		三年制 3-year			四年制 4-year	初中 Junior Sec. Schools	高中 Senior Sec. Schools
	一年级 Grade 1	二年级 Grade 2	一年级 Grade 1	二年级 Grade 2	三年级 Grade 3			
687071	102749	73062	203318	159756	144753	3433	137097	220555
5453	345	467	1822	1523	963	333	0	1430
5147	400	212	1775	1468	1267	25	657	1479
20345	3306	2468	5607	5081	3790	93	7823	6753
18108	5898	4817	2354	2438	2503	98	7610	7320
9277	919	419	3287	2355	2297	0	16879	2716
12413	2224	1953	3144	2620	2472	0	2184	4425
15149	6407	5071	1606	1014	1051	0	10823	6578
17827	2473	2198	3965	4149	5022	20	2312	7240
15593	3669	994	4278	3907	2335	410	0	3329
48442	7767	5345	13573	11696	10061	0	140	15406
3519	1004	911	850	475	279	0	161	1190
28767	3386	2848	9767	7009	5757	0	29460	8605
13124	2660	2125	3026	2601	1780	932	417	4111
27228	4450	4018	8884	5403	4473	0	6049	8491
150619	14545	8487	44371	43035	40021	160	4208	49479
100688	8012	2761	43080	26116	20599	120	8827	23332
16904	1654	1716	5527	4202	3756	49	11757	5472
28814	1979	797	11602	7157	7056	223	3045	7853
51003	10334	8876	12442	9599	9479	273	2116	18355
14015	1207	613	5823	3256	3034	82	2754	3648
4762	1185	811	1061	914	791	0	173	1602
22608	6209	5111	3466	3717	4105	0	1624	9216
4331	135	232	1244	1366	1260	94	7735	1586
10159	3745	3282	928	790	1414	0	2107	4696
0	0	0	0	0	0	0	0	0
15214	5632	4344	1604	1537	1619	478	820	6209
12204	1766	943	3980	2720	2795	0	664	3974
370	100	80	130	30	30	0	3008	110
918	0	0	371	295	252	0	1256	252
14070	1338	1163	3751	3283	4492	43	2488	5698

职业中学学生

Number of Female Students

地区 Region	合计 Total	初中 Junior Sec. Schools 计 Subtotal	一年级 Grade 1	二年级 Grade 2	三年级 Grade 3
	在校学 Enrolment				
总计 Total	1938173	270178	123590	75021	71567
北京 Beijing	36368	109	109	0	0
天津 Tianjin	25796	1506	1047	257	202
河北 Hebei	109914	18439	6538	5494	6407
山西 Shanxi	51151	11947	4586	3083	4278
内蒙古 Inner Mongolia	67845	39163	16861	11860	10442
辽宁 Liaoning	93440	2200	1474	456	270
吉林 Jilin	73924	18283	8471	4010	5802
黑龙江 Heilongjiang	64842	5480	2796	1527	1157
上海 Shanghai	39673	37	10	20	7
江苏 Jiangsu	112261	439	201	96	142
浙江 Zhejiang	79904	962	361	336	265
安徽 Anhui	110006	57268	26370	18497	12401
福建 Fujian	72529	3551	1396	1138	1017
江西 Jiangxi	44988	8742	3358	2807	2577
山东 Shandong	189373	6972	3036	2016	1920
河南 Henan	165757	11173	3861	3046	4266
湖北 Hubei	67558	23628	9238	7484	6906
湖南 Hunan	88728	5858	2708	1599	1551
广东 Guangdong	93488	4639	2032	1488	1119
广西 Guangxi	46393	5668	2388	1890	1390
海南 Hainan	4192	334	141	110	83
四川 Sichuan	118933	4244	1766	1249	1229
贵州 Guizhou	27211	10176	4224	2890	3062
云南 Yunnan	51312	16289	14430	864	995
西藏 Tibet	40	5	5	0	0
陕西 Shaanxi	45875	2475	1162	756	557
甘肃 Gansu	21235	1495	1133	191	171
青海 Qinghai	5521	2350	709	91	1550
宁夏 Ningxia	5513	1745	1105	176	464
新疆 Xinjiang	24403	5001	2074	1590	1337

总数中女学生数

in Vocational Schools

单位:人

生数							毕业班学生数 Graduates for Next Year	
	高中 Senior Sec. Schools							
计 Subtotal	二年制 2-year		三年制 3-year			四年制 4-year	初中 Junior Sec. Schools	高中 Senior Sec. Schools
	一年级 Grade 1	二年级 Grade 2	一年级 Grade 1	二年级 Grade 2	三年级 Grade 3			
1667995	176535	136049	516558	438509	370008	30336	72126	513177
36259	3076	2483	10853	8427	6148	5272	0	9495
24290	545	430	4530	4078	3834	10873	790	5836
91475	12036	7082	29598	24954	17633	172	4895	24983
39204	6768	5975	8880	8823	8492	266	4278	14434
28682	2541	1772	8572	8011	7786	0	9231	9558
91240	2431	1903	34234	27021	24972	679	1081	27347
55641	11077	9648	12472	10819	11431	194	7673	21613
59362	6694	7375	15211	14915	15073	94	1407	22468
39636	5046	2033	12664	10566	6786	2541	7	9041
111822	6318	5058	37271	33232	29756	187	122	34683
78942	16165	13231	20640	16850	11517	539	265	24850
52738	2324	1993	19532	16187	12682	20	12401	14675
68978	6014	5344	22905	20828	13428	459	937	19170
36246	6500	5364	11130	7220	6032	0	2577	11396
182401	12975	8785	56247	56039	48263	92	1920	58834
154584	13235	6884	59672	41091	30678	3024	4419	38044
43930	3383	2837	14430	12344	10749	187	5112	13417
82870	3591	2676	31194	25244	18033	2132	1743	20103
88849	8415	6513	28650	23285	21818	168	1119	28331
40725	2294	1087	13683	10752	10282	2627	1390	11926
3858	465	404	1257	1019	713	0	83	1143
114689	20512	16831	25469	25710	26118	49	1142	42949
17035	1533	1384	4703	4720	4642	53	2788	6079
35023	8090	7735	6911	6529	5521	237	995	13281
35	35	0	0	0	0	0	0	24
43400	9149	6847	10493	8889	7787	235	478	14739
19740	1778	1236	7974	4934	3818	0	286	5323
3171	912	752	526	398	377	206	2146	1379
3768	282	269	1251	1006	960	0	1504	1229
19402	2351	2118	5606	4618	4679	30	1337	6827

职业中学教

Number of Teachers, Staff & Workers in

地区 Region	教职工 Teachers, Staff &				
	合计 Total	专任教师 Full-time Teachers			行政人员 Adm. Personnel
		计 Total	初中 Junior Sec. Schools	高中 Senior Sec. Schools	
总 计 Total	415250	276615	35352	241263	69124
北 京 Beijing	10146	5699	3	5696	2970
天 津 Tianjin	5327	3420	131	3289	1365
河 北 Hebei	22598	14822	2421	12401	3047
山 西 Shanxi	12273	8146	1683	6463	1953
内蒙古 Inner Mongolia	17374	12271	5765	6506	2319
辽 宁 Liaoning	21266	13429	376	13053	4315
吉 林 Jilin	14808	9613	1739	7874	3134
黑龙江 Heilongjiang	18488	11744	446	11298	3449
上 海 Shanghai	5622	2935	16	2919	1709
江 苏 Jiangsu	25666	16745	68	16677	3595
浙 江 Zhejiang	12998	8882	83	8799	2191
安 徽 Anhui	20382	14806	7664	7142	2878
福 建 Fujian	12416	8743	401	8342	2261
江 西 Jiangxi	13139	8413	1155	7258	1252
山 东 Shandong	37895	24388	1315	23073	7035
河 南 Henan	29308	20756	1297	19459	4109
湖 北 Hubei	17845	12902	4166	8736	1905
湖 南 Hunan	19279	13280	949	12331	2757
广 东 Guangdong	18536	13687	449	13238	2739
广 西 Guangxi	9551	6281	762	5519	1549
海 南 Hainan	1373	951	37	914	148
四 川 Sichuan	32018	20245	716	19529	6193
贵 州 Guizhou	6542	4490	1724	2766	1121
云 南 Yunnan	7594	5100	878	4222	1013
西 藏 Tibet	9	4	0	4	5
陕 西 Shaanxi	9839	6007	364	5643	2292
甘 肃 Gansu	6011	3975	187	3788	793
青 海 Qinghai	803	560	144	416	160
宁 夏 Ningxia	1039	790	109	681	126
新 疆 Xinjiang	5105	3531	304	3227	741

职 工 数（总 计）

Vocational Schools (Regional Aggregates)

单位:人

数 Workers			代课教师 Substitute Teachers	临时工 Temporary Workers	兼任教师 Part-time Teachers
工勤人员 Workers	校办工厂、农场职工 Employees in School-run Factories & Farms				
	计 Total	其中:由厂、场收入支付工资的职工 Employees maintained by income of school-run businesses			
50520	18991	10654	13169	16305	25785
991	486	241	314	647	322
349	193	19	122	137	211
2915	1814	1163	543	2114	665
1527	647	351	846	690	735
2315	469	94	296	327	99
1903	1619	1415	273	664	993
1307	754	585	318	165	433
2599	696	422	211	228	296
621	357	0	368	320	0
3391	1935	1396	763	1144	1549
1238	687	540	789	1104	3981
2205	493	165	851	1065	1052
1140	272	148	1036	225	1199
1520	1954	1609	322	444	888
5245	1227	513	452	1326	966
3563	880	301	122	419	1766
2201	837	302	349	484	371
2508	734	248	718	690	1334
1965	145	33	346	627	637
1433	288	94	459	351	1433
260	14	0	33	35	20
4366	1214	468	1475	979	2877
814	117	35	478	401	1058
1307	174	75	385	731	1118
0	0	0	0	6	1
1112	428	119	638	460	1080
852	391	238	302	185	247
77	6	0	69	33	64
90	33	27	47	55	30
706	127	53	244	249	360

职业中学教

Number of Teachers, Staff & Workers in

地区 Region	教职工 Teachers, Staff &				
	合计 Total	专任教师 Full-time Teachers			行政人员 Adm. Personnel
		计 Total	初中 Junior Sec. Schools	高中 Senior Sec. Schools	
总计 Total	169343	107302	1307	105995	34817
北京 Beijing	7687	4324	3	4321	2304
天津 Tianjin	3894	2450	69	2381	1053
河北 Hebei	7696	5010	80	4930	1245
山西 Shanxi	5389	3380	137	3243	1075
内蒙古 Inner Mongolia	4826	3264	83	3181	1006
辽宁 Liaoning	14865	9276	31	9245	3108
吉林 Jilin	7423	4476	59	4417	1766
黑龙江 Heilongjiang	8738	5742	16	5726	1800
上海 Shanghai	4085	2202	16	2186	1260
江苏 Jiangsu	8428	4993	23	4970	1294
浙江 Zhejiang	5418	3342	0	3342	1101
安徽 Anhui	4790	3078	148	2930	1082
福建 Fujian	5007	3316	32	3284	1026
江西 Jiangxi	3510	2517	0	2517	498
山东 Shandong	16557	9921	74	9847	3612
河南 Henan	12082	7988	47	7941	2323
湖北 Hubei	7388	5078	197	4881	1076
湖南 Hunan	7892	5010	36	4974	1452
广东 Guangdong	7405	5515	68	5447	1178
广西 Guangxi	3141	1986	0	1986	647
海南 Hainan	321	246	0	246	53
四川 Sichuan	10569	6278	22	6256	2414
贵州 Guizhou	1343	861	38	823	317
云南 Yunnan	1863	1364	47	1317	244
西藏 Tibet	0	0	0	0	0
陕西 Shaanxi	4110	2432	2	2430	1117
甘肃 Gansu	2379	1505	40	1465	344
青海 Qinghai	279	180	0	180	82
宁夏 Ningxia	383	272	3	269	36
新疆 Xinjiang	1875	1296	36	1260	304

职 工 数（城 市）

Vocational Schools (Urban)

单位:人

数 Workers			代课教师 Substitute Teachers	临时工 Temporary Workers	兼任教师 Part-time Teachers
工勤人员 Workers	校办工厂、农场职工 Employees in School-run Factories & Farms				
	计 Total	其中:由厂、场收入支付工资的职工 Employees maintained by income of school-run businesses			
17136	10088	5989	4443	4578	15156
667	392	222	192	310	156
222	169	19	83	23	158
854	587	293	134	244	243
627	307	158	425	271	252
342	214	35	72	109	52
1231	1250	1094	102	407	848
577	604	527	30	51	112
868	328	185	41	89	142
433	190	0	231	189	0
709	1432	1222	176	190	411
598	377	349	140	382	2927
442	188	64	226	158	540
481	184	145	205	87	604
366	129	63	67	78	594
2140	884	336	246	373	731
1386	385	119	7	93	1072
765	469	189	245	238	253
1021	409	223	265	213	689
627	85	10	121	196	424
340	168	82	73	87	577
19	3	0	26	13	16
1177	700	318	427	330	2060
156	9	9	116	57	746
218	37	15	109	91	413
0	0	0	0	0	0
332	229	88	285	141	855
272	258	180	210	34	163
16	1	0	47	7	9
46	29	27	33	13	12
204	71	17	109	104	97

职业中学教

Number of Teachers, Staff & Workers in

教职工

Teachers, Staff &

地区 Region		合计 Total	专任教师 Full-time Teachers 计 Total	初中 Junior Sec. Schools	高中 Senior Sec. Schools	行政人员 Adm. Personnel
总计	**Total**	132354	87994	5257	82737	20251
北京	Beijing	1466	944	0	944	287
天津	Tianjin	620	380	11	369	177
河北	Hebei	10122	6668	723	5945	1322
山西	Shanxi	2914	1899	242	1657	398
内蒙古	Inner Mongolia	4540	2955	835	2120	625
辽宁	Liaoning	4543	2902	3	2899	889
吉林	Jilin	5557	3654	766	2888	1100
黑龙江	Heilongjiang	6171	4012	159	3853	1128
上海	Shanghai	756	333	0	333	242
江苏	Jiangsu	12277	8210	2	8208	1721
浙江	Zhejiang	7254	5293	68	5225	1040
安徽	Anhui	3496	2322	468	1854	548
福建	Fujian	6179	4441	272	4169	1079
江西	Jiangxi	4340	2878	209	2669	369
山东	Shandong	4829	3016	20	2996	845
河南	Henan	6981	4959	155	4804	692
湖北	Hubei	3461	2394	267	2127	332
湖南	Hunan	6707	4739	142	4597	830
广东	Guangdong	4998	3543	0	3543	704
广西	Guangxi	3944	2536	134	2402	594
海南	Hainan	268	138	0	138	31
四川	Sichuan	17390	11305	236	11069	3061
贵州	Guizhou	2862	1779	161	1618	514
云南	Yunnan	3726	2314	172	2142	522
西藏	Tibet	9	4	0	4	5
陕西	Shaanxi	3239	1908	113	1795	656
甘肃	Gansu	1493	966	0	966	179
青海	Qinghai	394	261	36	225	72
宁夏	Ningxia	479	359	44	315	81
新疆	Xinjiang	1339	882	19	863	208

职 工 数（县 镇）

Vocational Schools (County Seats & Towns)

单位: 人

数 Workers			代课教师 Substitute Teachers	临 时 工 Temporary Workers	兼任教师 Part-time Teachers
工勤人员 Workers	校办工厂、农场职工 Employees in School-run Factories & Farms				
	计 Total	其中:由厂、场收入支付工资的职工 Employees maintained by income of school-run businesses			
19247	4862	2224	4686	6773	7796
183	52	8	61	227	121
53	10	0	27	40	10
1451	681	362	183	1358	370
446	171	95	131	209	306
799	161	44	28	39	32
536	216	200	72	163	72
655	148	58	227	88	223
907	124	32	95	92	67
115	66	0	57	33	0
1950	396	152	278	616	908
615	306	190	565	670	1000
517	109	46	157	255	245
578	81	3	731	122	459
625	468	394	95	203	169
788	180	121	28	186	92
977	353	160	14	61	454
568	167	42	67	139	59
940	198	16	207	236	530
719	32	19	37	281	103
742	72	9	118	135	818
99	0	0	0	15	0
2576	448	150	881	570	795
492	77	26	131	174	205
768	122	60	150	382	356
0	0	0	0	6	1
534	141	13	216	246	180
286	62	22	40	51	52
56	5	0	20	26	25
35	4	0	3	34	6
237	12	2	67	116	138

职业中学教

Number of Teachers, Staff & Workers in

教职工

Teachers, Staff &

地区 Region		合计 Total	专任教师 Full-time Teachers 计 Total	初中 Junior Sec. Schools	高中 Senior Sec. Schools	行政人员 Adm. Personnel
总计	**Total**	113553	81319	28788	52531	14056
北京	Beijing	993	431	0	431	379
天津	Tianjin	813	590	51	539	135
河北	Hebei	4780	3144	1618	1526	480
山西	Shanxi	3970	2867	1304	1563	480
内蒙古	Inner Mongolia	8008	6052	4847	1205	688
辽宁	Liaoning	1858	1251	342	909	318
吉林	Jilin	1828	1483	914	569	268
黑龙江	Heilongjiang	3579	1990	271	1719	521
上海	Shanghai	781	400	0	400	207
江苏	Jiangsu	4961	3542	43	3499	580
浙江	Zhejiang	326	247	15	232	50
安徽	Anhui	12096	9406	7048	2358	1248
福建	Fujian	1230	986	97	889	156
江西	Jiangxi	5289	3018	946	2072	385
山东	Shandong	16509	11451	1221	10230	2578
河南	Henan	10245	7809	1095	6714	1094
湖北	Hubei	6996	5430	3702	1728	497
湖南	Hunan	4680	3531	771	2760	475
广东	Guangdong	6133	4629	381	4248	857
广西	Guangxi	2466	1759	628	1131	308
海南	Hainan	784	567	37	530	64
四川	Sichuan	4059	2662	458	2204	718
贵州	Guizhou	2337	1850	1525	325	290
云南	Yunnan	2005	1422	659	763	247
西藏	Tibet	0	0	0	0	0
陕西	Shaanxi	2490	1667	249	1418	519
甘肃	Gansu	2139	1504	147	1357	270
青海	Qinghai	130	119	108	11	6
宁夏	Ningxia	177	159	62	97	9
新疆	Xinjiang	1891	1353	249	1104	229

职 工 数（农 村）

Vocational Schools (Rural)

单位：人

工 数 Workers			代课教师 Substitute Teachers	临 时 工 Temporary Workers	兼任教师 Part－time Teachers
工勤人员 Workers	校办工厂、农场职工 Employees in School－run Factories & Farms				
	计 Total	其中：由厂、场收入支付工资的职工 Employees maintained by income of school－run businesses			
14137	4041	2441	4040	4954	2833
141	42	11	61	110	45
74	14	0	12	74	43
610	546	508	226	512	52
454	169	98	290	210	177
1174	94	15	196	179	15
136	153	121	99	94	73
75	2	0	61	26	98
824	244	205	75	47	87
73	101	0	80	98	0
732	107	22	309	338	230
25	4	1	84	52	54
1246	196	55	468	652	267
81	7	0	100	16	136
529	1357	1152	160	163	125
2317	163	56	178	767	143
1200	142	22	101	265	240
868	201	71	37	107	59
547	127	9	246	241	115
619	28	4	188	150	110
351	48	3	268	129	38
142	11	0	7	7	4
613	66	0	167	79	22
166	31	0	231	170	107
321	15	0	126	258	349
0	0	0	0	0	0
246	58	18	137	73	45
294	71	36	52	100	32
5	0	0	2	0	30
9	0	0	11	8	12
265	44	34	68	29	125

职业中学教职工总

Number of Female Teachers, Staff

地 区 Region	教职工 Teachers, Staff &				
	合计 Total	专任教师 Full-time Teachers			行政人员 Adm. Personnel
		计 Total	初中 Junior Sec. Schools	高中 Senior Sec. Schools	
总 计 Total	142895	98988	8944	90044	19035
北 京 Beijing	5942	3581	3	3578	1617
天 津 Tianjin	2775	1982	62	1920	616
河 北 Hebei	9204	6919	920	5999	644
山 西 Shanxi	4489	3373	578	2795	469
内蒙古 Inner Mongolia	5939	4547	1646	2901	604
辽 宁 Liaoning	11005	7662	127	7535	1777
吉 林 Jilin	6814	4910	746	4164	1058
黑龙江 Heilongjiang	8188	6093	131	5962	1048
上 海 Shanghai	2771	1532	12	1520	793
江 苏 Jiangsu	8118	5135	17	5118	781
浙 江 Zhejiang	4271	2795	16	2779	633
安 徽 Anhui	4218	3006	1296	1710	494
福 建 Fujian	3971	2815	101	2714	538
江 西 Jiangxi	3046	1630	161	1469	195
山 东 Shandong	12191	8660	357	8303	1653
河 南 Henan	8779	6596	317	6279	973
湖 北 Hubei	4713	3171	828	2343	409
湖 南 Hunan	5686	4038	221	3817	602
广 东 Guangdong	5701	4120	97	4023	589
广 西 Guangxi	3203	1978	237	1741	408
海 南 Hainan	387	180	11	169	59
四 川 Sichuan	10088	6477	209	6268	1729
贵 州 Guizhou	1680	1181	338	843	190
云 南 Yunnan	2606	1623	217	1406	249
西 藏 Tibet	5	2	0	2	3
陕 西 Shaanxi	2853	1933	77	1856	503
甘 肃 Gansu	1569	1014	30	984	148
青 海 Qinghai	240	198	20	178	23
宁 夏 Ningxia	373	297	47	250	26
新 疆 Xinjiang	2070	1540	122	1418	204

数中女教职工数

& Workers in Vocational Schools

单位: 人

数 Workers			代课教师 Substitute Teachers	临时工 Temporary Workers	兼任教师 Part－time Teachers
工勤人员 Workers	校办工厂、农场职工 Employees in School－run Factories & Farms				
	计 Total	其中:由厂、场收入支付工资的职工 Employees maintained by income of school－run businesses			
17597	7275	4779	3411	4753	5310
533	211	116	145	286	170
116	61	9	35	21	41
904	737	489	202	440	136
455	192	114	312	142	151
683	105	14	115	106	16
738	828	715	99	198	314
409	437	363	104	52	84
872	175	115	52	36	56
318	128	0	0	0	0
1277	925	745	121	250	237
553	290	260	212	394	756
565	153	66	176	321	153
530	88	69	177	82	270
403	818	767	59	151	153
1459	419	184	82	333	154
942	268	97	25	104	390
833	300	135	88	153	49
851	195	50	175	252	190
957	35	2	80	242	91
721	96	14	162	137	328
140	8	0	13	25	1
1472	410	221	388	223	831
288	21	4	117	156	92
685	49	25	124	403	191
0	0	0	0	3	0
329	88	30	150	71	291
233	174	140	83	42	78
18	1	0	11	16	5
38	12	12	10	26	3
275	51	23	94	88	79

小学校数、班数、招生

Number of Schools, Classes, Graduates & Students

地区 Region		学校数(所) Schools	教学点数(个) Teaching Sites	班		
				计 Total	一年级 Grade 1	二年级 Grade 2
总计	**Total**	682588	203893	4013617	786657	706594
北京	Beijing	3035	6	30672	5706	5338
天津	Tianjin	3219	0	25684	4538	4164
河北	Hebei	47623	5623	248969	45970	40309
山西	Shanxi	41303	2808	129688	18943	16921
内蒙古	Inner Mongolia	13831	9087	91408	16395	15039
辽宁	Liaoning	14655	3275	118664	22582	20401
吉林	Jilin	10374	3221	88427	16604	15451
黑龙江	Heilongjiang	16389	5786	129105	24148	21763
上海	Shanghai	1981	7	26814	4535	4615
江苏	Jiangsu	27636	1658	174426	34148	30632
浙江	Zhejiang	23674	663	104296	18002	15527
安徽	Anhui	31171	6596	176072	37756	33053
福建	Fujian	15972	11817	128747	24611	21896
江西	Jiangxi	25633	7891	131984	28668	23988
山东	Shandong	50824	8180	273665	63965	57261
河南	Henan	41899	11152	275524	61397	54048
湖北	Hubei	30293	6383	187496	36167	33010
湖南	Hunan	45416	4854	215797	40310	37601
广东	Guangdong	24718	12392	237221	43982	41420
广西	Guangxi	15968	38146	202502	37673	34066
海南	Hainan	4478	1507	33021	7412	6442
四川	Sichuan	69673	4525	309120	60363	58446
贵州	Guizhou	19691	11954	140557	29352	25947
云南	Yunnan	25007	27881	160674	29562	26360
西藏	Tibet	3477	3477	10571	3611	2995
陕西	Shaanxi	36456	2097	154109	25490	22126
甘肃	Gansu	23797	6728	96537	21159	17335
青海	Qinghai	3457	891	16980	3750	2906
宁夏	Ningxia	3821	963	21855	4988	4107
新疆	Xinjiang	7117	4325	73032	14870	13427

数、毕业生数(总计)

Admitted in Primary Schools (Regional Aggregates)

数 (个) Classes 三年级 Grade 3	四年级 Grade 4	五年级 Grade 5	六年级 Grade 6	复式班 Multiple-grade Classes	毕业生数(人) Graduates	招生数(人) Students Admitted
657720	618837	587843	349643	306323	18995923	25370329
4818	4522	4740	5146	402	184566	186315
3906	3921	3954	4099	1102	138344	152941
38106	37005	34165	28006	25408	1080444	1590952
17216	17989	18874	2657	37088	547235	649995
15050	14979	14997	2395	12553	422054	464222
18439	17578	18557	20004	1103	636786	750424
14336	13536	13448	13653	1399	400584	499130
20548	20116	20271	16641	5618	611456	686723
4286	4048	4473	4843	14	215404	186704
27897	26037	26108	17907	11697	1013055	1260304
14614	14742	16444	9095	15872	661987	727091
31479	30189	29902	2486	11207	1013395	1226638
21349	20588	19655	9970	10678	560620	653107
22952	22104	21045	938	12289	679861	843590
50638	45669	42107	5128	8897	1530271	2061512
50902	50008	48118	3816	7235	1664767	2200094
31450	29862	27543	19952	9512	913179	1253905
35902	34276	27552	24539	15617	1016035	1319481
39216	37498	35964	33370	5771	1146583	1531761
32604	29562	26917	15305	26375	794813	1173431
5680	4959	4407	3771	350	127044	177905
52176	44925	42750	43316	7144	1385946	1960469
22591	20051	17653	15784	9179	495703	948067
24001	22196	19618	14753	24184	551688	867778
2004	963	546	422	30	12594	63812
21233	20051	18134	16831	30244	466360	828891
15675	14393	13573	3720	10682	310664	513978
2675	2379	2359	885	2026	61469	81097
3733	3413	3152	903	1559	90801	109312
12244	11278	10817	9308	1088	262215	400700

地　区 Region		学校数(所) Schools	教学点数(个) Teaching Sites	班		
				计 Total	一年级 Grade 1	二年级 Grade 2
总　计	**Total**	30194	4307	364796	68014	64168
北　京	Beijing	787	0	12871	2207	2136
天　津	Tianjin	502	0	9235	1395	1407
河　北	Hebei	2048	83	21731	4137	3745
山　西	Shanxi	772	114	10215	1910	1841
内蒙古	Inner Mongolia	624	77	8795	1698	1580
辽　宁	Liaoning	1449	77	23870	4395	3969
吉　林	Jilin	932	61	13986	2494	2390
黑龙江	Heilongjiang	1144	60	18336	3405	3205
上　海	Shanghai	734	0	15124	2512	2549
江　苏	Jiangsu	2357	48	21063	3872	3579
浙　江	Zhejiang	1228	45	11245	2149	1919
安　徽	Anhui	1058	58	11735	2207	2095
福　建	Fujian	489	80	6961	1229	1163
江　西	Jiangxi	606	44	6207	1316	1227
山　东	Shandong	2353	557	24225	5219	4750
河　南	Henan	1731	455	18703	3828	3489
湖　北	Hubei	2283	169	23251	4358	4142
湖　南	Hunan	1642	150	15122	2778	2623
广　东	Guangdong	1899	603	25249	4575	4459
广　西	Guangxi	543	148	7240	1286	1270
海　南	Hainan	123	13	1276	244	229
四　川	Sichuan	1430	226	17532	3162	3136
贵　州	Guizhou	561	153	5842	1122	1052
云　南	Yunnan	343	11	4134	741	743
西　藏	Tibet	29	29	422	81	67
陕　西	Shaanxi	1378	203	14529	2684	2588
甘　肃	Gansu	492	776	6008	1150	1066
青　海	Qinghai	105	0	1314	241	228
宁　夏	Ningxia	105	7	1565	288	267
新　疆	Xinjiang	447	60	7010	1331	1254

数、毕业生数(城市)

Admitted in Primary Schools (Urban)

数 (个) Classes					毕业生数(人) Graduates	招生数(人) Students Admitted
三年级 Grade 3	四年级 Grade 4	五年级 Grade 5	六年级 Grade 6	复式班 Multiple-grade Classes		
59722	57896	60463	52412	2121	2647549	3073346
1985	1969	2165	2409	0	96106	80154
1421	1523	1702	1787	0	69845	61800
3411	3291	3524	3390	233	155916	177726
1813	1776	1790	1032	53	80021	90413
1535	1551	1583	818	30	69594	80627
3648	3566	4047	4243	2	192751	219936
2238	2171	2304	2386	3	106422	127723
2938	2900	3105	2783	0	144566	169814
2408	2330	2637	2688	0	110810	111373
3254	3015	3223	3501	619	150918	164540
1782	1798	1879	1468	250	81953	99034
1978	1880	1916	1606	53	86398	102337
1144	1183	1228	1003	11	48961	53403
1171	1149	1147	129	68	49491	57914
4202	4083	4253	1550	168	203131	234806
3155	3091	3223	1882	35	138731	182001
3918	3781	3864	3061	127	171003	201316
2504	2415	2376	2383	43	105198	124876
4258	4086	4044	3799	28	153459	207346
1229	1172	1135	1090	58	47662	53550
215	206	197	185	0	10085	11422
2735	2539	2787	3142	31	133571	135889
988	904	859	871	46	34323	48316
695	659	678	616	2	27746	32839
69	67	68	70	0	2488	3595
2448	2260	2188	2139	222	78566	111147
970	974	983	836	29	39465	51328
210	203	214	218	0	9373	12288
254	252	246	258	0	11050	13118
1146	1102	1098	1069	10	37946	52715

小学校数、班数、招生

Number of Schools, Classes, Graduates & Students

地　区 Region		学校数(所) Schools	教学点数(个) Teaching Sites	班		
				计 Total	一年级 Grade 1	二年级 Grade 2
总　计	**Total**	80682	10907	548100	106222	97704
北　京	Beijing	743	0	7026	1429	1314
天　津	Tianjin	361	0	3452	603	564
河　北	Hebei	5241	869	32799	6357	5519
山　西	Shanxi	2489	258	11785	2096	1953
内蒙古	Inner Mongolia	615	69	7652	1531	1463
辽　宁	Liaoning	660	92	8985	1703	1546
吉　林	Jilin	1125	275	13670	2471	2351
黑龙江	Heilongjiang	1112	130	14808	2673	2563
上　海	Shanghai	276	1	3604	620	613
江　苏	Jiangsu	8750	366	54004	10235	9228
浙　江	Zhejiang	13676	254	63416	11296	9825
安　徽	Anhui	1735	396	12012	2588	2253
福　建	Fujian	3720	1257	38957	8035	7484
江　西	Jiangxi	4877	1504	29951	6621	5693
山　东	Shandong	1929	263	12593	2939	2673
河　南	Henan	3431	612	26133	5898	5257
湖　北	Hubei	1513	424	11895	2263	2124
湖　南	Hunan	4417	290	26732	5038	4747
广　东	Guangdong	1595	445	21595	4006	3769
广　西	Guangxi	628	469	8962	1679	1622
海　南	Hainan	146	16	2242	412	386
四　川	Sichuan	13415	679	73132	13954	13895
贵　州	Guizhou	998	452	9410	1839	1704
云　南	Yunnan	1570	928	13381	2571	2364
西　藏	Tibet	159	159	1133	224	196
陕　西	Shaanxi	3919	160	23136	4110	3751
甘　肃	Gansu	697	402	5674	1138	1042
青　海	Qinghai	307	29	2380	447	420
宁　夏	Ningxia	105	6	1470	287	270
新　疆	Xinjiang	473	102	6111	1159	1115

数、毕业生数(县镇)

Admitted in Primary Schools (County Seats & Towns)

数 (个) Classes					毕业生数(人) Graduates	招生数(人) Students Admitted
三年级 Grade 3	四年级 Grade 4	五年级 Grade 5	六年级 Grade 6	复式班 Multiple-grade Classes		
90600	85903	85461	55853	26357	3280795	4126816
1131	1029	1027	1096	0	40759	46670
522	534	558	585	86	19499	21085
5052	4902	4816	4025	2128	167672	239788
1960	1974	1943	185	1674	68708	82536
1424	1437	1427	299	71	58146	64367
1389	1277	1445	1603	22	65304	80631
2201	2132	2138	2210	167	82840	96140
2435	2424	2485	2169	59	99777	110045
561	529	586	690	5	35473	25948
8231	7481	7831	6299	4699	332781	401701
9207	9211	10166	5447	8264	412391	456288
2134	2103	2134	256	544	85018	99601
7335	7092	6800	1696	515	219806	256538
5415	5252	4985	235	1750	165816	214072
2373	2206	2040	153	209	86488	125551
4798	4642	4610	581	347	190679	265107
1971	1884	1813	1374	466	72517	101393
4519	4359	3743	3562	764	135288	174087
3578	3462	3409	3280	91	137425	195457
1574	1475	1410	954	248	57815	73783
364	355	369	356	0	19416	20018
12247	10511	10601	11433	491	423379	527917
1546	1427	1327	1290	277	47423	72994
2170	2051	2050	1452	723	73969	98143
189	171	176	177	0	5923	7569
3558	3364	3010	2828	2515	87533	154890
996	942	915	472	169	32820	42850
407	404	398	240	64	14373	15894
261	273	272	106	1	11562	12738
1052	1000	977	800	8	30195	43015

地区 Region	学校数(所) Schools	教学点数(个) Teaching Sites	班 计 Total	一年级 Grade 1	二年级 Grade 2
总计 Total	571712	188679	3100721	612421	544722
北京 Beijing	1505	6	10775	2070	1888
天津 Tianjin	2356	0	12997	2540	2193
河北 Hebei	40334	4671	194439	35476	31045
山西 Shanxi	38042	2436	107688	14937	13127
内蒙古 Inner Mongolia	12592	8941	74961	13166	11996
辽宁 Liaoning	12546	3106	85809	16484	14886
吉林 Jilin	8317	2885	60771	11639	10710
黑龙江 Heilongjiang	14133	5596	95961	18070	15995
上海 Shanghai	971	6	8086	1403	1453
江苏 Jiangsu	16529	1244	99359	20041	17825
浙江 Zhejiang	8770	364	29635	4557	3783
安徽 Anhui	28378	6142	152325	32961	28705
福建 Fujian	11763	10480	82829	15347	13249
江西 Jiangxi	20150	6343	95826	20731	17068
山东 Shandong	46542	7360	236847	55807	49838
河南 Henan	36737	10085	230688	51671	45302
湖北 Hubei	26497	5790	152350	29546	26744
湖南 Hunan	39357	4414	173943	32494	30231
广东 Guangdong	21224	11344	190377	35401	33192
广西 Guangxi	14797	37529	186300	34708	31174
海南 Hainan	4209	1478	29503	6756	5827
四川 Sichuan	54828	3620	218456	43247	41415
贵州 Guizhou	18132	11349	125305	26391	23191
云南 Yunnan	23094	26942	143159	26250	23253
西藏 Tibet	3289	3289	9016	3306	2732
陕西 Shaanxi	31159	1734	116444	18696	15787
甘肃 Gansu	22608	5550	84855	18871	15227
青海 Qinghai	3045	862	13286	3062	2258
宁夏 Ningxia	3611	950	18820	4413	3570
新疆 Xinjiang	6197	4163	59911	12380	11058

数、毕业生数(农村)

Admitted in Primary Schools (Rural)

数 (个) Classes					毕业生数(人) Graduates	招生数(人) Students Admitted
三年级 Grade 3	四年级 Grade 4	五年级 Grade 5	六年级 Grade 6	复式班 Multiple grade Classes		
507398	475038	441919	241378	277845	13067579	18170167
1702	1524	1548	1641	402	47701	59491
1963	1864	1694	1727	1016	49000	70056
29643	28812	25825	20591	23047	756856	1173438
13443	14239	15141	1440	35361	398506	477046
12091	11991	11987	1278	12452	294314	319228
13402	12735	13065	14158	1079	378731	449857
9897	9233	9006	9057	1229	211322	275267
15175	14792	14681	11689	5559	367113	406864
1317	1189	1250	1465	9	69121	49383
16412	15541	15054	8107	6379	529356	694063
3625	3733	4399	2180	7358	167643	171769
27367	26206	25852	624	10610	841979	1024700
12870	12313	11627	7271	10152	291853	343166
16366	15703	14913	574	10471	464554	571604
44063	39380	35814	3425	8520	1240652	1701155
42949	42275	40285	1353	6853	1335357	1752986
25561	24197	21866	15517	8919	669659	951196
28879	27502	21433	18594	14810	775549	1020518
31380	29950	28511	26291	5652	855699	1128958
29801	26915	24372	13261	26069	689336	1046098
5101	4398	3841	3230	350	97543	146465
37194	31875	29362	28741	6622	828996	1296663
20057	17720	15467	13623	8856	413957	826757
21136	19486	16890	12685	23459	449973	736796
1746	725	302	175	30	4183	52648
15227	14427	12936	11864	27507	300261	562854
13709	12477	11675	2412	10484	238379	419800
2058	1772	1747	427	1962	37723	52915
3218	2888	2634	539	1558	68189	83456
10046	9176	8742	7439	1070	194074	304970

六年制小学校数、班

Number of Schools, Classes, Students Admitted

地区 Region	学校数(所) Schools	教学点数(个) Teaching Sites	班 计 Total	一年级 Grade 1	二年级 Grade 2
总计 **Total**	408079	124584	2572469	474891	437107
北京 Beijing	3021	0	30473	5663	5297
天津 Tianjin	3218	0	25664	4534	4160
河北 Hebei	38807	4020	205769	37131	32605
山西 Shanxi	3784	326	19179	2868	2652
内蒙古 Inner Mongolia	1506	731	14012	1977	1832
辽宁 Liaoning	14175	3165	115761	21483	19455
吉林 Jilin	10017	2810	87491	16373	15235
黑龙江 Heilongjiang	11301	2791	83692	6086	10568
上海 Shanghai	1930	7	25432	3880	3949
江苏 Jiangsu	18957	1240	120294	23357	19620
浙江 Zhejiang	13006	204	59694	10034	8490
安徽 Anhui	1663	409	15751	2829	2630
福建 Fujian	8314	6011	67996	11679	10433
江西 Jiangxi	656	10	3920	334	273
山东 Shandong	5749	1102	34861	6510	5736
河南 Henan	2652	754	25404	5095	4608
湖北 Hubei	25695	5941	156397	29261	26584
湖南 Hunan	42168	4507	206629	38234	35661
广东 Guangdong	23938	11645	235549	43634	41035
广西 Guangxi	11115	25150	149311	31069	28613
海南 Hainan	4297	1370	31483	7010	6090
四川 Sichuan	69286	4485	306879	60204	58290
贵州 Guizhou	18181	11384	134926	28205	24907
云南 Yunnan	23698	26734	147243	28546	25439
西藏 Tibet	1579	1579	5908	1628	1376
陕西 Shaanxi	36455	2097	154095	25487	22125
甘肃 Gansu	4529	1647	27029	5288	4679
青海 Qinghai	1257	156	7162	1536	1294
宁夏 Ningxia	633	43	5670	1023	926
新疆 Xinjiang	6492	4266	68795	13933	12545

数、招生数、毕业生数

& Graduates in 6-year Primary Schools

班数 (个) Classes					毕业生数(人) Graduates	招生数(人) Students Admitted
三年级 Grade 3	四年级 Grade 4	五年级 Grade 5	六年级 Grade 6	复式班 Multiple-grade Classes		
403691	377169	354808	349643	175160	11360620	15569653
4782	4485	4698	5146	402	182665	184981
3902	3917	3950	4099	1102	138180	152738
31096	30625	28440	28006	17866	898785	1302311
2652	2631	2755	2657	2964	88485	108889
2089	2199	2224	2395	1296	70130	67056
18074	17307	18415	20004	1023	617955	691439
14133	13402	13296	13653	1399	385635	482366
15269	15191	15854	16641	4083	478648	181265
4255	4030	4461	4843	14	214843	162735
16923	15655	16334	17907	10498	685704	880376
7505	7300	8338	9095	8932	331817	424463
2310	2242	2313	2486	941	100015	127697
10930	10759	10258	9970	3967	282207	301448
619	641	914	938	201	30239	11498
5572	5524	5146	5128	1245	207160	205650
4109	3905	3753	3816	118	132709	200366
25415	24031	21772	19952	9382	708504	1002981
34013	32700	26155	24539	15327	950103	1243248
38881	37247	35717	33370	5665	1136683	1517669
22031	19183	17014	15305	16096	463886	976786
5386	4705	4184	3771	337	119681	170727
51572	44258	42110	43316	7129	1362647	1940120
21671	19221	16158	15784	8980	462023	896720
20318	18791	16206	14753	23190	434784	842569
1149	763	540	422	30	9850	58953
21231	20048	18129	16831	30244	466149	828815
4285	3996	3811	3720	1250	107951	165384
1141	976	952	885	378	24311	35314
960	946	896	903	16	28728	31497
11418	10491	10015	9308	1085	240143	373592

小学在校学生数和

Enrolment and Number of Graduates for

地区 Region	在校学 Enrolment 合计 Total	一年级 Grade 1	二年级 Grade 2	三年级 Grade 3
总计 Total	128226233	27538172	24933259	22589824
北京 Beijing	1024503	189327	178185	159419
天津 Tianjin	896174	158089	147177	136736
河北 Hebei	8160405	1713289	1505369	1362262
山西 Shanxi	3213149	689123	633587	623146
内蒙古 Inner Mongolia	2352440	486994	452195	451969
辽宁 Liaoning	3750611	764221	653000	553438
吉林 Jilin	2641898	517581	472655	429242
黑龙江 Heilongjiang	3765243	730734	665465	621044
上海 Shanghai	1151582	190085	198046	182458
江苏 Jiangsu	6161663	1336913	1210327	1043893
浙江 Zhejiang	3661468	746481	672346	599702
安徽 Anhui	6055346	1288331	1302830	1185455
福建 Fujian	3719814	685293	686012	699222
江西 Jiangxi	4211326	951714	882930	843240
山东 Shandong	8955360	2104125	1889952	1652042
河南 Henan	9910636	2411024	2032541	1829584
湖北 Hubei	6461601	1355866	1244838	1131939
湖南 Hunan	7153460	1378119	1292421	1201288
广东 Guangdong	8622146	1606117	1546827	1474409
广西 Guangxi	6316207	1353640	1295608	1197770
海南 Hainan	1102250	234556	205237	194030
四川 Sichuan	9616019	2032933	1964124	1625882
贵州 Guizhou	4552968	1122567	882615	772503
云南 Yunnan	4506091	1003491	882012	804633
西藏 Tibet	232976	78567	56769	40873
陕西 Shaanxi	4249972	930013	826028	750573
甘肃 Gansu	2616411	722864	547156	477938
青海 Qinghai	443799	124658	85608	76001
宁夏 Ningxia	614804	163114	118365	110294
新疆 Xinjiang	2105911	468343	403034	358839

毕业班学生数(总计)

Next Year in Primary Schools (Regional Aggregates)

单位:人

生数 四年级 Grade 4	五年级 Grade 5	六年级 Grade 6	毕业班学生数 Graduates for Next Year
20920973	20046092	12197913	19902880
148881	165265	183426	184883
138782	154938	160452	160654
1292283	1240836	1046366	1219932
606797	563724	96772	556614
451378	429931	79973	433326
517062	595018	667872	682454
399911	403523	418986	426495
604735	624619	518646	653984
170199	192625	218169	218642
949604	951384	669542	1000658
599147	662846	380946	703890
1117040	1052225	109465	1055347
686649	642835	319803	626300
794379	706688	32375	704732
1564727	1532669	211845	1549157
1777331	1713252	146904	1709803
1035755	971155	722048	919788
1141296	1109329	1031007	1089130
1413391	1358386	1223016	1231374
1055346	910561	503282	816795
176601	159062	132764	138997
1295099	1290847	1407134	1428761
665406	589631	520246	554155
723212	633378	459365	570811
24845	17741	14181	14798
657794	582712	502852	503017
416284	335467	116702	326383
69146	62828	25558	60093
104305	89929	28797	88595
323588	302688	249419	273312

小学在校学生数和

Enrolment and Number of Graduates for

地区 Region	在校学生 Enrolment 合计 Total	 一年级 Grade 1	 二年级 Grade 2	 三年级 Grade 3
总计 Total	16125939	3117428	2881592	2606176
北京 Beijing	482541	80368	78773	72757
天津 Tianjin	423237	62067	62702	64285
河北 Hebei	897567	180251	157416	137022
山西 Shanxi	465283	91028	84682	80756
内蒙古 Inner Mongolia	395460	80699	70911	68222
辽宁 Liaoning	1180726	220632	195394	175737
吉林 Jilin	692126	128401	118264	108055
黑龙江 Heilongjiang	881391	170233	155136	139075
上海 Shanghai	694418	112097	116795	110721
江苏 Jiangsu	853338	168498	153843	133465
浙江 Zhejiang	509195	100123	88088	80310
安徽 Anhui	547211	104255	103148	90884
福建 Fujian	307620	54165	51304	50508
江西 Jiangxi	276017	60246	56553	52897
山东 Shandong	1073736	236736	208899	179762
河南 Henan	830825	184132	158113	134231
湖北 Hubei	1043181	207027	191383	174679
湖南 Hunan	650412	126427	115568	105424
广东 Guangdong	1140149	211325	203735	193838
广西 Guangxi	303284	53918	54736	52478
海南 Hainan	64651	11629	11446	10912
四川 Sichuan	734237	136481	135855	112050
贵州 Guizhou	245492	51161	45553	41427
云南 Yunnan	174649	33555	32092	29083
西藏 Tibet	18695	4102	2995	3012
陕西 Shaanxi	588786	114686	110352	100454
甘肃 Gansu	259055	53026	46849	41334
青海 Qinghai	60723	12595	11110	9560
宁夏 Ningxia	66937	13175	11381	10450
新疆 Xinjiang	264997	54390	48516	42788

毕业班学生数(城市)

Next Year in Primary Schools (Urban) 单位:人

生数			
四年级 Grade 4	五年级 Grade 5	六年级 Grade 6	毕业班学生数 Graduates for Next Year
2504144	2680157	2336442	2814687
72903	83052	94688	95009
70422	80904	82857	83059
131637	148174	143067	158634
78876	81074	48867	81919
69504	70265	35859	73335
170881	202294	215788	226333
104322	113651	119433	124869
134628	147741	134578	162141
107197	119236	128372	128372
119348	131223	146961	149682
81489	88730	70455	92103
85349	88641	74934	90610
52516	55067	44060	56386
51773	49985	4563	51062
179319	196034	72986	201935
130351	141416	82582	143510
164689	169899	135504	173419
98510	100329	104154	108345
182392	182899	165960	166754
49079	47652	45421	48613
10665	10415	9584	10040
100591	115746	133514	135458
36808	35539	35004	35004
26495	27238	26186	28735
2741	2971	2874	2870
90187	88363	84744	84821
40986	41662	35198	42201
8879	9440	9139	9488
10688	10549	10694	11015
40919	39968	38416	38965

小学在校学生数和

Enrolment and Number of Graduates for

地区 Region		在校学 Enrolment 合计 Total	一年级 Grade 1	二年级 Grade 2	三年级 Grade 3
总计	**Total**	20755753	4329642	3984980	3582045
北京	Beijing	234963	47273	42956	36909
天津	Tianjin	121459	21764	19822	17985
河北	Hebei	1171708	252782	216678	188263
山西	Shanxi	397820	85322	79749	78077
内蒙古	Inner Mongolia	318339	65058	59272	58921
辽宁	Liaoning	397774	81357	69379	58152
吉林	Jilin	508971	98611	90540	81594
黑龙江	Heilongjiang	597499	113560	104168	97916
上海	Shanghai	157454	26529	26938	24436
江苏	Jiangsu	1923445	420907	380699	317954
浙江	Zhejiang	2265836	468467	417364	371846
安徽	Anhui	477466	107224	97134	89169
福建	Fujian	1390179	266667	268701	272172
江西	Jiangxi	1056111	240800	222368	210777
山东	Shandong	528867	126494	113157	98706
河南	Henan	1115570	277414	232682	201840
湖北	Hubei	504547	106317	97317	89342
湖南	Hunan	1011914	191310	180403	167906
广东	Guangdong	1068532	199616	189737	177878
广西	Guangxi	397113	76522	76472	73001
海南	Hainan	129625	24307	21649	20971
四川	Sichuan	2690922	541672	542899	451688
贵州	Guizhou	367691	81038	68696	61819
云南	Yunnan	495338	105930	93446	84687
西藏	Tibet	40346	8188	6425	6620
陕西	Shaanxi	777328	165315	149559	135644
甘肃	Gansu	235109	50810	47007	43324
青海	Qinghai	84775	18088	15765	14565
宁夏	Ningxia	63955	14034	11784	11132
新疆	Xinjiang	225097	46266	42214	38751

毕业班学生数(县镇)

Next Year in Primary Schools (County Seats & Towns)

单位:人

生数 四年级 Grade 4	五年级 Grade 5	六年级 Grade 6	毕业班学生数 Graduates for Next Year
3326300	3325263	2207523	3447153
32817	35851	39157	40293
18672	20931	22285	22285
179052	177863	157070	185395
76398	70670	7604	70581
61719	60150	13219	60050
53128	62525	73233	73605
77886	78823	81517	83210
96283	99240	86332	105680
22170	25892	31489	31761
275950	291971	235964	324027
372502	411692	223965	436165
85542	85794	12603	85976
268801	249306	64532	246585
198147	174802	9217	174608
93944	89173	7393	89479
190788	193277	19569	192069
80833	76144	54594	71064
159927	157242	155126	161295
173802	169808	157691	157961
67756	62681	40681	59676
20227	21377	21094	21094
356668	370616	427379	436948
55489	51416	49233	49233
79337	77965	53973	74266
6416	6388	6309	6329
120427	108831	97552	97640
39801	35240	18927	34427
14089	13853	8415	13883
11506	11284	4215	10989
36223	34458	27185	30579

小学在校学生数和

Enrolment and Number of Graduates for

地区 Region	在校学生 Enrolment 合计 Total	一年级 Grade 1	二年级 Grade 2	三年级 Grade 3
总计 Total	91344541	20091102	18066687	16401603
北京 Beijing	306999	61686	56456	49753
天津 Tianjin	351478	74258	64653	54466
河北 Hebei	6091130	1280256	1131275	1036977
山西 Shanxi	2350046	512773	469156	464313
内蒙古 Inner Mongolia	1638641	341237	322012	324826
辽宁 Liaoning	2172111	462232	388227	319549
吉林 Jilin	1440801	290569	263851	239593
黑龙江 Heilongjiang	2286353	446941	406161	384053
上海 Shanghai	299710	51459	54313	47301
江苏 Jiangsu	3384880	747508	675785	592474
浙江 Zhejiang	886437	177891	166894	147546
安徽 Anhui	5030669	1076852	1102548	1005402
福建 Fujian	2022015	364461	366007	376542
江西 Jiangxi	2879198	650668	604009	579566
山东 Shandong	7352757	1740895	1567896	1373574
河南 Henan	7964241	1949478	1641746	1493513
湖北 Hubei	4913873	1042522	956138	867918
湖南 Hunan	5491134	1060382	996450	927958
广东 Guangdong	6413465	1195176	1153355	1102693
广西 Guangxi	5615810	1223200	1164400	1072291
海南 Hainan	907974	198620	172142	162147
四川 Sichuan	6190860	1354780	1285370	1062144
贵州 Guizhou	3939785	990368	768366	669257
云南 Yunnan	3836104	864006	756474	690863
西藏 Tibet	173935	66277	47349	31241
陕西 Shaanxi	2883858	650012	566117	514475
甘肃 Gansu	2122247	619028	453300	393280
青海 Qinghai	298301	93975	58733	51876
宁夏 Ningxia	483912	135905	95200	88712
新疆 Xinjiang	1615817	367687	312304	277300

毕业班学生数(农村)

Next Year in Primary Schools (Rural)

单位:人

生数 四年级 Grade 4	五年级 Grade 5	六年级 Grade 6	毕业班学生数 Graduates for Next Year
15090529	14040672	7653948	13641040
43161	46362	49581	49581
49688	53103	55310	55310
981594	914799	746229	875903
451523	411980	40301	404114
320155	299516	30895	299941
293053	330199	378851	382516
217703	211049	218036	218416
373824	377638	297736	386163
40832	47497	58308	58509
554306	528190	286617	526949
145156	162424	86526	175622
946149	877790	21928	878761
365332	338462	211211	323329
544459	481901	18595	479062
1291464	1247462	131466	1257743
1456192	1378559	44753	1374224
790233	725112	531950	675305
882859	851758	771727	819490
1057197	1005679	899365	906659
938511	800228	417180	708506
145709	127270	102086	107863
837840	804485	846241	856355
573109	502676	436009	469918
617380	528175	379206	467810
15688	8382	4998	5599
447180	385518	320556	320556
335497	258565	62577	249755
46178	39535	8004	36722
82111	68096	13888	66591
246446	228262	183818	203768

六年制小学在校学生

Enrolment and Number of Graduates for

地 区 Region		在 校 学 Enrolment		
	合 计 Total	一 年 级 Grade 1	二 年 级 Grade 2	三 年 级 Grade 3
总 计 Total	83249331	16854461	15445201	13827778
北 京 Beijing	1017958	187992	176810	158257
天 津 Tianjin	895185	157886	146984	136557
河 北 Hebei	6892269	1372485	1209903	1113587
山 西 Shanxi	644494	121890	112653	105833
内蒙古 Inner Mongolia	442434	67704	65552	74874
辽 宁 Liaoning	3567460	698801	596607	528498
吉 林 Jilin	2597655	506193	462600	420266
黑龙江 Heilongjiang	2439984	192793	322280	459940
上 海 Shanghai	1095329	163391	170903	181237
江 苏 Jiangsu	4284611	942642	812051	658305
浙 江 Zhejiang	2141538	433063	381277	311679
安 徽 Anhui	671903	130168	124168	104314
福 建 Fujian	1968619	313020	312835	340969
江 西 Jiangxi	135650	11562	10335	22146
山 东 Shandong	1143249	210396	181518	168584
河 南 Henan	986550	212617	181042	152021
湖 北 Hubei	5296336	1080901	996298	903674
湖 南 Hunan	6861449	1317131	1234474	1144909
广 东 Guangdong	8572519	1595741	1535254	1463650
广 西 Guangxi	4867285	1138329	1087917	852525
海 南 Hainan	1064432	226322	197152	186046
四 川 Sichuan	9545887	2027735	1959349	1607606
贵 州 Guizhou	4425541	1090428	858043	753006
云 南 Yunnan	4089699	976925	857859	671664
西 藏 Tibet	135551	34953	25154	23664
陕 西 Shaanxi	4249470	929937	825989	750479
甘 肃 Gansu	875051	196489	164350	142397
青 海 Qinghai	184834	44402	32343	28378
宁 夏 Ningxia	185495	35475	29560	30615
新 疆 Xinjiang	1970894	437090	373941	332098

数和毕业班学生数

Next Year in 6－year Primary Schools

单位:人

生数			
四年级 Grade 4	五年级 Grade 5	六年级 Grade 6	毕业班学生数 Graduates for Next Year
12582853	12341125	12197913	12197913
147665	163808	183426	183426
138570	154736	160452	160452
1082658	1067270	1046366	1046366
103464	103882	96772	96772
77753	76578	79973	79973
495246	580436	667872	667872
393596	396014	418986	418986
457044	489281	518646	518646
169477	192152	218169	218169
581803	620268	669542	669542
294671	339902	380946	380946
97445	106343	109465	109465
345654	336338	319803	319803
24901	34331	32375	32375
175549	195357	211845	211845
143613	150353	146904	146904
820000	773415	722048	722048
1082722	1051206	1031007	1031007
1404830	1350028	1223016	1223016
688184	597048	503282	503282
169319	152829	132764	132764
1274843	1269220	1407134	1407134
648096	555722	520246	520246
601954	521932	459365	459365
20475	17124	14181	14181
657666	582547	502852	502852
129327	125786	116702	116702
25860	28293	25558	25558
30917	30131	28797	28797
299551	278795	249419	249419

小学在校学生数和毕业

Number of Female Students

地区 Region	在校学 Enrolment			
	合计 Total	一年级 Grade 1	二年级 Grade 2	三年级 Grade 3
总计 Total	60353001	13036669	11803935	10656926
北京 Beijing	495488	91335	86999	77035
天津 Tianjin	434133	77067	71629	66193
河北 Hebei	3917424	815426	721016	652115
山西 Shanxi	1530055	330245	302738	296757
内蒙古 Inner Mongolia	1114013	229979	214702	214500
辽宁 Liaoning	1805727	366391	316524	269023
吉林 Jilin	1272625	248885	229100	208478
黑龙江 Heilongjiang	1818386	352049	322530	301277
上海 Shanghai	553938	92217	95943	87822
江苏 Jiangsu	2919875	636324	575339	497234
浙江 Zhejiang	1737442	354141	320369	284319
安徽 Anhui	2823193	614424	615619	554182
福建 Fujian	1762904	331316	327097	333572
江西 Jiangxi	1967193	450783	418212	394027
山东 Shandong	4268793	1006414	907476	784473
河南 Henan	4695244	1141647	976777	870690
湖北 Hubei	3039677	643453	588775	534088
湖南 Hunan	3394910	659893	617460	573382
广东 Guangdong	4040044	761703	728512	693390
广西 Guangxi	2906540	631429	599289	551627
海南 Hainan	501976	108446	93760	88718
四川 Sichuan	4532105	958657	927664	767674
贵州 Guizhou	1981743	508366	390953	340786
云南 Yunnan	2054933	468043	405849	368223
西藏 Tibet	91363	30835	21401	15987
陕西 Shaanxi	2007345	440232	391145	356236
甘肃 Gansu	1186593	333684	249333	217513
青海 Qinghai	197058	56397	38420	33092
宁夏 Ningxia	275636	72104	53359	49234
新疆 Xinjiang	1026645	224784	195945	175279

班学生总数中女生数

in Primary Schools

单位:人

生数			
四年级 Grade 4	五年级 Grade 5	六年级 Grade 6	毕业班学生数 Graduates for Next Year
9804189	9333117	5718165	9197890
71998	79435	88686	89387
67083	74312	77849	77849
621153	595808	511906	578850
288121	266584	45610	257234
212879	204091	37862	202056
249803	283397	320589	327344
193399	194028	198735	201950
290819	299370	252341	315564
81324	92110	104522	104759
447366	444049	319563	468974
282584	313154	182875	334410
515550	472177	51241	469138
322424	299986	148509	291631
367017	322191	14963	317171
745611	722441	102378	730263
834746	800287	71097	798692
485373	454748	333240	422479
542304	520949	480922	506928
659220	630651	566568	568411
484264	412224	227707	360823
80301	71666	59085	61898
612023	607884	658203	667236
285003	245733	210902	210902
324561	280828	207429	250132
10287	7049	5804	5883
311105	272733	235894	235973
182794	148742	54527	140892
30167	27184	11798	25787
46605	40916	13418	39517
158305	148390	123942	135757

地区 Region	教职 Teachers, Staff 合计 Total	专任教师 Full-time Teachers	行政人员 Adm. Personnel	工勤人员 Workers
总计 Total	6271397	5611324	471083	160525
北京 Beijing	73738	60524	9465	2994
天津 Tianjin	62511	51616	7833	2564
河北 Hebei	295359	271972	17888	4587
山西 Shanxi	185935	169718	12281	3649
内蒙古 Inner Mongolia	172928	153482	10935	7787
辽宁 Liaoning	237673	202349	28460	4182
吉林 Jilin	180361	150242	21377	6607
黑龙江 Heilongjiang	248820	215122	22339	10379
上海 Shanghai	73907	55814	12343	3986
江苏 Jiangsu	310811	269513	26056	8604
浙江 Zhejiang	154588	139843	10965	2571
安徽 Anhui	290131	266486	19148	3783
福建 Fujian	179760	164039	13491	2048
江西 Jiangxi	242270	227161	9947	4687
山东 Shandong	448601	414912	23112	9044
河南 Henan	417939	388703	23386	5068
湖北 Hubei	338750	301662	20161	15138
湖南 Hunan	319521	298787	11731	8222
广东 Guangdong	360320	305946	47061	6905
广西 Guangxi	226995	194116	26233	6217
海南 Hainan	49284	42216	4408	2656
四川 Sichuan	491815	436799	35584	17782
贵州 Guizhou	183980	168842	12877	2192
云南 Yunnan	194698	178376	12026	4210
西藏 Tibet	12390	11514	322	554
陕西 Shaanxi	201217	184164	13785	2994
甘肃 Gansu	135567	128594	4747	2060
青海 Qinghai	29063	27127	1053	715
宁夏 Ningxia	32477	29822	1832	811
新疆 Xinjiang	119988	101863	10237	7529

工 数 (总 计)

in Primary Schools (Regional Aggregates)

单位: 人

工数 & Workers 校办工厂、农场职工 Employees in School-run Factories & Farms 计 Total	其中:由厂、场收入支付工资的职工 Employees maintained by income of school-run businesses	代课教师 Substitute Teachers	临时工 Temporary Workers	兼任教师 Part-time Teachers
28465	11003	652767	89395	5935
755	320	4071	4751	137
498	86	1728	675	193
912	223	79318	2468	110
287	87	15363	2649	160
724	175	8389	1135	58
2682	2055	9550	1688	288
2135	1899	9617	328	158
980	622	11873	5633	143
1764	0	849	1499	10
6638	2538	17262	3468	178
1209	298	23596	3830	196
714	107	13128	2133	54
182	16	28065	1454	272
475	196	11641	2491	297
1533	417	14663	1943	156
782	147	33425	10374	613
1789	678	9618	3141	271
781	125	28766	2622	120
408	134	54896	6273	169
429	73	104075	3225	67
4	0	8526	719	119
1650	211	36952	10252	231
69	29	30264	2706	588
86	26	47605	5417	47
0	0	1428	1189	329
274	44	22212	3010	132
166	118	5835	949	67
168	138	361	637	1
12	1	2513	1036	250
359	240	17178	1700	521

小学教职

Number of Teachers, Staff & Workers

地区 Region	教职 Teachers, Staff			
	合计 Total	专任教师 Full-time Teachers	行政人员 Adm. Personnel	工勤人员 Workers
总计 Total	952350	804241	97128	37423
北京 Beijing	38265	30487	5379	1784
天津 Tianjin	30412	24017	4364	1718
河北 Hebei	49207	42630	4348	1857
山西 Shanxi	29872	25153	3009	1602
内蒙古 Inner Mongolia	27009	22626	2787	1247
辽宁 Liaoning	66534	53787	8710	2173
吉林 Jilin	43526	33679	5696	2216
黑龙江 Heilongjiang	53604	43241	6608	3231
上海 Shanghai	38660	29198	6881	2213
江苏 Jiangsu	49873	41779	4236	1043
浙江 Zhejiang	24224	21525	1594	591
安徽 Anhui	31642	28503	2036	879
福建 Fujian	16356	14953	1052	311
江西 Jiangxi	17579	16070	1018	441
山东 Shandong	65673	56585	5943	2189
河南 Henan	48308	41500	4653	1729
湖北 Hubei	61943	53230	5547	2548
湖南 Hunan	36873	32861	2435	1284
广东 Guangdong	54251	46111	6457	1507
广西 Guangxi	17063	15037	1301	662
海南 Hainan	3052	2672	183	193
四川 Sichuan	49049	41218	4830	2503
贵州 Guizhou	14075	12636	1085	314
云南 Yunnan	10344	9212	783	334
西藏 Tibet	1163	1076	42	45
陕西 Shaanxi	31204	26571	3324	1139
甘肃 Gansu	15974	14374	940	535
青海 Qinghai	3639	3350	222	64
宁夏 Ningxia	4064	3618	261	174
新疆 Xinjiang	18912	16542	1404	897

工 数（城 市）

in Primary Schools (Urban)

单位：人

工 数 & Workers				
校办工厂、农场职工 Employees in School-run Factories & Farms		代课教师 Substitute Teachers	临时工 Temporary Workers	兼任教师 Part-time Teachers
计 Total	其中：由厂、场收入支付工资的职工 Employees maintained by income of school-run businesses			
13558	7974	26377	13285	2479
615	306	323	2691	86
313	49	122	340	181
372	85	2932	488	85
108	34	1106	614	124
349	71	263	331	15
1864	1615	214	877	282
1935	1830	478	117	152
524	345	604	438	88
368	0	746	1349	0
2815	2210	1639	448	11
514	205	778	612	117
224	35	730	106	17
40	2	238	38	14
50	8	248	64	32
956	348	395	203	71
426	92	958	257	88
618	262	1294	819	218
293	96	817	187	87
176	69	6988	1133	125
63	15	969	162	45
4	0	224	34	0
498	107	718	577	75
40	16	769	184	295
15	5	133	41	25
0	0	114	54	9
170	35	2109	676	84
125	104	98	150	47
3	0	34	55	0
11	1	60	64	57
69	29	276	176	49

小学教职

Number of Teachers, Staff & Workers

地区 Region	教职 Teachers, Staff			
	合计 Total	专任教师 Full-time Teachers	行政人员 Adm. Personnel	工勤人员 Workers
总计 Total	1083009	953459	85903	36409
北京 Beijing	15935	13401	1886	578
天津 Tianjin	9323	7813	1133	325
河北 Hebei	50305	45529	3318	1210
山西 Shanxi	24198	21658	1726	732
内蒙古 Inner Mongolia	23558	20259	1947	1133
辽宁 Liaoning	25845	22143	2527	715
吉林 Jilin	37004	28687	5985	2171
黑龙江 Heilongjiang	42676	34798	4624	2891
上海 Shanghai	11873	8430	2170	705
江苏 Jiangsu	101448	87304	8429	3564
浙江 Zhejiang	93515	85203	6289	1475
安徽 Anhui	25721	23493	1552	487
福建 Fujian	63034	55960	6199	816
江西 Jiangxi	59533	55964	2294	1090
山东 Shandong	29213	26600	1506	944
河南 Henan	51470	47209	2813	1257
湖北 Hubei	28127	24903	1547	1360
湖南 Hunan	47221	43905	1809	1393
广东 Guangdong	43574	37633	4584	1228
广西 Guangxi	22679	19566	1734	1292
海南 Hainan	6323	5301	354	668
四川 Sichuan	144763	124829	12952	6304
贵州 Guizhou	20672	18598	1596	462
云南 Yunnan	27047	24170	1983	859
西藏 Tibet	3330	2808	191	331
陕西 Shaanxi	37002	33566	2608	745
甘肃 Gansu	12806	11729	537	519
青海 Qinghai	5912	5456	233	214
宁夏 Ningxia	4200	3804	239	156
新疆 Xinjiang	14702	12740	1138	785

工 数（县 镇）

in Primary Schools (County Seats & Towns)

单位:人

工 数 & Workers		代课教师 Substitute Teachers	临时工 Temporary Workers	兼任教师 Part-time Teachers
校办工厂、农场职工 Employees in School-run Factories & Farms				
计 Total	其中:由厂、场收入支付工资的职工 Employees maintained by income of school-run businesses			
7238	1494	72395	11758	775
70	2	1343	567	36
52	6	221	147	9
248	32	8628	397	11
82	17	1113	217	7
219	52	297	66	17
460	247	181	102	0
161	39	1257	102	6
363	250	1087	285	29
568	0	26	66	0
2151	270	5553	1034	10
548	87	14024	2165	56
189	42	789	222	27
59	5	8291	847	113
185	98	2333	477	36
163	24	266	130	6
191	45	4102	560	63
317	121	629	208	46
114	10	2350	234	11
129	37	4278	396	0
87	12	1255	121	9
0	0	316	70	30
678	44	7887	1866	64
16	12	1088	197	19
35	18	1558	370	3
0	0	159	326	99
83	5	2660	297	13
21	10	247	70	1
9	4	62	62	1
1	0	23	62	20
39	5	372	95	33

小学教职

Number of Teachers, Staff & Workers

地区 Region	教职 Teachers, Staff			
	合计 Total	专任教师 Full-time Teachers	行政人员 Adm. Personnel	工勤人员 Workers
总计 Total	4236038	3853624	288052	86693
北京 Beijing	19538	16636	2200	632
天津 Tianjin	22776	19786	2336	521
河北 Hebei	195847	183813	10222	1520
山西 Shanxi	131865	122907	7546	1315
内蒙古 Inner Mongolia	122361	110597	6201	5407
辽宁 Liaoning	145294	126419	17223	1294
吉林 Jilin	99831	87876	9696	2220
黑龙江 Heilongjiang	152540	137083	11107	4257
上海 Shanghai	23374	18186	3292	1068
江苏 Jiangsu	159490	140430	13391	3997
浙江 Zhejiang	36849	33115	3082	505
安徽 Anhui	232768	214490	15560	2417
福建 Fujian	100370	93126	6240	921
江西 Jiangxi	165158	155127	6635	3156
山东 Shandong	353715	331727	15663	5911
河南 Henan	318161	299994	15920	2082
湖北 Hubei	248680	223529	13067	11230
湖南 Hunan	235427	222021	7487	5545
广东 Guangdong	262495	222202	36020	4170
广西 Guangxi	187253	159513	23198	4263
海南 Hainan	39909	34243	3871	1795
四川 Sichuan	298003	270752	17802	8975
贵州 Guizhou	149233	137608	10196	1416
云南 Yunnan	157307	144994	9260	3017
西藏 Tibet	7897	7630	89	178
陕西 Shaanxi	133011	124027	7853	1110
甘肃 Gansu	106787	102491	3270	1006
青海 Qinghai	19512	18321	598	437
宁夏 Ningxia	24213	22400	1332	481
新疆 Xinjiang	86374	72581	7695	5847

工 数 (农 村)

in Primary Schools (Rural)

单位:人

工 数 & Workers 校办工厂、农场职工 Employees in School-run Factories & Farms 计 Total	其中:由厂、场收入支付工资的职工 Employees maintained by income of school-run businesses	代课教师 Substitute Teachers	临时工 Temporary Workers	兼任教师 Part-time Teachers
7669	1535	553995	64352	2681
70	12	2405	1493	15
133	31	1385	188	3
292	106	67758	1583	14
97	36	13144	1818	29
156	52	7829	738	26
358	193	9155	709	6
39	30	7882	109	0
93	27	10182	4910	26
828	0	77	84	10
1672	58	10070	1986	157
147	6	8794	1053	23
301	30	11609	1805	10
83	9	19536	569	145
240	90	9060	1950	229
414	45	14002	1610	79
165	10	28365	9557	462
854	295	7695	2114	7
374	19	25599	2201	22
103	28	43630	4744	44
279	46	101851	2942	13
0	0	7986	615	89
474	60	28347	7809	92
13	1	28407	2325	274
36	3	45914	5006	19
0	0	1155	809	221
21	4	17443	2037	35
20	4	5490	729	19
156	134	265	520	0
0	0	2430	910	173
251	206	16530	1429	439

小学教职工总数

Number of Primary School Teachers, Staff

地区 Region	教职 Teachers, Staff 合计 Total	专任教师 Full-time Teachers	行政人员 Adm. Personnel	工勤人员 Workers
总计 Total	14970	12255	817	1882
北京 Beijing	373	207	55	108
天津 Tianjin	132	66	29	37
河北 Hebei	383	251	26	103
山西 Shanxi	293	150	45	98
内蒙古 Inner Mongolia	537	487	16	31
辽宁 Liaoning	110	53	22	35
吉林 Jilin	212	172	10	30
黑龙江 Heilongjiang	416	253	54	109
上海 Shanghai	65	35	25	5
江苏 Jiangsu	25	9	8	8
浙江 Zhejiang	209	98	33	78
安徽 Anhui	110	89	13	8
福建 Fujian	202	97	25	80
江西 Jiangxi	1182	1182	0	0
山东 Shandong	281	184	36	54
河南 Henan	48	35	8	5
湖北 Hubei	82	81	1	0
湖南 Hunan	371	243	17	111
广东 Guangdong	1295	631	117	547
广西 Guangxi	357	305	34	18
海南 Hainan	249	227	6	16
四川 Sichuan	1096	860	71	165
贵州 Guizhou	2880	2784	77	19
云南 Yunnan	308	276	16	16
西藏 Tibet	2864	2860	0	4
陕西 Shaanxi	495	245	63	187
甘肃 Gansu	382	362	10	10
青海 Qinghai	13	13	0	0
宁夏 Ningxia	0	0	0	0
新疆 Xinjiang	0	0	0	0

中民办教职工数

& Workers Maintained by the Communities

单位:人

工　数 & Workers 校办工厂、农场职工 Employees in School-run Factories & Farms 计 Total	其中:由厂、场收入支付工资的职工 Employees maintained by income of school-run businesses	代课教师 Substitute Teachers	临时工 Temporary Workers	兼任教师 Part-time Teachers
16	3	1968	556	988
3	3	7	38	35
0	0	0	0	113
3	0	3	14	14
0	0	21	36	7
3	0	31	2	1
0	0	133	47	264
0	0	0	0	26
0	0	16	64	71
0	0	21	7	0
0	0	0	0	0
0	0	46	71	96
0	0	0	0	0
0	0	22	0	7
0	0	251	8	8
7	0	17	9	27
0	0	2	35	53
0	0	0	0	85
0	0	15	6	0
0	0	48	43	6
0	0	38	0	0
0	0	13	0	0
0	0	87	51	6
0	0	697	61	0
0	0	8	0	6
0	0	200	13	142
0	0	108	18	19
0	0	184	33	2
0	0	0	0	0
0	0	0	0	0
0	0	0	0	0

小学教职工总数

Number of Female Teachers, Staff &

地区 Region	教职 Teachers, Staff 合计 Total	专任教师 Full-time Teachers	行政人员 Adm. Personnel	工勤人员 Workers
总计 Total	2745799	2569827	99707	65801
北京 Beijing	53474	46066	5237	1857
天津 Tianjin	42234	36906	3759	1411
河北 Hebei	153461	148020	3606	1524
山西 Shanxi	105496	101085	2945	1362
内蒙古 Inner Mongolia	82231	75924	3172	2851
辽宁 Liaoning	141028	127590	10167	1745
吉林 Jilin	99512	89088	7153	2369
黑龙江 Heilongjiang	140899	126969	9095	4419
上海 Shanghai	50772	40896	6865	2408
江苏 Jiangsu	121820	112691	3465	3415
浙江 Zhejiang	78654	75109	1893	1279
安徽 Anhui	93420	89492	2103	1563
福建 Fujian	77087	74943	1046	1060
江西 Jiangxi	88688	85258	1367	1908
山东 Shandong	173560	166062	4630	2329
河南 Henan	170118	164381	3983	1495
湖北 Hubei	129847	120567	3656	5026
湖南 Hunan	141850	136387	2029	3221
广东 Guangdong	154368	145495	4706	4027
广西 Guangxi	78998	73972	2044	2860
海南 Hainan	15313	13330	264	1719
四川 Sichuan	202090	187952	7004	6663
贵州 Guizhou	57163	54527	1781	837
云南 Yunnan	68050	63867	1619	2537
西藏 Tibet	4089	3845	98	146
陕西 Shaanxi	83712	80373	2214	1034
甘肃 Gansu	41412	39945	626	751
青海 Qinghai	12162	11641	233	256
宁夏 Ningxia	13340	12692	273	370
新疆 Xinjiang	70951	64754	2674	3359

中女教职工数

Workers in Primary Schools

单位:人

工　数 & Workers				
校办工厂、农场职工 Employees in School－run Factories & Farms		代课教师 Substitute Teachers	临时工 Temporary Workers	兼任教师 Part－time Teachers
计 Total	其中:由厂、场收入支付工资的职工 Employees maintained by income of school－run businesses			
10464	5518	343185	42450	2400
314	141	3516	2323	84
158	25	1301	256	79
311	103	57990	1220	44
104	45	11540	1556	94
284	74	4701	523	24
1526	1190	6072	531	185
902	792	5418	148	53
416	258	6816	2677	76
603	0	3	8	8
2249	1559	9407	1474	11
373	146	17205	2676	96
262	46	5628	1085	21
38	7	18807	1183	60
155	121	4002	956	75
539	180	7955	725	59
259	51	16883	4959	342
598	271	3592	1127	126
213	69	12831	1084	59
140	49	34930	3224	78
122	37	46034	1730	41
0	0	2859	334	24
471	82	13840	4270	72
18	11	9275	1199	66
27	8	16028	3071	26
0	0	595	448	120
91	21	13076	1630	43
90	74	2129	381	18
32	28	127	197	0
5	0	1030	671	163
164	130	9595	784	253

小学学龄儿童

Net Enrolment Rate of School－age

地区 Region		校内外学龄儿童总数 Total Number of School－age Children	小学在校 Breakdown of		
			合计 Total	不足七周岁 Under 7 years	七周岁 7 years
总计	**Total**	119495619	117581583	1184262	23599344
北京	Beijing	949400	948608	131253	173602
天津	Tianjin	812042	808680	30440	142140
河北	Hebei	7785510	7663856	18548	1500220
山西	Shanxi	3029410	2988655	0	616495
内蒙古	Inner Mongolia	2125018	2093045	0	375917
辽宁	Liaoning	3556638	3523878	0	721061
吉林	Jilin	2506494	2497191	0	480595
黑龙江	Heilongjiang	3517009	3462557	0	612850
上海	Shanghai	1062574	1062236	165402	189034
江苏	Jiangsu	5724863	5692864	201435	1206569
浙江	Zhejiang	3484609	3474249	0	713591
安徽	Anhui	5315234	5281762	49797	1134420
福建	Fujian	3454092	3442919	16638	652252
江西	Jiangxi	3746025	3710327	17369	780624
山东	Shandong	8338937	8246423	183525	1886944
河南	Henan	8910457	8823227	27762	2040707
湖北	Hubei	5994695	5938807	252844	1186185
湖南	Hunan	6872281	6697394	5890	1247105
广东	Guangdong	8000920	7967227	1447	1399280
广西	Guangxi	5877601	5769134	390	1094472
海南	Hainan	987036	977364	0	162799
四川	Sichuan	9487841	9281006	0	1958374
贵州	Guizhou	4155080	3951727	0	750398
云南	Yunnan	4201025	4073895	8361	740897
西藏	Tibet	319527	199697	0	42560
陕西	Shaanxi	4034648	3982872	70436	765216
甘肃	Gansu	2296844	2213028	0	483991
青海	Qinghai	420857	361643	0	74178
宁夏	Ningxia	585736	561237	2725	112086
新疆	Xinjiang	1943216	1886075	0	354782

入学率情况

Children in Primary Schools

单位: 人

学龄儿童年龄分组 Students by age						学龄儿童入学率(%) Net Enrolment Rate of School-age Children
八周岁 8 years	九周岁 9 years	十周岁 10 years	十一周岁 11 years	十二周岁 12 years	十三周岁及以上 13 years and over	
22339695	20476418	19527359	19016904	11434762	2839	98.40
160381	151789	158099	173484	0	0	99.92
143809	134913	137060	147114	73204	0	99.59
1413112	1287016	1216135	1184036	1044789	0	98.44
592833	585544	574202	515372	104209	0	98.65
397773	411638	409177	395425	102735	380	98.50
625726	523523	496913	573081	583574	0	99.08
447867	409767	377945	383238	397779	0	99.63
621510	583446	566699	587516	490536	0	98.45
178071	163663	182169	183897	0	0	99.97
1051837	905393	868400	901535	557695	0	99.44
601929	540870	577329	654141	386389	0	99.70
1093724	1022525	972955	951661	56680	0	99.37
641767	658185	625356	588081	260640	0	99.68
761806	760502	727381	641184	21461	0	99.05
1726267	1520094	1446834	1313030	169729	0	98.89
1820751	1640645	1601394	1567936	123915	117	99.02
1101796	1028691	964858	864253	540180	0	99.07
1205832	1133613	1104084	1093378	907492	0	97.46
1388567	1344685	1316528	1283875	1232845	0	99.58
1142372	1092540	1003329	895430	540601	0	98.15
167772	167565	162300	162243	154685	0	99.02
1818044	1426477	1205285	1319036	1553790	0	97.82
726037	673815	640541	596973	563963	0	95.11
736953	686276	666952	640866	593590	0	96.97
41317	34159	33121	26240	22300	0	62.50
751010	694510	639294	579369	483037	0	98.72
449778	409009	385490	354211	130549	0	96.35
69979	64723	62518	59905	27998	2342	85.93
103395	96739	95248	89424	61620	0	95.82
357680	324103	309763	290970	248777	0	97.06

小学女学龄儿童

Net Enrolment Rate of Female School－age

地　区 Region		校内外 学龄儿童总数 Total Number of School－age Children	小　学　在　校 Breakdown of		
			合　计 Total	不足七周岁 Under 7 years	七周岁 7 years
总　计	**Total**	57095453	55792612	578671	11279434
北　京	Beijing	461444	461086	64664	84776
天　津	Tianjin	395665	393895	15139	69640
河　北	Hebei	3818043	3707926	9641	727287
山　西	Shanxi	1458942	1435362	0	297421
内蒙古	Inner Mongolia	1017753	999235	0	179760
辽　宁	Liaoning	1722292	1701210	0	347647
吉　林	Jilin	1214375	1209089	0	232852
黑龙江	Heilongjiang	1708568	1682846	0	298201
上　海	Shanghai	522861	515055	80965	92018
江　苏	Jiangsu	2733816	2720282	98903	580268
浙　江	Zhejiang	1661756	1653581	0	338192
安　徽	Anhui	2498399	2479439	23968	541131
福　建	Fujian	1649760	1642935	8031	312420
江　西	Jiangxi	1777950	1760281	8749	373845
山　东	Shandong	4013277	3942525	89419	906900
河　南	Henan	4277404	4217317	13571	980791
湖　北	Hubei	2840220	2813230	122515	570094
湖　南	Hunan	3291524	3186049	2847	597929
广　东	Guangdong	3783220	3764952	674	668599
广　西	Guangxi	2747225	2679369	188	515624
海　南	Hainan	460197	449011	0	75081
四　川	Sichuan	4535500	4393085	0	930969
贵　州	Guizhou	1939661	1754843	0	340705
云　南	Yunnan	1970552	1887652	4319	349328
西　藏	Tibet	153577	79226	0	16127
陕　西	Shaanxi	1921833	1893687	33774	363846
甘　肃	Gansu	1086833	1024622	0	227286
青　海	Qinghai	201363	164124	0	34561
宁　夏	Ningxia	275730	254988	1304	51710
新　疆	Xinjiang	955713	925710	0	174426

入学率情况

Children in Primary Schools

单位:人

学龄儿童年龄分组 Students by age						学龄儿童入学率(%) Net Enrolment Rate of School-age Children
八周岁 8 years	九周岁 9 years	十周岁 10 years	十一周岁 11 years	十二周岁 12 years	十三周岁及以上 13 years and over	
10640743	9740330	9252395	8956586	5343282	1171	97.72
77457	73961	76834	83394	0	0	99.92
70439	65598	66928	71528	34623	0	99.55
682242	623743	589143	569735	506135	0	97.12
285367	281806	274277	247958	48533	0	98.38
190901	196594	196155	187539	48110	176	98.18
302827	253867	240649	275988	280232	0	98.78
217649	199319	183660	185386	190223	0	99.56
302139	284091	277270	284364	236781	0	98.49
86106	79329	88004	88633	0	0	98.51
502367	434285	411526	427479	265454	0	99.50
287464	257358	274501	310593	185473	0	99.51
517552	477866	454049	439479	25394	0	99.24
306489	315061	299788	279529	121617	0	99.59
363009	359043	343870	302101	9664	0	99.01
827815	724595	693208	619727	80861	0	98.24
871331	789961	758327	744519	58776	41	98.60
524242	486244	455882	405187	249066	0	99.05
578451	544586	525234	510506	426496	0	96.80
658577	639213	619484	604779	573626	0	99.52
533156	509749	464643	410454	245555	0	97.53
77590	77879	74984	73753	69724	0	97.57
862346	677766	572524	624406	725074	0	96.86
329598	299932	283734	258693	242181	0	90.47
344376	319778	309262	293433	267156	0	95.79
17043	14233	12453	10921	8449	0	51.59
357926	330600	304917	276972	225652	0	98.54
208341	189789	177475	161539	60192	0	94.28
32276	29441	28177	26376	12339	954	81.51
47918	45041	43977	39926	25112	0	92.48
177749	159602	151460	141689	120784	0	96.86

特殊教育学校基本情况(包括盲

Basic Statistics of Special Education Schools (Including

地　区 Region	学校数(所) Schools	班　数(个) Classes		毕业生数 Graduates		
		小　学 Primary Schools	初　中 Junior Sec. Schools	计 Total	小　学 Primary Schools	初　中 Junior Sec. Schools
总　计 Total	1241	11640	502	14319	12639	1680
北　京 Beijing	21	345	24	1144	942	202
天　津 Tianjin	25	146	17	319	278	41
河　北 Hebei	67	1134	3	414	386	28
山　西 Shanxi	27	267	9	406	366	40
内蒙古 Inner Mongolia	19	131	3	90	76	14
辽　宁 Liaoning	79	998	34	773	704	69
吉　林 Jilin	48	468	29	661	612	49
黑龙江 Heilongjiang	72	687	25	776	683	93
上　海 Shanghai	36	375	125	355	75	280
江　苏 Jiangsu	135	1312	53	1494	1369	125
浙　江 Zhejiang	55	507	10	1172	1090	82
安　徽 Anhui	32	196	23	320	284	36
福　建 Fujian	57	251	1	1335	1277	58
江　西 Jiangxi	22	102	2	490	415	75
山　东 Shandong	125	811	45	1131	1009	122
河　南 Henan	103	485	11	301	214	87
湖　北 Hubei	56	447	22	385	336	49
湖　南 Hunan	40	193	13	492	471	21
广　东 Guangdong	37	477	5	504	493	11
广　西 Guangxi	28	301	11	314	296	18
海　南 Hainan	1	10	0	23	16	7
四　川 Sichuan	83	400	15	466	437	29
贵　州 Guizhou	12	672	8	203	174	29
云　南 Yunnan	13	137	5	252	172	80
西　藏 Tibet	0	0	0	0	0	0
陕　西 Shaanxi	23	176	2	265	265	0
甘　肃 Gansu	12	108	3	108	83	25
青　海 Qinghai	2	39	0	13	13	0
宁　夏 Ningxia	5	412	0	58	58	0
新　疆 Xinjiang	6	53	4	55	45	10

聋哑学校及弱智儿童辅读学校)

Schools for the Blind, the Deaf－mute & the Retarded)

单位:人

招生数 Students Admitted			在校学生数 Enrolment			教职工数 Teachers, Staff & Workers	
计 Total	小学 Primary Schools	初中 Junior Sec. Schools	计 Total	小学 Primary Schools	初中 Junior Sec. Schools	计 Total	其中:专任教师 Of which: Full－time Teachers
39820	37233	2587	211404	203665	7739	33189	22713
1304	1021	283	8203	7375	828	839	608
496	442	54	3526	3341	185	688	476
2230	2193	37	11984	11863	121	1300	860
873	808	65	4224	4070	154	959	674
288	272	16	1293	1259	34	500	350
1196	1062	134	8490	8075	415	2944	2119
1022	978	44	9763	9281	482	1951	1372
1306	1218	88	8394	8079	315	2723	1857
1476	773	703	5161	3711	1450	1347	770
4142	3898	244	30085	29490	595	3664	2532
2774	2499	275	18038	17334	704	1291	1003
2276	2168	108	7819	7505	314	703	515
2764	2743	21	14321	14226	95	734	631
595	547	48	3333	3115	218	341	272
2573	2471	102	12391	11950	441	3759	2256
1834	1792	42	6654	6588	66	1872	1380
1229	1152	77	5404	5187	217	1164	821
899	868	31	3694	3424	270	801	597
2872	2826	46	12620	12451	169	825	594
2089	2079	10	8984	8924	60	520	429
172	168	4	743	721	22	44	22
1310	1258	52	6808	6645	163	1318	1006
1244	1224	20	4263	4073	190	749	385
976	932	44	3198	3113	85	420	295
0	0	0	0	0	0	0	0
1131	1123	8	6282	6211	71	516	366
366	350	16	1396	1373	23	322	228
115	115	0	2972	2972	0	105	77
166	166	0	771	771	0	510	73
102	87	15	590	538	52	280	145

特殊教育学校中盲

Basic Statistics of Schools for

地 区 Region		学校数(所) Schools	班 数 (个) Classes		毕 业 生 数 Graduates		
			小 学 Primary Schools	初 中 Junior Sec. Schools	计 Total	小 学 Primary Schools	初 中 Junior Sec. Schools
总 计	**Total**	871	5531	423	6608	5475	1133
北 京	Beijing	7	73	17	213	144	69
天 津	Tianjin	9	60	16	121	80	41
河 北	Hebei	54	369	3	212	197	15
山 西	Shanxi	16	153	8	300	260	40
内蒙古	Inner Mongolia	16	92	3	74	60	14
辽 宁	Liaoning	52	412	31	478	409	69
吉 林	Jilin	26	271	29	375	326	49
黑龙江	Heilongjiang	67	512	25	586	493	93
上 海	Shanghai	21	149	88	227	60	167
江 苏	Jiangsu	72	532	43	760	654	106
浙 江	Zhejiang	41	303	8	336	306	30
安 徽	Anhui	25	144	20	228	193	35
福 建	Fujian	20	119	1	154	153	1
江 西	Jiangxi	15	60	2	254	239	15
山 东	Shandong	97	558	43	586	475	111
河 南	Henan	81	383	10	246	165	81
湖 北	Hubei	51	254	22	216	176	40
湖 南	Hunan	36	172	13	273	268	5
广 东	Guangdong	12	126	5	83	74	9
广 西	Guangxi	14	54	0	67	64	3
海 南	Hainan	1	10	0	0	0	0
四 川	Sichuan	74	236	15	203	179	24
贵 州	Guizhou	9	108	7	48	47	1
云 南	Yunnan	11	80	5	212	132	80
西 藏	Tibet	0	0	0	0	0	0
陕 西	Shaanxi	23	126	2	157	157	0
甘 肃	Gansu	9	73	3	108	83	25
青 海	Qinghai	2	30	0	13	13	0
宁 夏	Ningxia	4	24	0	23	23	0
新 疆	Xinjiang	6	48	4	55	45	10

注:本表不包括普校附设的盲聋哑班的学生数

Nomber of students in the blind and deaf-mute classes attached to regular schools are not included.

聋哑学校基本情况

the Blind & the Deaf-mute

单位:人

招生数 Students Admitted			在校学生数 Enrolment			教职工数 Teachers Staff & Workers	
计 Total	小学 Primary Schools	初中 Junior Sec. Schools	计 Total	小学 Primary Schools	初中 Junior Sec. Schools	计 Total	其中:专任教师 Of which: Full-time Teachers
14324	12978	1346	72181	67622	4559	24829	16211
329	182	147	1324	1012	312	393	242
176	122	54	819	654	165	372	246
765	747	18	3545	3503	42	1076	689
505	460	45	2394	2264	130	784	518
198	182	16	939	905	34	444	300
750	616	134	5186	4811	375	2056	1378
443	399	44	4132	3650	482	1454	961
850	780	70	5696	5416	280	2556	1723
299	153	146	1647	1072	575	892	451
1247	1034	213	7976	7456	520	2549	1510
635	619	16	4252	4138	114	1030	760
695	603	92	2795	2540	255	622	444
432	432	0	1797	1783	14	410	325
243	222	21	850	812	38	223	158
1544	1464	80	7273	6887	386	3058	1735
1161	1119	42	4842	4784	58	1658	1204
760	714	46	3113	2959	154	1066	731
577	562	15	2412	2218	194	755	554
459	441	18	1854	1802	52	425	281
278	276	2	1092	1082	10	161	102
27	27	0	131	131	0	44	22
515	478	37	2248	2123	125	980	704
303	296	7	907	833	74	269	181
350	306	44	1361	1285	76	338	218
0	0	0	0	0	0	0	0
358	350	8	1501	1482	19	480	331
227	211	16	832	809	23	272	182
74	74	0	341	341	0	91	63
42	42	0	372	372	0	100	62
82	67	15	550	498	52	271	136

幼儿园基本

Basic Statistics of Kindergartens

地区 Region	园数（所） Kindergartens 计 Total	班数（个） Classes 计 Total	其中：小学附设学前班 Of which: Pre-school Classes Attached to Primary Schools
总计 Total	174657	787603	444618
北京 Beijing	3301	13010	1872
天津 Tianjin	287	5324	3975
河北 Hebei	1632	43922	38762
山西 Shanxi	7545	33840	21826
内蒙古 Inner Mongolia	1610	15071	9838
辽宁 Liaoning	10923	37035	16934
吉林 Jilin	4267	18272	9799
黑龙江 Heilongjiang	3669	24789	15856
上海 Shanghai	1090	12131	576
江苏 Jiangsu	20287	58208	17796
浙江 Zhejiang	11705	31178	9352
安徽 Anhui	1962	23108	15396
福建 Fujian	12086	28769	9378
江西 Jiangxi	4123	14400	7885
山东 Shandong	46907	86484	37591
河南 Henan	2417	49960	41200
湖北 Hubei	3291	28341	19405
湖南 Hunan	4620	42507	37275
广东 Guangdong	7243	51036	27747
广西 Guangxi	2437	29205	22832
海南 Hainan	468	3639	2473
四川 Sichuan	16173	67782	28200
贵州 Guizhou	1415	9516	6374
云南 Yunnan	1323	14994	9857
西藏 Tibet	26	72	29
陕西 Shaanxi	1545	24746	20211
甘肃 Gansu	1026	10322	6876
青海 Qinghai	205	1782	1231
宁夏 Ningxia	218	2344	1580
新疆 Xinjiang	856	5816	2492

情况（总计）

(Regional Aggregates)

在园幼儿数（人） Children Enrolled		教职工数（人） Teachers, Staff & Workers			
			其中: Of which		
计 Total	其中:小学附设学前班 Of which: Pre-school Classes Attached to Primary Schools	计 Total	园长 Kindergarten Heads	教师 Teachers	保健员 Health Nurses
26302725	15214940	1149211	68427	861756	53352
352979	61703	42118	2969	17413	1142
157391	110714	9080	494	5310	208
1534560	1362386	56469	1335	47923	2223
978466	559888	43889	2096	35508	1474
432646	285034	22129	1288	15413	1347
1090474	514687	71633	6547	43828	3480
550703	333273	30648	2477	20781	2873
665324	431145	40583	2962	28638	1984
349890	16792	34876	2055	22090	1314
2082530	650293	95793	6207	79933	3223
993301	319725	48006	2712	39453	1837
874501	601648	24393	1755	20848	760
1008878	310951	43747	2355	38435	1433
505530	276286	21058	1212	17755	1307
2680548	1283620	131134	7861	108920	4784
2113142	1760360	29076	1707	17561	825
1054692	744851	48314	2870	35205	2429
1278903	1112113	52457	1632	44799	3558
1918458	1077618	85560	6196	57790	5475
997553	764582	28519	1629	22053	1046
133418	85695	5290	421	3548	952
2223258	943931	91009	4329	74233	3625
356681	254694	13657	1006	11056	1269
487123	317527	21847	1204	16324	1430
2517	793	300	24	169	50
770064	609710	23048	1160	16451	1285
376156	249062	12829	760	8637	707
63920	44318	2547	169	1623	186
77004	54173	3918	221	2545	281
192115	77368	15284	774	7514	845

成人高等学校基本情况(总计)(不包

Basic Statistics of Adult Higher Educational
(Evening Schools & Divisions of Correspondence run by Regular

地区 Region	学校数(所) Schools 计 Total	其中:中央部委所属学校数 Inst. Under Central Ministries & Agencies	本专科学生数 Undergraduate Students 毕业生数 Graduates	招生数 Students Admitted	在校学生数 Enrolment	合计 Total	校 Teachers, 计 Subtotal	专任 Full-time 小计 Subtotal	教授 Prof.
总　计 Total	1172	277	277141	515681	1223980	209959	198380	94949	1133
北　京 Beijing	85	43	30842	39355	68465	19322	18248	7463	247
天　津 Tianjin	45	5	10021	17767	40809	8576	8260	4223	30
河　北 Hebei	43	13	11444	20165	55161	8814	8255	3469	41
山　西 Shanxi	36	6	6360	11183	24094	6124	5769	2606	18
内蒙古 Inner Mongolia	23	3	4872	6507	16544	4292	4225	2008	8
辽　宁 Liaoning	64	27	15790	25231	64737	12572	12223	5693	75
吉　林 Jilin	44	10	6971	13491	32788	7575	7303	3612	59
黑龙江 Heilongjiang	83	17	10821	21487	52672	13540	12918	6596	52
上　海 Shanghai	66	9	5335	10295	26686	12556	11918	5493	74
江　苏 Jiangsu	64	13	12365	21307	51661	11395	10793	5671	39
浙　江 Zhejiang	39	4	6159	19881	41599	4360	4230	2104	17
安　徽 Anhui	27	6	7135	18204	35629	4622	4333	2029	8
福　建 Fujian	20	1	3572	9266	21694	2507	2360	1215	10
江　西 Jiangxi	24	5	6527	13771	30107	4558	3955	1953	17
山　东 Shandong	55	15	20525	37930	100318	13048	11833	5872	64
河　南 Henan	53	15	12037	21803	55494	8821	8167	4168	38
湖　北 Hubei	61	15	15937	30144	75143	11234	10744	5207	54
湖　南 Hunan	40	7	15946	35705	76182	6120	5603	2680	17
广　东 Guangdong	59	5	15768	33441	88013	10220	9985	4891	92
广　西 Guangxi	23	0	9020	12589	35432	5363	4881	2458	22
海　南 Hainan	4	1	525	1524	2884	313	313	151	0
四　川 Sichuan	80	22	22085	38411	103138	12889	12170	5740	65
贵　州 Guizhou	17	3	3288	11040	20719	3016	2957	1411	19
云　南 Yunnan	18	4	3484	6017	13142	2932	2782	1314	7
西　藏 Tibet	0	0	0	0	0	0	0	0	0
陕　西 Shaanxi	41	16	7979	15809	36227	7352	6651	3180	28
甘　肃 Gansu	21	9	3912	6077	13195	2319	2238	1193	9
青　海 Qinghai	3	0	659	1584	3413	685	676	324	8
宁　夏 Ningxia	6	0	1312	2544	6080	559	544	303	6
新　疆 Xinjiang	28	3	6450	13153	31954	4275	4046	1922	9

括普通高等学校函授部、夜大学)

Institutions (Regional Aggregates)
Institutions of Higher Education are not included in Aggregates)

单位:人

教职工数 Teachers, Staff & Workers										兼任教师 Part－time Teachers
本部教职工 Staff & Workers in the School Proper							科研机构人员 Personnel in Affiliated Research Org.	校办厂、场职工 Employees in School－run Factories, Farms	附设机构人员 Personnel in Other Subsidiary Units	
教师 Teachers				教辅人员 Supporting Staff	行政人员 Adm. Personnel	工勤人员 Workers				
副教授 Asso. Prof.	讲师 Lecturers	助教 Assistants	教员 Instructors							
19071	44676	24512	5557	22693	50101	30637	1726	5974	3879	31417
1531	3326	1388	971	2768	5488	2529	122	538	414	3162
647	1801	1616	129	885	1992	1160	72	171	73	2648
827	1498	900	203	990	2190	1606	43	441	75	401
457	1001	982	148	553	1478	1132	13	189	153	248
402	870	649	79	593	1025	599	18	18	31	129
1189	2768	1435	226	1339	2976	2215	73	148	128	773
862	1685	897	109	818	1742	1131	32	79	161	644
1515	3379	1369	281	1433	2729	2160	276	208	138	1566
1277	3235	800	107	1535	2770	2120	156	408	74	785
916	2816	1447	453	972	2668	1482	32	390	180	1291
394	1065	519	109	550	973	603	0	116	14	951
451	1068	414	88	401	1327	576	10	132	147	835
249	580	328	48	191	723	231	4	88	55	983
367	796	627	146	437	916	649	12	461	130	909
1099	2352	1878	479	1280	2788	1893	78	963	174	1150
760	1981	1158	231	821	2149	1029	20	381	253	1264
1023	2333	1496	301	1361	2571	1605	148	251	91	1072
599	1301	610	153	588	1412	923	20	84	413	1934
964	2312	1232	291	1019	2570	1505	63	69	103	2941
485	1191	637	123	458	1150	815	265	124	93	1462
25	67	59	0	16	88	58	0	0	0	43
1347	2833	1267	228	1240	3380	1810	114	242	363	3305
237	656	427	72	410	777	359	17	31	11	560
224	624	359	100	334	663	471	49	47	54	234
0	0	0	0	0	0	0	0	0	0	0
610	1550	820	172	873	1737	861	13	309	379	1101
201	556	345	82	194	521	330	4	40	37	74
48	159	91	18	82	160	110	0	9	0	215
45	121	93	38	56	111	74	0	8	7	438
320	752	669	172	496	1027	601	72	29	128	299

成人高等学校本、专科学生数(总计)

Number of Students in Adult Higher Educational
(Evening Schools & Divisions of Correspondence run by

地区 Region		毕业生数 Graduates			招生数 Students Admitted	
		计 Total	本科 Normal Courses	专科 Short-cycle Courses	计 Total	本科 Normal Courses	专科 Short-cycle Courses
总计	**Total**	277141	11121	266020	515681	18355	497326
北京	Beijing	30842	380	30462	39355	467	38888
天津	Tianjin	10021	243	9778	17767	326	17441
河北	Hebei	11444	201	11243	20165	340	19825
山西	Shanxi	6360	452	5908	11183	1771	9412
内蒙古	Inner Mongolia	4872	14	4858	6507	0	6507
辽宁	Liaoning	15790	877	14913	25231	1071	24160
吉林	Jilin	6971	147	6824	13491	642	12849
黑龙江	Heilongjiang	10821	86	10735	21487	31	21456
上海	Shanghai	5335	832	4503	10295	553	9742
江苏	Jiangsu	12365	349	12016	21307	418	20889
浙江	Zhejiang	6159	411	5748	19881	707	19174
安徽	Anhui	7135	365	6770	18204	1107	17097
福建	Fujian	3572	192	3380	9266	203	9063
江西	Jiangxi	6527	364	6163	13771	731	13040
山东	Shandong	20525	835	19690	37930	2244	35686
河南	Henan	12037	664	11373	21803	746	21057
湖北	Hubei	15937	302	15635	30144	983	29161
湖南	Hunan	15946	1417	14529	35705	2046	33659
广东	Guangdong	15768	841	14927	33441	1552	31889
广西	Guangxi	9020	245	8775	12589	170	12419
海南	Hainan	525	18	507	1524	0	1524
四川	Sichuan	22085	962	21123	38411	774	37637
贵州	Guizhou	3288	383	2905	11040	492	10548
云南	Yunnan	3484	96	3388	6017	175	5842
西藏	Tibet	0	0	0	0	0	0
陕西	Shaanxi	7979	199	7780	15809	447	15362
甘肃	Gansu	3912	163	3749	6077	104	5973
青海	Qinghai	659	0	659	1584	0	1584
宁夏	Ningxia	1312	41	1271	2544	92	2452
新疆	Xinjiang	6450	42	6408	13153	163	12990

(不包括普通高等学校函授部、夜大学)

Institutions by Type of Courses (Regional Aggregates)
Institutions of Higher Education are not included in Aggregates)

单位:人

在校学生数 Enrolment			毕业班学生数 Graduates for Next Year		
计 Total	本科 Normal Courses	专科 Short-cycle Courses	计 Total	本科 Normal Courses	专科 Short-cycle Courses
1223980	52025	1171955	412191	14838	397353
68465	972	67493	16748	204	16544
40809	938	39871	13393	422	12971
55161	992	54169	21218	400	20818
24094	4053	20041	8372	715	7657
16544	0	16544	6255	0	6255
64737	3884	60853	18714	1056	17658
32788	1170	31618	10284	163	10121
52672	532	52140	16236	86	16150
26686	1763	24923	7248	792	6456
51661	2073	49588	17868	1469	16399
41599	1814	39785	11249	602	10647
35629	2926	32703	10505	997	9508
21694	505	21189	6812	158	6654
30107	1343	28764	8388	413	7975
100318	8950	91368	34473	830	33643
55494	2316	53178	20868	1089	19779
75143	2772	72371	27900	672	27228
76182	4462	71720	29793	1453	28340
88013	4312	83701	28609	936	27673
35432	535	34897	14652	224	14428
2884	32	2852	875	0	875
103138	2485	100653	39818	996	38822
20719	1161	19558	6271	439	5832
13142	311	12831	5411	134	5277
0	0	0	0	0	
36227	1007	35220	10237	322	9915
13195	263	12932	5283	156	5127
3413	19	3394	1383	19	1364
6080	199	5881	1785	18	1767
31954	236	31718	11543	73	11470

广播电视大

Basic Statistics of

地　区 Region	学校数(所) Schools 计 Total	学校数(所) Schools 其中:中央部委所属学校数 Inst. under Central Ministries & Agencies	本专科学生数 Undergraduate Students 毕业生数 Graduates	本专科学生数 Undergraduate Students 招生数 Students Admitted	本专科学生数 Undergraduate Students 在校学生数 Enrolment	合　计 Total	校 Teachers, 计 Subtotal	校 Teachers, 专任 Full-time 小计 Subtotal	校 Teachers, 专任 Full-time 教授 Prof.
总　计 Total	46	1	99945	221420	536423	44306	42572	19536	109
北　京 Beijing	2	1	1876	2403	8176	1343	1088	438	6
天　津 Tianjin	1	0	3367	5964	13322	1985	1898	818	2
河　北 Hebei	1	0	4327	8747	26062	1436	1397	520	5
山　西 Shanxi	1	0	1641	2953	6222	689	689	191	0
内蒙古 Inner Mongolia	1	0	1888	2070	5516	984	982	372	0
辽　宁 Liaoning	3	0	6502	10306	28238	2001	1994	895	9
吉　林 Jilin	2	0	2259	6239	13754	1508	1508	811	11
黑龙江 Heilongjiang	2	0	3950	9962	23186	4245	4145	1898	9
上　海 Shanghai	1	0	628	1661	4467	787	699	289	2
江　苏 Jiangsu	2	0	6424	13101	28966	4070	3820	2049	2
浙　江 Zhejiang	2	0	3845	15227	29351	1554	1494	725	5
安　徽 Anhui	1	0	2319	7004	12737	766	765	246	0
福　建 Fujian	2	0	2001	6311	13461	801	754	301	0
江　西 Jiangxi	1	0	3171	7370	16708	854	846	388	1
山　东 Shandong	3	0	9013	14158	39851	4459	4224	2264	4
河　南 Henan	1	0	4753	11185	26290	1744	1687	801	2
湖　北 Hubei	2	0	7836	15413	34521	3433	3338	1728	1
湖　南 Hunan	1	0	6988	19813	41784	1182	1182	434	1
广　东 Guangdong	3	0	4887	10850	39464	2798	2749	1279	19
广　西 Guangxi	1	0	3008	4200	12848	693	690	259	3
海　南 Hainan	1	0	146	634	998	101	101	51	0
四　川 Sichuan	3	0	7379	19087	52773	1452	1327	435	2
贵　州 Guizhou	1	0	1320	5193	9824	951	932	431	9
云　南 Yunnan	1	0	2010	4101	9177	771	710	319	1
西　藏 Tibet	0	0	0	0	0	0	0	0	0
陕　西 Shaanxi	2	0	3513	7308	15390	2199	2156	1049	15
甘　肃 Gansu	1	0	1999	2396	5482	179	179	57	0
青　海 Qinghai	1	0	152	613	1223	104	104	27	0
宁　夏 Ningxia	1	0	572	1142	2724	153	153	52	0
新　疆 Xinjiang	2	0	2171	6009	13908	1064	961	409	0

学基本情况

Radio/TV Universities

单位:人

教职工数 Teachers, Staff & Workers — 本部教职工 Staff & Workers in the School Proper — 教师 Teachers — 副教授 Asso. Prof.	讲师 Lecturers	助教 Assistants	教员 Instructors	教辅人员 Supporting Staff	行政人员 Adm. Personnel	工勤人员 Workers	科研机构人员 Personnel in Affiliated Research Org.	校办厂、场职工 Employees in School-run Factories, Farms	附设机构人员 Personnel in Other Subsidiary Units	兼任教师 Part-time Teachers
2829	8863	6325	1410	5625	12529	4882	136	717	881	15533
98	240	61	33	98	451	101	12	59	184	390
107	313	352	44	239	607	234	26	50	11	852
107	248	144	16	239	458	180	6	22	11	114
28	84	75	4	79	311	108	0	0	0	34
56	123	160	33	176	281	153	0	2	0	62
149	444	238	55	287	633	179	3	4	0	188
144	386	231	39	241	383	73	0	0	0	339
291	931	552	115	600	1015	632	0	18	82	805
45	205	36	1	146	166	98	1	87	0	164
204	914	703	226	297	1034	440	6	98	146	728
92	350	241	37	264	374	131	0	55	5	453
36	152	53	5	73	393	53	0	1	0	636
38	137	106	20	72	326	55	0	13	34	494
56	162	148	21	133	232	93	8	0	0	737
297	818	905	240	473	966	521	11	116	108	644
102	388	244	65	216	537	133	16	10	31	875
269	708	601	149	469	747	394	3	83	9	483
82	231	98	22	182	402	164	0	0	0	1229
153	531	482	94	282	804	384	9	24	16	1572
42	152	54	8	63	289	79	0	3	0	664
8	23	20	0	0	29	21	0	0	0	7
72	239	103	19	219	513	160	0	25	100	2089
51	192	154	25	101	314	86	0	14	5	370
44	161	90	23	85	218	88	29	26	6	141
0	0	0	0	0	0	0	0	0	0	0
204	479	285	66	327	595	185	6	5	32	874
11	36	10	0	35	76	11	0	0	0	0
3	11	10	3	34	27	16	0	0	0	187
4	31	17	0	22	67	12	0	0	0	300
36	174	152	47	173	281	98	0	2	101	102

Number of Students in Radio/TV

地　区 Region	毕业生数 Graduates 计 Total	本科 Normal Courses	专科 Short-cycle Courses	招生数 Students Admitted 计 Total	本科 Normal Courses	专科 Short-cycle Courses
总　计 Total	99945	0	99945	221420	9	221411
北　京 Beijing	1876	0	1876	2403	0	2403
天　津 Tianjin	3367	0	3367	5964	0	5964
河　北 Hebei	4327	0	4327	8747	0	8747
山　西 Shanxi	1641	0	1641	2953	0	2953
内蒙古 Inner Mongolia	1888	0	1888	2070	0	2070
辽　宁 Liaoning	6502	0	6502	10306	0	10306
吉　林 Jilin	2259	0	2259	6239	0	6239
黑龙江 Heilongjiang	3950	0	3950	9962	0	9962
上　海 Shanghai	628	0	628	1661	0	1661
江　苏 Jiangsu	6424	0	6424	13101	0	13101
浙　江 Zhejiang	3845	0	3845	15227	0	15227
安　徽 Anhui	2319	0	2319	7004	0	7004
福　建 Fujian	2001	0	2001	6311	0	6311
江　西 Jiangxi	3171	0	3171	7370	0	7370
山　东 Shandong	9013	0	9013	14158	0	14158
河　南 Henan	4753	0	4753	11185	0	11185
湖　北 Hubei	7836	0	7836	15413	0	15413
湖　南 Hunan	6988	0	6988	19813	0	19813
广　东 Guangdong	4887	0	4887	10850	0	10850
广　西 Guangxi	3008	0	3008	4200	0	4200
海　南 Hainan	146	0	146	634	0	634
四　川 Sichuan	7379	0	7379	19087	0	19087
贵　州 Guizhou	1320	0	1320	5193	9	5184
云　南 Yunnan	2010	0	2010	4101	0	4101
西　藏 Tibet	0	0	0	0	0	0
陕　西 Shaanxi	3513	0	3513	7308	0	7308
甘　肃 Gansu	1999	0	1999	2396	0	2396
青　海 Qinghai	152	0	152	613	0	613
宁　夏 Ningxia	572	0	572	1142	0	1142
新　疆 Xinjiang	2171	0	2171	6009	0	6009

本、专科学生数

Universities by Type of Courses

单位:人

在校学生数 Enrolment			毕业班学生数 Graduates for Next Year		
计 Total	本科 Normal Courses	专科 Short-cycle Courses	计 Total	本科 Normal Courses	专科 Short-cycle Courses
536423	39	536384	172537	30	172507
8176	0	8176	3239	0	3239
13322	0	13322	4275	0	4275
26062	0	26062	9126	0	9126
6222	0	6222	2287	0	2287
5516	0	5516	1999	0	1999
28238	0	28238	7576	0	7576
13754	0	13754	4293	0	4293
23186	0	23186	6654	0	6654
4467	0	4467	958	0	958
28966	0	28966	9103	0	9103
29351	0	29351	6865	0	6865
12737	0	12737	3473	0	3473
13461	0	13461	3354	0	3354
16708	0	16708	3773	0	3773
39851	0	39851	15250	0	15250
26290	0	26290	8503	0	8503
34521	0	34521	10537	0	10537
41784	0	41784	17692	0	17692
39464	0	39464	11020	0	11020
12848	0	12848	5097	0	5097
998	0	998	322	0	322
52773	0	52773	18865	0	18865
9824	39	9785	3381	30	3351
9177	0	9177	3736	0	3736
0	0	0	0	0	
15390	0	15390	4224	0	4224
5482	0	5482	2148	0	2148
1223	0	1223	516	0	516
2724	0	2724	850	0	850
13908	0	13908	3421	0	3421

职 工 高 等 学

Basic Statistics of

地 区 Region	学校数(所) Schools		本专科学生数 Undergraduate Students				校 Teachers,		
	计 Total	其中:中央部委所属学校数 Inst. Under Central Ministries & Agencies	毕业生数 Graduates	招生数 Students Admitted	在校学生数 Enrolment	合 计 Total	计 Subtotal	专 任 Full-time	
								小计 Subtotal	教授 Prof.
总 计 Total	703	206	83301	130853	307478	81297	75925	37674	375
北 京 Beijing	46	11	22974	25271	38297	8444	8074	3479	70
天 津 Tianjin	35	2	5039	7819	19499	4618	4463	2666	16
河 北 Hebei	19	6	2153	3346	9017	3129	3021	1225	14
山 西 Shanxi	18	4	1229	2462	5962	2438	2260	1086	9
内蒙古 Inner Mongolia	9	3	860	1135	3403	791	777	382	0
辽 宁 Liaoning	52	26	5781	7891	22205	7823	7539	3524	35
吉 林 Jilin	25	7	2844	4393	12665	2595	2416	1177	8
黑龙江 Heilongjiang	55	16	4808	8185	21836	5630	5432	2823	27
上 海 Shanghai	48	9	3736	6501	17792	8011	7680	3371	44
江 苏 Jiangsu	41	9	2944	3544	11294	3367	3157	1800	12
浙 江 Zhejiang	26	3	805	1301	4001	1111	1076	550	6
安 徽 Anhui	15	6	1465	3787	7757	1804	1710	842	4
福 建 Fujian	9	0	578	747	2598	398	398	251	1
江 西 Jiangxi	15	4	1296	2778	5898	1545	1500	861	3
山 东 Shandong	31	13	4585	8769	22792	4535	3707	1710	10
河 南 Henan	30	11	2800	4106	10578	2631	2420	1306	9
湖 北 Hubei	36	12	2208	4911	10594	3560	3352	1563	21
湖 南 Hunan	28	6	3715	8023	17618	2824	2378	1305	2
广 东 Guangdong	29	4	4076	7388	17517	2618	2542	1384	37
广 西 Guangxi	9	0	1251	2462	5822	1570	1257	676	5
海 南 Hainan	2	1	36	133	300	60	60	29	0
四 川 Sichuan	49	20	3908	5934	15893	5236	4811	2489	28
贵 州 Guizhou	6	3	242	1019	2689	561	550	278	0
云 南 Yunnan	10	4	242	505	1176	773	764	348	0
西 藏 Tibet	0	0	0	0	0	0	0	0	0
陕 西 Shaanxi	28	15	1357	2565	6548	2832	2256	1135	2
甘 肃 Gansu	15	9	913	1780	4034	1138	1094	666	3
青 海 Qinghai	1	0	58	346	708	219	210	140	2
宁 夏 Ningxia	4	0	348	716	1977	406	391	251	6
新 疆 Xinjiang	12	2	1050	3036	7008	630	630	357	1

校基本情况

Workers' Colleges

单位: 人

教职工数 Teachers, Staff & Workers										兼任教师 Part-time Teachers
本部教职工 Staff & Workers in the School Proper							科研机构人员 Personnel in Affiliated Research Org.	校办厂、场职工 Employees in School-run Factories, Farms	附设机构人员 Personnel in Other Subsidiary Units	
教师 Teachers				教辅人员 Supporting Staff	行政人员 Adm. Personnel	工勤人员 Workers				
副教授 Asso. Prof.	讲师 Lecturers	助教 Assistants	教员 Instructors							
7107	18205	9796	2191	8327	17605	12319	694	2772	1906	15533
578	1396	694	741	1433	2366	796	34	247	89	2391
406	1143	1034	67	365	865	567	27	88	40	1433
254	512	364	81	358	707	731	20	48	40	145
176	461	387	53	248	413	513	4	41	133	152
58	220	92	12	64	231	100	0	14	0	54
712	1744	955	78	806	1597	1612	39	128	117	350
247	586	303	33	313	522	404	0	28	151	302
659	1471	583	83	512	1079	1018	39	131	28	690
530	2112	608	77	789	2008	1512	84	173	74	542
290	965	399	134	279	687	391	6	188	16	471
133	281	106	24	112	261	153	0	28	7	401
184	443	174	37	188	447	233	0	89	5	163
28	144	70	8	25	100	22	0	0	0	155
142	350	289	77	139	298	202	4	34	7	147
306	763	531	100	426	873	698	46	735	47	422
286	606	351	54	266	503	345	2	72	137	328
292	736	466	48	399	798	592	57	127	24	218
274	630	339	60	210	498	365	9	29	408	625
330	618	295	104	242	625	291	32	14	30	1059
117	326	193	35	114	243	224	196	85	32	442
5	8	16	0	1	18	12	0	0	0	36
521	1226	623	91	399	1228	695	90	113	222	880
65	125	77	11	57	124	91	0	11	0	105
69	149	93	37	90	183	143	1	8	0	75
0	0	0	0	0	0	0	0	0	0	0
225	553	296	59	301	505	315	0	284	292	152
84	330	219	30	93	184	151	4	40	0	66
22	58	52	6	19	35	16	0	9	0	28
41	90	76	38	34	44	62	0	8	7	138
73	159	111	13	45	163	65	0	0	0	143

职工高等学校

Number of Students in Workers'

地　　区 Region	毕业生数 Graduates			招生数 Students Admitted		
	计 Total	本　科 Normal Courses	专　科 Short-cycle Courses	计 Total	本　科 Normal Courses	专　科 Short-cycle Courses
总　计 Total	83301	630	82671	130853	1064	129789
北　京 Beijing	22974	0	22974	25271	111	25160
天　津 Tianjin	5039	62	4977	7819	32	7787
河　北 Hebei	2153	0	2153	3346	26	3320
山　西 Shanxi	1229	0	1229	2462	52	2410
内蒙古 Inner Mongolia	860	0	860	1135	0	1135
辽　宁 Liaoning	5781	149	5632	7891	149	7742
吉　林 Jilin	2844	28	2816	4393	25	4368
黑龙江 Heilongjiang	4808	37	4771	8185	0	8185
上　海 Shanghai	3736	285	3451	6501	198	6303
江　苏 Jiangsu	2944	0	2944	3544	0	3544
浙　江 Zhejiang	805	0	805	1301	0	1301
安　徽 Anhui	1465	0	1465	3787	0	3787
福　建 Fujian	578	0	578	747	0	747
江　西 Jiangxi	1296	0	1296	2778	123	2655
山　东 Shandong	4585	0	4585	8769	0	8769
河　南 Henan	2800	0	2800	4106	0	4106
湖　北 Hubei	2208	22	2186	4911	101	4810
湖　南 Hunan	3715	0	3715	8023	0	8023
广　东 Guangdong	4076	47	4029	7388	201	7187
广　西 Guangxi	1251	0	1251	2462	0	2462
海　南 Hainan	36	0	36	133	0	133
四　川 Sichuan	3908	0	3908	5934	46	5888
贵　州 Guizhou	242	0	242	1019	0	1019
云　南 Yunnan	242	0	242	505	0	505
西　藏 Tibet	0	0	0	0	0	0
陕　西 Shaanxi	1357	0	1357	2565	0	2565
甘　肃 Gansu	913	0	913	1780	0	1780
青　海 Qinghai	58	0	58	346	0	346
宁　夏 Ningxia	348	0	348	716	0	716
新　疆 Xinjiang	1050	0	1050	3036	0	3036

本、专科学生数

Colleges by Type of Courses

单位:人

在校学生数 Enrolment			毕业班学生数 Graduates for Next Year		
计 Total	本科 Normal Courses	专科 Short-cycle Courses	计 Total	本科 Normal Courses	专科 Short-cycle Courses
307478	2637	304841	88871	534	88337
38297	182	38115	5578	44	5534
19499	104	19395	6358	58	6300
9017	51	8966	2972	25	2947
5962	96	5866	1971	44	1927
3403	0	3403	958	0	958
22205	594	21611	6654	102	6552
12665	50	12615	3579	0	3579
21836	31	21805	6402	31	6371
17792	608	17184	5008	182	4826
11294	0	11294	4011	0	4011
4001	0	4001	1484	0	1484
7757	0	7757	1841	0	1841
2598	0	2598	889	0	889
5898	123	5775	1715	0	1715
22792	0	22792	7140	0	7140
10578	0	10578	3586	0	3586
10594	211	10383	2783	26	2757
17618	0	17618	5724	0	5724
17517	370	17147	5667	16	5651
5822	0	5822	1912	0	1912
300	0	300	129	0	129
15893	169	15724	5506	6	5500
2689	0	2689	840	0	840
1176	0	1176	363	0	363
0	0	0	0	0	
6548	48	6500	1869	0	1869
4034	0	4034	1378	0	1378
708	0	708	258	0	258
1977	0	1977	523	0	523
7008	0	7008	1773	0	1773

农民高等学

Basic Statistics

地区 Region	学校数(所) Schools 计 Total	其中:中央部委所属学校数 Inst. Under Central Ministries & Agencies	本专科学生数 Undergraduate Students 毕业生数 Graduates	招生数 Students Admitted	在校学生数 Enrolment	合计 Total	校 Teachers, 计 Subtotal	专任 Full-time 小计 Subtotal	教授 Prof.
总计 Total	4	0	88	468	694	255	250	130	0
吉林 Jilin	4	0	88	468	694	255	250	130	0

注:农民高等学校都是专科学校学生数。

Note: All students in Peasants' colleges are enrolled in short-cycle courses.

独立函授学

Basic Statistics of

地区 Region	学校数(所) Schools 计 Total	其中:中央部委所属学校数 Inst. Under Central Ministries & Agencies	本专科学生数 Undergraduate Students 毕业生数 Graduates	招生数 Students Admitted	在校学生数 Enrolment	合计 Total	校 Teachers, 计 Subtotal	专任 Full-time 小计 Subtotal	教授 Prof.
总计 Total	4	2	2895	5323	13614	1431	1339	746	21
北京 Beijing	2	2	530	874	2302	885	793	428	17
湖北 Hubei	1	0	558	1256	2481	40	40	36	1
四川 Sichuan	1	0	1807	3193	8831	506	506	282	3

独立函授学院

Number of Students in Independent

地区 Region	毕业生数 Graduates 计 Total	本科 Normal Courses	专科 Short-cycle Courses	招生数 Students Admitted 计 Total	本科 Normal Courses	专科 Short-cycle Courses
总计 Total	2895	189	2706	5323	63	5260
北京 Beijing	530	189	341	874	63	811
湖北 Hubei	558	0	558	1256	0	1256
四川 Sichuan	1807	0	1807	3193	0	3193

校基本情况
of Peasants ' Colleges

单位:人

教职工数 Teachers, Staff & Workers										兼任教师 Part-time Teachers
本部教职工 Staff & Workers in the School Proper							科研机构人员 Personnel in Affiliated Research Org.	校办厂、场职工 Employees in School-run Factories, Farms	附设机构人员 Personnel in Other Subsidiary Units	
教师 Teachers				教辅人员 Supporting Staff	行政人员 Adm. Personnel	工勤人员 Workers				
副教授 Asso. Prof.	讲师 Lecturers	助教 Assistants	教员 Instructors							
10	60	48	12	18	62	40	0	5	0	0
10	60	48	12	18	62	40	0	5	0	0

院基本情况
Independent Correspondence Colleges

单位:人

教职工数 Teachers, Staff & Workers										兼任教师 Part-time Teachers
本部教职工 Staff & Workers in the School Proper							科研机构人员 Personnel in Affiliated Research Org.	校办厂、场职工 Employees in School-run Factories, Farms	附设机构人员 Personnel in Other Subsidiary Units	
教师 Teachers				教辅人员 Supporting Staff	行政人员 Adm. Personnel	工勤人员 Workers				
副教授 Asso. Prof.	讲师 Lecturers	助教 Assistants	教员 Instructors							
191	332	148	54	192	241	160	11	26	55	322
117	170	96	28	90	138	137	11	26	55	46
12	9	11	3	1	3	0	0	0	0	276
62	153	41	23	101	100	23	0	0	0	0

本、专科学生数
Correspondence Colleges by Type of Courses

单位:人

在校学生数 Enrolment			毕业班学生数 Graduates for Next Year		
计 Total	本科 Normal Courses	专科 Short-cycle Courses	计 Total	本科 Normal Courses	专科 Short-cycle Courses
13614	303	13311	4206	73	4133
2302	303	1999	527	73	454
2481	0	2481	608	0	608
8831	0	8831	3071	0	3071

教育学院

Basic Statistics of

地区 Region	学校数(所) Schools: 计 Total	学校数(所) Schools: 其中:中央部委所属学校数 Inst. Under Central Ministries & Agencies	本专科学生数 Undergraduate Students: 毕业生数 Graduates	本专科学生数 Undergraduate Students: 招生数 Students Admitted	本专科学生数 Undergraduate Students: 在校学生数 Enrolment	校 Teachers,: 合计 Total	校 Teachers,: 计 Subtotal	专任 Full-time: 小计 Subtotal	专任 Full-time: 教授 Prof.
总　计 Total	245	6	61599	87104	230412	45659	43394	22630	280
北　京 Beijing	1	0	1180	1722	2933	602	555	250	7
天　津 Tianjin	1	0	287	1057	2289	443	440	201	6
河　北 Hebei	15	1	3404	4001	10854	2151	2114	1087	10
山　西 Shanxi	11	0	2826	3710	8221	1934	1762	869	8
内蒙古 Inner Mongolia	10	0	1634	2418	6103	1967	1916	1008	7
辽　宁 Liaoning	2	0	2031	2674	5888	965	965	505	10
吉　林 Jilin	7	0	370	588	1490	1292	1268	860	18
黑龙江 Heilongjiang	19	1	1236	1931	4917	2612	2345	1429	7
上　海 Shanghai	12	0	659	1049	2086	2931	2761	1496	19
江　苏 Jiangsu	11	0	1760	2328	6400	2321	2201	1120	13
浙　江 Zhejiang	6	0	1192	2560	6557	1027	992	553	5
安　徽 Anhui	9	0	3044	5386	11756	1664	1472	793	4
福　建 Fujian	5	0	336	567	2270	721	665	385	5
江　西 Jiangxi	5	0	1122	2040	4294	960	857	406	8
山　东 Shandong	16	2	5243	8621	26139	2783	2719	1430	36
河　南 Henan	18	1	3728	5039	15305	3064	2779	1496	14
湖　北 Hubei	14	0	4147	4562	20079	2240	2152	1084	16
湖　南 Hunan	8	0	3634	4395	10211	1279	1219	571	10
广　东 Guangdong	13	0	4559	8233	18462	2599	2564	1281	18
广　西 Guangxi	9	0	3633	4368	12915	2142	2030	1118	10
海　南 Hainan	1	0	343	757	1586	152	152	71	0
四　川 Sichuan	16	0	6487	6678	18652	3241	3181	1601	11
贵　州 Guizhou	6	0	1253	2202	4351	823	797	393	9
云　南 Yunnan	6	0	897	1121	2086	1172	1096	535	5
西　藏 Tibet	0	0	0	0	0	0	0	0	0
陕　西 Shaanxi	6	0	2318	3810	10692	1373	1331	611	6
甘　肃 Gansu	4	0	794	1001	2173	778	741	362	6
青　海 Qinghai	1	0	449	625	1482	362	362	157	6
宁　夏 Ningxia	1	0	392	686	1379	0	0	0	0
新　疆 Xinjiang	12	1	2641	2975	8842	2061	1958	958	6

基 本 情 况

Educational Colleges

单位:人

教职工数 Teachers, Staff & Workers										兼任教师 Part-time Teachers
本部教职工 Staff & Workers in the School Proper							科研机构人员 Personnel in Affiliated Research Org.	校办厂、场职工 Employees in School-run Factories, Farms	附设机构人员 Personnel in Other Subsidiary Units	
教师 Teachers				教辅人员 Supporting Staff	行政人员 Adm. Personnel	工勤人员 Workers				
副教授 Asso. Prof.	讲师 Lecturers	助教 Assistants	教员 Instructors							
5808	10255	5102	1185	4700	9683	6381	598	1103	564	1384
93	104	30	16	80	163	62	6	34	7	0
44	93	49	9	84	104	51	3	0	0	79
255	442	306	74	215	535	277	0	30	7	43
171	292	316	82	158	435	300	6	146	20	28
228	415	331	27	270	363	275	18	2	31	4
188	230	60	17	56	257	147	0	0	0	0
290	375	162	15	88	193	127	19	5	0	0
421	760	176	65	206	439	271	229	17	21	15
639	710	106	22	502	406	357	37	133	0	5
255	593	204	55	233	482	366	10	92	18	22
116	271	130	31	121	164	154	0	33	2	81
196	393	161	39	126	346	207	8	42	142	36
133	170	69	8	49	160	71	0	56	0	267
105	168	94	31	125	146	180	0	0	103	15
389	529	362	114	301	592	396	4	41	19	34
274	681	425	102	180	795	308	2	283	0	10
286	464	251	67	277	500	291	63	25	0	65
170	268	91	32	139	317	192	5	55	0	69
297	677	242	47	266	572	445	10	9	16	54
214	537	295	62	177	399	336	69	8	35	236
12	36	23	0	15	41	25	0	0	0	0
450	719	351	70	302	785	493	21	39	0	209
79	193	95	17	146	166	92	14	6	6	44
97	264	129	40	141	222	198	15	13	48	11
0	0	0	0	0	0	0	0	0	0	0
120	295	175	15	163	370	187	0	17	25	13
88	149	83	36	51	193	135	0	0	37	8
23	90	29	9	29	98	78	0	0	0	0
0	0	0	0	0	0	0	0	0	0	0
175	337	357	83	200	440	360	59	17	27	36

教育学院本、

Number of Students in Educational

地区 Region	毕业生数 Graduates			招生数 Students Admitted		
	计 Total	本科 Normal Courses	专科 Short-cycle Courses	计 Total	本科 Normal Courses	专科 Short-cycle Courses
总计 Total	61599	9958	51641	87104	15982	71122
北京 Beijing	1180	173	1007	1722	45	1677
天津 Tianjin	287	181	106	1057	237	820
河北 Hebei	3404	172	3232	4001	299	3702
山西 Shanxi	2826	452	2374	3710	1719	1991
内蒙古 Inner Mongolia	1634	14	1620	2418	0	2418
辽宁 Liaoning	2031	702	1329	2674	881	1793
吉林 Jilin	370	119	251	588	497	91
黑龙江 Heilongjiang	1236	49	1187	1931	31	1900
上海 Shanghai	659	547	112	1049	355	694
江苏 Jiangsu	1760	349	1411	2328	376	1952
浙江 Zhejiang	1192	411	781	2560	707	1853
安徽 Anhui	3044	365	2679	5386	1107	4279
福建 Fujian	336	183	153	567	201	366
江西 Jiangxi	1122	307	815	2040	607	1433
山东 Shandong	5243	740	4503	8621	1948	6673
河南 Henan	3728	664	3064	5039	659	4380
湖北 Hubei	4147	247	3900	4562	852	3710
湖南 Hunan	3634	1351	2283	4395	1768	2627
广东 Guangdong	4559	794	3765	8233	1351	6882
广西 Guangxi	3633	245	3388	4368	162	4206
海南 Hainan	343	18	325	757	0	757
四川 Sichuan	6487	951	5536	6678	716	5962
贵州 Guizhou	1253	383	870	2202	483	1719
云南 Yunnan	897	96	801	1121	175	946
西藏 Tibet	0	0	0	0	0	0
陕西 Shaanxi	2318	199	2119	3810	447	3363
甘肃 Gansu	794	163	631	1001	104	897
青海 Qinghai	449	0	449	625	0	625
宁夏 Ningxia	392	41	351	686	92	594
新疆 Xinjiang	2641	42	2599	2975	163	2812

专 科 学 生 数

Colleges by Type of Courses

单位:人

在校学生数 Enrolment			毕业班学生数 Graduates for Next Year		
计 Total	本科 Normal Courses	专科 Short－cycle Courses	计 Total	本科 Normal Courses	专科 Short－cycle Courses
230412	46745	183667	96753	13681	83072
2933	119	2814	978	35	943
2289	749	1540	720	336	384
10854	904	9950	4964	353	4611
8221	3957	4264	2657	671	1986
6103	0	6103	2727	0	2727
5888	3141	2747	1460	887	573
1490	962	528	373	125	248
4917	501	4416	1856	55	1801
2086	1155	931	726	610	116
6400	2031	4369	2812	1469	1343
6557	1791	4766	2318	579	1739
11756	2926	8830	4217	997	3220
2270	487	1783	1219	147	1072
4294	1216	3078	1565	410	1155
26139	8325	17814	8925	791	8134
15305	2196	13109	7782	1056	6726
20079	2493	17586	11971	608	11363
10211	3997	6214	3835	1386	2449
18462	3915	14547	7481	913	6568
12915	527	12388	5983	224	5759
1586	32	1554	424	0	424
18652	2212	16440	9234	898	8336
4351	1122	3229	1480	409	1071
2086	311	1775	899	134	765
0	0	0	0	0	
10692	959	9733	2674	322	2352
2173	263	1910	1166	156	1010
1482	19	1463	609	19	590
1379	199	1180	412	18	394
8842	236	8606	5286	73	5213

管理干部学

Basic Statistics of

地区 Region	学校数(所) Schools 计 Total	学校数(所) Schools 其中:中央部委所属学校数 Inst. Under Central Ministries & Agencies	本专科学生数 Undergraduate Students 毕业生数 Graduates	本专科学生数 Undergraduate Students 招生数 Students Admitted	本专科学生数 Undergraduate Students 在校学生数 Enrolment	合计 Total	校 Teachers, 计 Subtotal	校 Teachers, 专任 Full-time 小计 Subtotal	校 Teachers, 专任 Full-time 教授 Prof.
总　计 Total	170	62	29313	70513	135359	37011	34900	14233	348
北　京 Beijing	34	29	4282	9085	16757	8048	7738	2868	147
天　津 Tianjin	8	3	1328	2927	5699	1530	1459	538	6
河　北 Hebei	8	6	1560	4071	9228	2098	1723	637	12
山　西 Shanxi	6	2	664	2058	3689	1063	1058	460	1
内蒙古 Inner Mongolia	3	0	490	884	1522	550	550	246	1
辽　宁 Liaoning	7	1	1476	4360	8406	1783	1725	769	21
吉　林 Jilin	6	3	1410	1803	4185	1925	1861	634	22
黑龙江 Heilongjiang	7	0	827	1409	2733	1053	996	446	9
上　海 Shanghai	5	0	312	1084	2341	827	778	337	9
江　苏 Jiangsu	10	4	1237	2334	5001	1637	1615	702	12
浙　江 Zhejiang	5	1	317	793	1690	668	668	276	1
安　徽 Anhui	2	0	307	2027	3379	388	386	148	0
福　建 Fujian	4	1	657	1641	3365	587	543	278	4
江　西 Jiangxi	3	1	938	1583	3207	1199	752	298	5
山　东 Shandong	5	0	1684	6382	11536	1271	1183	468	14
河　南 Henan	4	3	756	1473	3321	1382	1281	565	13
湖　北 Hubei	8	3	1188	4002	7468	1961	1862	796	15
湖　南 Hunan	3	1	1609	3474	6569	835	824	370	4
广　东 Guangdong	14	1	2246	6970	12570	2205	2130	947	18
广　西 Guangxi	4	0	1128	1559	3847	958	904	405	4
海　南 Hainan	0	0	0	0	0	0	0	0	0
四　川 Sichuan	11	2	2504	3519	6989	2454	2345	933	21
贵　州 Guizhou	4	0	473	2626	3855	681	678	309	1
云　南 Yunnan	1	0	335	290	703	216	212	112	1
西　藏 Tibet	0	0	0	0	0	0	0	0	0
陕　西 Shaanxi	5	1	791	2126	3597	948	908	385	5
甘　肃 Gansu	1	0	206	900	1506	224	224	108	0
青　海 Qinghai	0	0	0	0	0	0	0	0	0
宁　夏 Ningxia	0	0	0	0	0	0	0	0	0
新　疆 Xinjiang	2	0	588	1133	2196	520	497	198	2

院 基 本 情 况

Institutes for Administration

单位: 人

教职工数 Teachers, Staff & Workers										兼任教师 Part-time Teachers
本部教职工 Staff & Workers in the School Proper							科研机构人员 Personnel in Affiliated Research Org.	校办厂、场职工 Employees in School-run Factories, Farms	附设机构人员 Personnel in Other Subsidiary Units	
教师 Teachers				教辅人员 Supporting Staff	行政人员 Adm. Personnel	工勤人员 Workers				
副教授 Asso. Prof.	讲师 Lecturers	助教 Assistants	教员 Instructors							
3126	6961	3093	705	3831	9981	6855	287	1351	473	2065
645	1416	507	153	1067	2370	1433	59	172	79	335
90	252	181	9	197	416	308	16	33	22	284
211	296	86	32	178	490	418	17	341	17	99
82	164	204	9	68	319	211	3	2	0	34
60	112	66	7	83	150	71	0	0	0	9
140	350	182	76	190	489	277	31	16	11	235
171	278	153	10	158	582	487	13	41	10	3
144	217	58	18	115	196	239	8	42	7	56
63	208	50	7	98	190	153	34	15	0	74
167	344	141	38	163	465	285	10	12	0	70
53	163	42	17	53	174	165	0	0	0	16
35	80	26	7	14	141	83	2	0	0	0
50	129	83	12	45	137	83	4	19	21	67
64	116	96	17	40	240	174	0	427	20	10
107	242	80	25	80	357	278	17	71	0	50
98	306	138	10	159	314	243	0	16	85	51
164	416	167	34	215	523	328	25	16	58	30
73	172	82	39	57	195	202	6	0	5	11
184	486	213	46	229	569	385	12	22	41	256
112	176	95	18	104	219	176	0	28	26	120
0	0	0	0	0	0	0	0	0	0	0
242	496	149	25	219	754	439	3	65	41	127
42	146	101	19	106	173	90	3	0	0	41
14	50	47	0	18	40	42	4	0	0	7
0	0	0	0	0	0	0	0	0	0	0
61	223	64	32	82	267	174	7	3	30	62
18	41	33	16	15	68	33	0	0	0	0
0	0	0	0	0	0	0	0	0	0	0
0	0	0	0	0	0	0	0	0	0	0
36	82	49	29	78	143	78	13	10	0	18

地区 Region	毕业生数 Graduates			招生数 Students Admitted		
	计 Total	本科 Normal Courses	专科 Short-cycle Courses	计 Total	本科 Normal Courses	专科 Short-cycle Courses
总计 Total	29313	344	28969	70513	1237	69276
北京 Beijing	4282	18	4264	9085	248	8837
天津 Tianjin	1328	0	1328	2927	57	2870
河北 Hebei	1560	29	1531	4071	15	4056
山西 Shanxi	664	0	664	2058	0	2058
内蒙古 Inner Mongolia	490	0	490	884	0	884
辽宁 Liaoning	1476	26	1450	4360	41	4319
吉林 Jilin	1410	0	1410	1803	120	1683
黑龙江 Heilongjiang	827	0	827	1409	0	1409
上海 Shanghai	312	0	312	1084	0	1084
江苏 Jiangsu	1237	0	1237	2334	42	2292
浙江 Zhejiang	317	0	317	793	0	793
安徽 Anhui	307	0	307	2027	0	2027
福建 Fujian	657	9	648	1641	2	1639
江西 Jiangxi	938	57	881	1583	1	1582
山东 Shandong	1684	95	1589	6382	296	6086
河南 Henan	756	0	756	1473	87	1386
湖北 Hubei	1188	33	1155	4002	30	3972
湖南 Hunan	1609	66	1543	3474	278	3196
广东 Guangdong	2246	0	2246	6970	0	6970
广西 Guangxi	1128	0	1128	1559	8	1551
海南 Hainan	0	0	0	0	0	0
四川 Sichuan	2504	11	2493	3519	12	3507
贵州 Guizhou	473	0	473	2626	0	2626
云南 Yunnan	335	0	335	290	0	290
西藏 Tibet	0	0	0	0	0	0
陕西 Shaanxi	791	0	791	2126	0	2126
甘肃 Gansu	206	0	206	900	0	900
青海 Qinghai	0	0	0	0	0	0
宁夏 Ningxia	0	0	0	0	0	0
新疆 Xinjiang	588	0	588	1133	0	1133

本、专科学生数

Administration by Type of Courses

单位:人

在校学生数 Enrolment			毕业班学生数 Graduates for Next Year		
计 Total	本科 Normal Courses	专科 Short-cycle Courses	计 Total	本科 Normal Courses	专科 Short-cycle Courses
135359	2301	133058	49618	520	49098
16757	368	16389	6426	52	6374
5699	85	5614	2040	28	2012
9228	37	9191	4156	22	4134
3689	0	3689	1457	0	1457
1522	0	1522	571	0	571
8406	149	8257	3024	67	2957
4185	158	4027	1833	38	1795
2733	0	2733	1324	0	1324
2341	0	2341	556	0	556
5001	42	4959	1942	0	1942
1690	23	1667	582	23	559
3379	0	3379	974	0	974
3365	18	3347	1350	11	1339
3207	4	3203	1335	3	1332
11536	625	10911	3158	39	3119
3321	120	3201	997	33	964
7468	68	7400	2001	38	1963
6569	465	6104	2542	67	2475
12570	27	12543	4441	7	4434
3847	8	3839	1660	0	1660
0	0	0	0	0	
6989	104	6885	3142	92	3050
3855	0	3855	570	0	570
703	0	703	413	0	413
0	0	0	0	0	
3597	0	3597	1470	0	1470
1506	0	1506	591	0	591
0	0	0	0	0	
0	0	0	0	0	
2196	0	2196	1063	0	1063

普通高等学校举办函授

Number of Students by Type of Courses in Correspondence Divisions、Evening School

地区 Region	函授部、夜大学 Divisions of Correspondence and Evening Schools								
	毕业生数 Graduates			招生数 Students Admitted			在校学生数 Enrolment		
	计 Total	本科 Normal Courses	专科 Short-cycle Courses	计 Total	本科 Normal Courses	专科 Short-cycle Courses	计 Total	本科 Normal Courses	专科 Short-cycle Courses
总计 Total	171211	31407	139804	463390	67910	395480	1069135	174947	894188
北京 Beijing	17365	2681	14684	39354	4848	34506	97879	14324	83555
天津 Tianjin	2564	287	2277	7929	1406	6523	18622	3342	15280
河北 Hebei	3966	1015	2951	14027	2709	11318	30601	5803	24798
山西 Shanxi	3942	162	3780	9295	1610	7685	20467	3359	17108
内蒙古 Inner Mongolia	1359	180	1179	5581	1293	4288	11850	3903	7947
辽宁 Liaoning	13106	2797	10309	27012	5569	21443	67937	14274	53663
吉林 Jilin	8770	948	7822	18199	2831	15368	44555	7367	37188
黑龙江 Heilongjiang	11117	2815	8302	19377	4046	15331	46148	11042	35106
上海 Shanghai	8836	2624	6212	18884	3781	15103	45161	11453	33708
江苏 Jiangsu	7508	977	6531	26028	1836	24192	54830	4598	50232
浙江 Zhejiang	2826	514	2312	13829	2283	11546	27456	5368	22088
安徽 Anhui	4772	602	4170	19469	2018	17451	34602	5068	29534
福建 Fujian	1727	647	1080	6025	524	5501	15384	1662	13722
江西 Jiangxi	2891	632	2259	8056	1405	6651	16263	3370	12893
山东 Shandong	10136	2752	7384	40802	11261	29541	93031	25319	67712
河南 Henan	10144	2324	7820	33022	2936	30086	72979	7757	65222
湖北 Hubei	14284	3828	10456	38990	5692	33298	88302	17429	70873
湖南 Hunan	8318	190	8128	22690	1121	21569	55309	2780	52529
广东 Guangdong	6403	836	5567	17960	1228	16732	48100	2975	45125
广西 Guangxi	2452	499	1953	4758	1043	3715	12005	2731	9274
海南 Hainan	1391	0	1391	2321	78	2243	5696	181	5515
四川 Sichuan	10475	1171	9304	23613	2374	21239	60374	7130	53244
贵州 Guizhou	709	318	391	4259	713	3546	9424	1728	7696
云南 Yunnan	2527	358	2169	9440	1697	7743	18731	3025	15706
西藏 Tibet	0	0	0	0	0	0	0	0	0
陕西 Shaanxi	7486	2001	5485	17844	2894	14950	39902	7050	32852
甘肃 Gansu	2167	249	1918	5534	714	4820	14070	1909	12161
青海 Qinghai	0	0	0	120	0	120	227	0	227
宁夏 Ningxia	275	0	275	632	0	632	1324	0	1324
新疆 Xinjiang	3695	0	3695	8340	0	8340	17906	0	17906

部、夜大学、成人脱产班分本专科学生数

s & Short－cycle Courses for Adults run by Regular Institutions of Higher Education

单位：人

成人脱产班 Short－cycle courses for Adults								
毕业生数 Graduates			招生数 Students Admitted			在校学生数 Enrolment		
计 Total	本科 Normal Courses	专科 Short-cycle Courses	计 Total	本科 Normal Courses	专科 Short-cycle Courses	计 Total	本科 Normal Courses	专科 Short-cycle Courses
6992	191	6801	37945	586	37359	58603	1217	57386
854	0	854	1263	0	1263	2268	0	2268
387	0	387	469	0	469	1246	0	1246
384	0	384	1332	0	1332	1368	0	1368
24	0	24	56	0	56	56	0	56
80	0	80	311	0	311	552	0	552
114	0	114	103	0	103	200	0	200
76	0	76	84	0	84	426	0	426
230	0	230	656	0	656	1212	0	1212
337	0	337	110	0	110	322	0	322
446	141	305	2048	237	1811	3452	570	2882
411	0	411	1716	0	1716	2342	0	2342
44	0	44	516	0	516	948	0	948
42	0	42	400	0	400	653	0	653
0	0	0	819	0	819	983	0	983
125	0	125	2407	0	2407	2792	0	2792
55	0	55	2832	24	2808	4682	24	4658
181	0	181	1544	0	1544	2107	0	2107
15	0	15	288	0	288	644	0	644
150	0	150	380	0	380	901	0	901
586	0	586	3404	0	3404	5778	0	5778
38	0	38	480	0	480	521	0	521
1335	50	1285	9706	299	9407	15498	595	14903
518	0	518	1834	0	1834	2711	2	2709
308	0	308	1001	0	1001	1587	0	1587
0	0	0	0	0	0	0	0	0
144	0	144	2713	0	2713	3251	0	3251
95	0	95	1256	26	1230	1557	26	1531
0	0	0	90	0	90	225	0	225
13	0	13	127	0	127	321	0	321
0	0	0	0	0	0	0	0	0

成人高等学校其

Number of Other Students in Adult Higher

地区 Region	招生数 Entrants									
	学历教育学生总数 Total formal students		证书教育 Certificate－oriented education		岗位培训 Job－specific training		大学后继续教育 Post－collegiate continuing education	基础学院	成人中专班 Spec. Sec. Classes for Adult	其他 Others
	第二学历 Students for secand diploms	双招班	单科班 Single subject courses	专业证书班 Classes for certificate-oriented trainees	资格性培训 Qualifica-tion－oriented training	适应性培训 Adaptation training				
总　计 Total	26687	9230	95373	177451	310624	3390664	0835	51228	979962	17817
北　京 Beijing	3917	456	3593	37910	23124	29194	1321	8469	314	7333
天　津 Tianjin	2230	1066	4955	760	11603	26249	3163	1105	1128	5401
河　北 Hebei	673	493	191	1475	2266	3484	36	8944	7011	1652
山　西 Shanxi	359	400	10	706	1440	618	270	7869	1468	244
内蒙古 Inner Mongolia	36	350	32	860	1928	922	0	1483	965	2725
辽　宁 Liaoning	3554	156	2515	2592	8196	6681	785	1683	5615	4241
吉　林 Jilin	378	585	415	382	5483	11497	1864	25	5655	133
黑龙江 Heilongjiang	753	92	673	5530	16474	29686	371	682	5070	13897
上　海 Shanghai	1359	405	32678	7076	120407	26336	11999	1555	2113	123376
江　苏 Jiangsu	1812	308	5288	4722	16555	17264	3050	0	3911	1848
浙　江 Zhejiang	2269	0	9105	3824	9368	22267	608	0	4026	3449
安　徽 Anhui	1438	309	0	1648	4658	536	30	0	1865	276
福　建 Fujian	223	0	2055	998	7809	3849	125	0	3588	2898
江　西 Jiangxi	1061	28	89	1208	1649	758	306	0	0	2565
山　东 Shandong	2193	689	1771	24735	11704	15503	172	4563	10033	2019
河　南 Henan	265	262	35	60217	4919	1311	1098	6113	917	3421
湖　北 Hubei	532	795	3403	1998	10504	19702	6144	53	1172	4164
湖　南 Hunan	361	664	7680	1628	16234	19525	2962	50	4582	4825
广　东 Guangdong	1033	426	4245	7914	21920	15058	1357	0	4490	1803
广　西 Guangxi	176	450	102	440	3348	10864	920	0	5082	4815
海　南 Hainan	100	0	101	1338	1560	0	0	0	519	0
四　川 Sichuan	786	486	8424	2837	2518	5676	848	7612	14163	23827
贵　州 Guizhou	447	0	0	1671	1550	67391	572	0	3342	770
云　南 Yunnan	25	157	1766	0	1558	137	48	0	2748	38
西　藏 Tibet										
陕　西 Shaanxi	279	426	1897	1621	1977	3593	2710	77	2026	1169
甘　肃 Gansu	258	227	0	0	1444	528	35	0	4274	22
青　海 Qinghai	53	0	58	0	0	0	0	0	591	80
宁　夏 Ningxia	66	0	4193	0	0	0	0	71	633	576
新　疆 Xinjiang	51	0	99	3361	428	437	41	874	695	250

他学生数(总计)

Educational Institutions (Regional Aggregates)

单位:人

在校学生数 Enrolment									
学历教育学生总数 Total formal students		证书教育 Certificate-oriented education		岗位培训 Job-specific training		大学后继续教育 Post-collegiate continuing education	基础学院	成人中专班 Spec. Sec. Classes for Adult	其他 Others
第二学历 Students for secand diploms	双招班	单科班 Single subject courses	专业证书班 Classes for certificate-oriented trainees	资格性培训 Qualification-oriented training	适应性培训 Adaptation training				
50964	19742	120803	210334	207506	156267	37651	64981	315043	447249
8016	1462	2473	43474	4984	4764	1213	15185	868	4715
4790	2244	4174	2326	6369	23779	5725	1631	1726	4341
1357	1216	432	1508	2795	2645	91	8944	14813	12174
2145	736	10	4245	1949	1450	649	7869	2118	1940
73	464	51	860	926	922	0	2543	2285	5575
4448	559	4369	5015	4883	15344	1581	1772	17390	37170
1901	307	259	1077	5311	1133	2069	25	8037	325
1351	435	673	6189	9629	1939	413	682	8004	25521
2241	474	17760	8401	90144	13224	9553	1614	4512	85255
2805	715	6769	5016	19670	11051	3310	0	9301	3447
4459	828	5623	5041	3508	4804	851	0	9240	1205
1492	619	61	2330	4571	321	0	0	3024	2589
686	0	1939	1233	11256	1041	40	113	9640	3446
821	109	771	2134	811	146	228	0	0	4717
4683	2944	3266	26537	3534	4849	251	4563	30690	5030
1000	325	1883	62089	4018	510	3128	7036	1942	8496
1439	593	8217	1426	2326	2599	2176	3914	2240	155950
826	614	8947	2338	4736	4938	1606	80	7173	31227
3000	351	6556	10850	12953	7614	657	0	7063	3563
360	2696	5174	4277	3220	2930	1420	0	14271	11075
100	0	238	1338	1560	0	0	0	686	0
1067	783	30461	5113	3716	6910	1857	7746	36150	33192
592	70	34	2771	2077	38185	204	0	8050	2426
98	381	2874	0	280	94	147	0	6908	108
0	0	0	0	0	0	0	0	0	0
492	553	3342	1226	919	1617	262	22	2372	1962
453	227	0	76	383	1795	47	297	103020	82
98	0	71	0	0	0	0	0	713	21
91	37	4193	40	96	0	103	71	1373	808
80	0	183	3404	882	1663	70	874	1434	889

成人中等专业学校基本情况

Basic Statistics of Adult Specialized

(Limited to State－planned enrolment

地　区 Region		学校数(所) Schools	毕业生数 Graduates	招生数 Students Admitted			在校学生数 Enrolment
				合计 Total	招高中毕业起点 Graduates From Senior Sec. School	招初中毕业起点 Graduates From Junior Sec. School	
总计	**Total**	4811	594797	963948	306557	657391	2213849
北京	Beijing	150	22729	30012	9460	20552	75305
天津	Tianjin	99	11730	22024	5502	16522	41255
河北	Hebei	239	33488	44621	32377	12244	105982
山西	Shanxi	173	10747	16309	8247	8062	34284
内蒙古	Inner Mongolia	116	14461	12674	0	12674	39338
辽宁	Liaoning	248	26374	32214	2634	29580	84428
吉林	Jilin	161	13190	24487	6616	17871	49810
黑龙江	Heilongjiang	360	37250	61527	17381	44146	129441
上海	Shanghai	105	9714	21587	2730	18857	43803
江苏	Jiangsu	246	31518	65695	21417	44278	160855
浙江	Zhejiang	138	10055	35651	11888	23763	68371
安徽	Anhui	128	22536	23572	6214	17358	55383
福建	Fujian	171	8512	23722	6389	17333	64476
江西	Jiangxi	130	3696	16496	8376	8120	30757
山东	Shandong	254	59850	66087	31940	34147	168734
河南	Henan	236	36180	43984	14704	29280	102151
湖北	Hubei	277	43743	51894	7073	44821	119610
湖南	Hunan	296	52636	61447	14561	46886	150783
广东	Guangdong	287	38103	105084	43644	61440	207396
广西	Guangxi	159	25509	46542	9681	36861	110816
海南	Hainan	28	3339	4391	804	3587	9444
四川	Sichuan	336	35056	68684	18178	50506	162831
贵州	Guizhou	27	6680	27196	0	27196	53361
云南	Yunnan	141	8981	9299	467	8832	33351
西藏	Tibet	0	0	0	0	0	0
陕西	Shaanxi	127	10203	21311	17450	3861	39594
甘肃	Gansu	94	7746	20504	7347	13157	45759
青海	Qinghai	20	1686	4510	1487	3023	9133
宁夏	Ningxia	28	1444	2279	226	2053	5298
新疆	Xinjiang	95	14209	16077	1818	14259	50470

注:本表未包括普通中等专业学校举办的成人中专学生。

Note: Adult student enroled in specialized secondary schools are not included.

(总计)(列入计划，学制两年以上)

Secondary Schools (Regional Aggregates)
and Courses Lasting 2 Years and Over)

单位:人

毕业班学生数 Graduates for Nert Year	教职工数 Teachers, Staff & Workers 合计 Total	专任教师 Full-time Teachers	教辅人员 Supportin Staff	行政人员 Adm. Personnel	工勤人员 Workers	兼任教师 Part-time Teachers
689344	216655	109649	22188	46225	38593	49470
22598	8883	3775	1040	2417	1651	3190
11852	4452	2261	542	978	671	752
42636	7672	4475	616	1509	1072	428
11510	6127	2978	686	1436	1027	255
12392	6056	3055	593	1527	881	796
26898	12473	7394	941	2624	1514	996
16483	11412	6493	1213	2191	1515	566
36277	16498	9036	1785	3111	2566	3169
10870	5302	2549	813	1051	889	773
47223	11915	5935	995	2628	2357	3566
17391	4930	2419	457	1249	805	2717
14498	3580	1655	415	1014	496	2073
17497	4549	2651	492	927	479	1307
11188	3912	2166	269	698	779	1296
53201	12280	6586	1221	2468	2005	1081
40649	15129	7999	2237	2461	2432	2036
39264	13582	7174	1209	2601	2598	2141
50809	12701	6762	1190	2506	2243	7372
59556	9553	5075	670	2124	1684	4297
23638	8660	4521	702	1904	1533	1907
3746	1085	526	33	205	321	147
46171	14049	6226	2384	3451	1988	4312
8669	1226	605	123	315	183	605
13414	3430	1750	202	905	573	1273
	0	0	0	0	0	0
9314	5582	2311	609	2024	638	1561
13593	2779	1327	260	683	509	591
2371	609	270	97	166	76	255
1468	735	411	62	129	133	114
24168	4193	2069	233	1194	697	757

广播电视中等专业学校基本

Basic Statistics of Radio/TV

(Limited to State-planned enrolment

地　区 Region	学校数(所) Schools	毕业生数 Graduates	招生数 Students Admitted 合　计 Total	招高中毕业起点 Graduates From Senior Sec. School	招初中毕业起点 Graduates From Junior Sec. School	在校学生数 Enrolment
总　计　Total	152	126112	226139	52832	173307	567672
北　京　Beijing	1	5512	5980	2509	3471	16436
天　津　Tianjin	2	1194	5621	420	5201	8375
河　北　Hebei	5	2766	5393	3173	2220	13105
山　西　Shanxi	1	530	1336	673	663	2512
内蒙古　Inner Mongolia	3	4375	2570	0	2570	11656
辽　宁　Liaoning	13	9760	10049	577	9472	31635
吉　林　Jilin	2	1400	6279	1104	5175	9276
黑龙江　Heilongjiang	5	10021	19843	6378	13465	44647
上　海　Shanghai	2	1133	3749	0	3749	8830
江　苏　Jiangsu	3	7284	22576	1664	20912	53204
浙　江　Zhejiang	16	2286	9797	2395	7402	24431
安　徽　Anhui	14	9641	5817	903	4914	15976
福　建　Fujian	30	991	1989	643	1346	4483
江　西　Jiangxi	2	929	9650	5975	3675	18711
山　东　Shandong	13	9298	10712	6816	3896	24813
河　南　Henan	4	4666	3371	222	3149	10225
湖　北　Hubei	5	1209	1893	183	1710	3210
湖　南　Hunan	10	16282	17604	2735	14869	53060
广　东　Guangdong	3	2146	7809	282	7527	17033
广　西　Guangxi	0	794	7249	218	7031	9027
海　南　Hainan	1	571	277	103	174	962
四　川　Sichuan	5	17073	30543	6805	23738	84403
贵　州　Guizhou	1	2000	5547	0	5547	19859
云　南　Yunnan	3	3209	3436	71	3365	17972
西　藏　Tibet	0	0	0	0	0	0
陕　西　Shaanxi	2	2011	8288	6579	1709	10145
甘　肃　Gansu	2	3264	10304	2125	8179	23863
青　海　Qinghai	1	281	1125	279	846	2508
宁　夏　Ningxia	1	532	486	0	486	1397
新　疆　Xinjiang	2	4954	6846	0	6846	25918

情况（列入计划，学制两年以上）
Specialized Secondary Schools and Courses Lasting 2 Years and Over)

单位：人

毕业班学生数 Graduates for Next Year	教职工数 Teachers, Staff & Workers					兼任教师 Part-time Teachers
	合计 Total	专任教师 Full-time Teachers	教辅人员 Supportin Staff	行政人员 Adm. Personnel	工勤人员 Workers	
162854	184189	1642	4134	9331	908	20141
5049	821	338	66	333	84	663
2687	155	93	18	20	24	71
3905	334	189	17	87	41	69
632	763	221	80	335	127	57
1791	849	436	117	211	85	498
11580	755	306	20	338	91	375
1357	20	18	2	0	0	13
10096	1956	1237	298	280	141	1928
3974	68	42	5	14	7	25
12296	736	383	53	270	30	1342
6235	572	259	66	198	49	1029
3375	450	155	76	191	28	727
1214	476	261	27	118	70	226
1930	249	182	28	23	16	770
8533	602	399	67	109	27	148
2643	1090	530	173	237	150	933
1067	384	221	36	55	72	77
17061	1750	694	317	463	276	6499
2670	972	564	60	221	127	601
1574	702	311	56	235	100	514
636	40	11	2	10	17	72
26519	1728	993	332	301	102	1787
3021	289	92	45	111	41	121
7172	458	421	0	28	9	444
0	0	0	0	0	0	
2465	1175	274	410	409	82	635
8484	48	27	2	15	4	354
893	105	45	29	10	21	33
337	18	16	0	0	2	0
13658	853	446	11	311	85	130

职工中等专业学校基本情

Basic Statistics of Specialized

(Limited to State－planned enrolment

地　　区 Region	学校数(所) Schools	毕业生数 Graduates	招　生　数 Students Admitted			在校学生数 Enrolment
			合　计 Total	招高中毕业起点 Graduates From Senior Sec. School	招初中毕业起点 Graduates From Junior Sec. School	
总　计 Total	1827	166666	292705	58004	234701	649060
北　京 Beijing	97	9858	14891	3540	11351	33520
天　津 Tianjin	55	4395	8353	1689	6664	18086
河　北 Hebei	48	3528	8034	1886	6148	18051
山　西 Shanxi	50	3131	6188	978	5210	13468
内蒙古 Inner Mongolia	46	4860	4559	0	4559	14040
辽　宁 Liaoning	115	10820	14454	1082	13372	35335
吉　林 Jilin	72	5328	10598	2546	8052	22627
黑龙江 Heilongjiang	197	14498	26930	5190	21740	55573
上　海 Shanghai	90	7735	16547	1807	14740	32734
江　苏 Jiangsu	155	9349	22036	6308	15728	49626
浙　江 Zhejiang	65	4013	13548	3316	10232	28355
安　徽 Anhui	50	3525	7049	708	6341	13787
福　建 Fujian	5	194	221	17	204	846
江　西 Jiangxi	31	1701	3386	1162	2224	6263
山　东 Shandong	47	11784	13137	6382	6755	29986
河　南 Henan	63	3805	3833	876	2957	10257
湖　北 Hubei	171	19111	28996	2672	26324	66161
湖　南 Hunan	85	12830	16598	1556	15042	40694
广　东 Guangdong	123	10719	26453	5078	21375	54937
广　西 Guangxi	28	2927	5541	421	5120	13628
海　南 Hainan	6	536	696	68	628	1540
四　川 Sichuan	76	7418	19162	5482	13680	34855
贵　州 Guizhou	17	1680	1790	0	1790	5555
云　南 Yunnan	10	1067	2030	202	1828	3346
西　藏 Tibet	0	0	0	0	0	0
陕　西 Shaanxi	32	1704	2941	1530	1411	10211
甘　肃 Gansu	32	2273	4975	1402	3573	10777
青　海 Qinghai	15	919	1980	1044	936	3850
宁　夏 Ningxia	11	281	1005	203	802	2087
新　疆 Xinjiang	35	6677	6774	859	5915	18865

况（列入计划，学制两年以上）

Secondary Schools for Staff & Workers and Courses Lasting 2 Years and Over)

单位：人

毕业班学生数 Graduates for Next Year	教职工数 Teachers, Staff & Workers 合计 Total	专任教师 Full-time Teachers	教辅人员 Supportin Staff	行政人员 Adm. Personnel	工勤人员 Workers	兼任教师 Part-time Teachers
176391	76135	37518	6957	17687	13973	14892
9181	4490	1698	529	1249	1014	1844
3776	2116	1144	215	404	353	458
4118	2369	1200	189	575	405	219
3842	2279	1124	207	574	374	135
6846	2509	1250	209	689	361	269
9737	4196	2140	368	1060	628	376
6401	4765	2359	529	965	912	249
17658	8038	3899	654	1777	1708	833
6766	3730	1779	453	869	629	725
15544	5979	3081	458	1297	1143	1392
4711	2355	1186	226	616	327	1364
2815	1323	674	116	352	181	628
350	102	60	28	6	8	31
2176	1400	754	93	289	264	117
8912	2333	1175	229	474	455	429
3191	2386	1172	105	608	501	153
20655	8123	4260	720	1547	1596	931
10613	3999	2108	300	811	780	494
11935	3045	1597	280	711	457	1912
4566	1547	706	194	409	238	261
497	196	100	15	34	47	52
7282	2927	1339	288	726	574	780
1660	596	346	56	118	76	143
633	397	192	45	91	69	20
0	0	0	0	0	0	
1364	1260	541	93	369	257	204
2429	1426	662	134	372	258	127
917	351	180	50	90	31	140
481	323	157	18	76	72	34
7335	1575	635	156	529	255	572

农民中等专业学校基本情

Basic Statistics of Specialized

(Limited to State-planned enrolment

地 区 Region		学校数(所) Schools	毕业生数 Graduates	招生数 Students Admitted			在校学生数 Enrolment
				合计 Total	招高中毕业起点 Graduates From Senior Sec. School	招初中毕业起点 Graduates From Junior Sec. School	
总计	**Total**	492	47882	83987	11584	72403	189037
北京	Beijing	16	3719	5120	512	4608	15865
天津	Tianjin	10	1926	3520	543	2977	7620
河北	Hebei	21	1343	1799	302	1497	4790
山西	Shanxi	2	29	0	0	0	0
内蒙古	Inner Mongolia	3	100	60	0	60	178
辽宁	Liaoning	25	3849	4882	290	4592	10156
吉林	Jilin	14	3521	5067	1142	3925	11781
黑龙江	Heilongjiang	50	7094	9494	2569	6925	18757
上海	Shanghai	2	204	368	0	368	393
江苏	Jiangsu	0	0	0	0	0	0
浙江	Zhejiang	2	88	327	19	308	725
安徽	Anhui	2	289	552	0	552	1346
福建	Fujian	76	632	2264	476	1788	11982
江西	Jiangxi	2	0	52	52	0	52
山东	Shandong	45	8107	12294	3294	9000	29894
河南	Henan	35	3334	8935	986	7949	16734
湖北	Hubei	41	3097	5778	69	5709	11498
湖南	Hunan	48	4171	6470	414	6056	12871
广东	Guangdong	49	4152	10018	633	9385	21760
广西	Guangxi	17	964	3744	220	3524	6562
海南	Hainan	3	60	126	0	126	551
四川	Sichuan	27	1177	3108	63	3045	5422
贵州	Guizhou	0	0	0	0	0	0
云南	Yunnan	0	0	0	0	0	0
西藏	Tibet	0	0	0	0	0	0
陕西	Shaanxi	0	0	0	0	0	0
甘肃	Gansu	1	0	0	0	0	48
青海	Qinghai	0	0	0	0	0	0
宁夏	Ningxia	1	26	9	0	9	52
新疆	Xinjiang	0	0	0	0	0	0

况（列入计划，学制两年以上）
Secondary Schools for Peasants
and Courses Lasting 2 Years and Over)

单位：人

毕业班学生数 Graduates for Next Year	教职工数 Teachers, Staff & Workers 合计 Total	专任教师 Full-time Teachers	教辅人员 Supportin Staff	行政人员 Adm. Personnel	工勤人员 Workers	兼任教师 Part-time Teachers
59696	18866	10995	1655	2902	3314	2315
5067	783	351	110	181	141	313
1941	511	265	78	127	41	105
1279	444	257	35	77	75	59
31	47	24	4	8	11	0
118	50	37	0	9	4	0
3684	1022	592	38	199	193	135
6356	1264	740	166	210	148	30
6202	1778	1094	126	312	246	365
0	116	40	15	11	50	12
0	0	0	0	0	0	0
163	74	39	2	20	13	14
310	43	25	1	12	5	80
5420	2797	1660	346	514	277	144
0	0	0	0	0	0	9
8935	1809	1068	155	276	310	191
4418	1595	897	112	183	403	131
2898	1454	903	112	171	268	109
5585	2050	1268	144	226	412	85
5170	1518	864	99	157	398	327
762	612	367	42	78	125	109
167	105	55	7	9	34	2
1147	741	433	59	106	143	95
0	0	0	0	0	0	0
0	0	0	0	0	0	0
0	0	0	0	0	0	0
0	0	0	0	0	0	0
0	23	7	1	7	8	0
0	0	0	0	0	0	0
43	30	9	3	9	9	0
0	0	0	0	0	0	0

教师进修学校基本情况

Basic Statistics of In-service

(Limited to State-planned enrolment

地 区 Region	学校数(所) Schools	毕业生数 Graduates	招生数 Students Admitted 合计 Total	招高中毕业起点 Graduates From Senior Sec. School	招初中毕业起点 Graduates From Junior Sec. School	在校学生数 Enrolment
总 计 Total	2065	170060	224036	129735	94301	501865
北 京 Beijing	23	2506	1585	1585	0	3371
天 津 Tianjin	15	2322	1868	1736	132	2299
河 北 Hebei	158	25437	28197	26670	1527	67361
山 西 Shanxi	115	6809	8491	6551	1940	17134
内蒙古 Inner Mongolia	59	3614	4652	0	4652	9995
辽 宁 Liaoning	92	1656	2198	685	1513	6034
吉 林 Jilin	66	0	0	0	0	0
黑龙江 Heilongjiang	108	5637	5260	3244	2016	10464
上 海 Shanghai	11	642	923	923	0	1846
江 苏 Jiangsu	80	8701	9670	5966	3704	28323
浙 江 Zhejiang	50	2710	9122	4354	4768	9047
安 徽 Anhui	44	4301	6125	3557	2568	15102
福 建 Fujian	0	0	0	0	0	0
江 西 Jiangxi	91	949	404	55	349	1591
山 东 Shandong	125	22350	20934	10640	10294	63731
河 南 Henan	130	16339	15018	4195	10823	28301
湖 北 Hubei	44	4838	8169	3048	5121	20509
湖 南 Hunan	117	16562	16037	9101	6936	36057
广 东 Guangdong	101	17210	52019	33315	18704	89661
广 西 Guangxi	79	14197	15819	6276	9543	53193
海 南 Hainan	18	1977	2992	633	2359	5877
四 川 Sichuan	196	4963	6640	3254	3386	15965
贵 州 Guizhou	4	200	203	0	203	478
云 南 Yunnan	126	830	1005	194	811	1783
西 藏 Tibet	0	0	0	0	0	0
陕 西 Shaanxi	89	1711	2920	2458	462	5111
甘 肃 Gansu	53	928	1198	313	885	2607
青 海 Qinghai	0	0	0	0	0	0
宁 夏 Ningxia	13	93	130	23	107	338
新 疆 Xinjiang	58	2578	2457	959	1498	5687

(列入计划，学制两年以上)
Teacher Training Schools
and Courses Lasting 2 Years and Over)

单位：人

毕业班学生数 Graduates for Next Year	教职工数 Teachers, Staff & Workers 合计 Total	专任教师 Full-time Teachers	教辅人员 Supportin Staff	行政人员 Adm. Personnel	工勤人员 Workers	兼任教师 Part-time Teachers
198501	79552	42133	7113	13961	16345	2291
1120	2224	1216	277	502	229	319
1890	889	462	126	208	93	46
33006	4022	2593	335	651	443	78
6553	2894	1523	385	486	500	63
2134	2233	1168	237	454	374	15
1648	6192	4237	481	950	524	28
0	4492	2903	449	767	373	133
2321	4726	2806	707	742	471	43
130	1388	688	340	157	203	11
8687	4273	2078	441	716	1038	64
3717	1733	839	154	342	398	244
5581	1229	576	116	292	245	163
0	0	0	0	0	0	0
744	2069	1164	126	326	453	152
20935	6565	3436	707	1326	1096	39
13634	5280	3034	446	847	953	36
8160	1906	1064	161	290	391	52
29721	7919	1965	500	544	4910	106
32202	3311	1754	155	745	657	111
11154	2738	1614	119	432	573	38
2390	744	360	9	152	223	21
6228	5405	2756	423	1362	864	240
141	119	78	9	18	14	0
839	1864	917	121	388	438	103
0	0	0	0	0	0	0
1075	2268	1183	106	691	288	21
1108	1007	546	81	189	191	110
0	0	0	0	0	0	0
208	297	185	36	30	46	0
3175	1765	988	66	354	357	55

干部中等专业学校基本情

Basic Statistics of Specialized

(Limited to State－planned enrolment

地区 Region	学校数(所) Schools	毕业生数 Graduates	招生数 Students Admitted			在校学生数 Enrolment
			合计 Total	招高中毕业起点 Graduates From Senior Sec. School	招初中毕业起点 Graduates From Junior Sec. School	
总计 Total	215	29791	46820	16199	30621	102237
北京 Beijing	12	385	707	202	505	1906
天津 Tianjin	17	1893	2662	1114	1548	4875
河北 Hebei	6	224	1028	176	852	2287
山西 Shanxi	2	82	162	45	117	595
内蒙古 Inner Mongolia	5	273	205	0	205	691
辽宁 Liaoning	2	39	300	0	300	537
吉林 Jilin	5	220	451	35	416	750
黑龙江 Heilongjiang	0	0	0	0	0	0
上海 Shanghai	0	0	0	0	0	0
江苏 Jiangsu	6	3259	3133	2125	1008	6923
浙江 Zhejiang	1	115	0	0	0	95
安徽 Anhui	11	925	1467	472	995	2871
福建 Fujian	2	1927	3314	3197	117	7475
江西 Jiangxi	3	117	220	48	172	553
山东 Shandong	18	6611	5847	2764	3083	13080
河南 Henan	2	3016	5145	2007	3138	12648
湖北 Hubei	8	587	1079	30	1049	2331
湖南 Hunan	35	1635	3200	356	2844	6619
广东 Guangdong	8	923	2055	1003	1052	8016
广西 Guangxi	30	3484	10741	1879	8862	19142
海南 Hainan	0	0	0	0	0	0
四川 Sichuan	27	1690	3476	506	2970	6555
贵州 Guizhou	4	800	473	0	473	1187
云南 Yunnan	0	1018	304	0	304	1377
西藏 Tibet	0	0	0	0	0	0
陕西 Shaanxi	2	44	76	76	0	137
甘肃 Gansu	5	181	235	0	235	676
青海 Qinghai	3	315	405	164	241	730
宁夏 Ningxia	1	28	135	0	135	181
新疆 Xinjiang	0	0	0	0	0	0

况(列入计划，学制两年以上)

Secondary Schools for Cadres and Courses Lasting 2 Years and Over)

单位:人

毕业班学生数 Graduates for Next Year	教职工数 Teachers, Staff & Workers					兼任教师 Part-time Teachers
	合计 Total	专任教师 Full-time Teachers	教辅人员 Supportin Staff	行政人员 Adm. Personnel	工勤人员 Workers	
30293	12844	5849	1010	3564	2421	1368
1002	565	172	58	152	183	51
1558	781	297	105	219	160	72
328	503	236	40	119	108	3
218	98	57	7	24	10	0
381	253	106	15	100	32	12
123	288	110	29	72	77	6
269	235	109	13	77	36	7
0	0	0	0	0	0	
0	0	0	0	0	0	0
2699	246	97	15	78	56	21
95	40	15	2	14	9	7
512	322	184	21	86	31	48
1988	47	0	19	26	2	43
204	177	58	22	52	45	2
4473	696	344	36	232	84	168
3889	1811	901	170	468	272	128
1123	383	224	26	70	63	11
1791	1385	568	100	452	265	128
3238	277	131	31	72	43	53
2544	2434	1262	129	570	473	403
0	0	0	0	0	0	0
1856	1492	637	106	456	293	144
574	183	68	13	51	51	29
1030	234	104	23	57	50	5
0	0	0	0	0	0	
35	75	32	0	41	2	8
212	155	51	15	41	48	0
151	107	45	10	28	24	10
0	57	41	5	7	4	9
0	0	0	0	0	0	0

地区 Region	学校数(所) Schools	教学班(点)(个) External Teaching Sites (Classes)	毕业生数 Graduates 合计 Total	其中:女生 Of which Female Students	招 Students 合计 Total
总计 Total	4756	11164	561588	203350	505240
北京 Beijing	0	307	4176	2071	5221
天津 Tianjin	13	35	3726	2023	3356
河北 Hebei	252	457	12873	6561	15101
山西 Shanxi	374	486	13681	5500	8954
内蒙古 Inner Mongolia	113	205	7755	3045	9835
辽宁 Liaoning	333	480	20215	10067	20192
吉林 Jilin	0	0	0	0	0
黑龙江 Heilongjiang	360	748	17568	6753	25553
上海 Shanghai	78	112	31434	13894	62769
江苏 Jiangsu	564	1141	46055	22709	46700
浙江 Zhejiang	355	1045	17750	9243	28827
安徽 Anhui	219	399	17299	10240	32261
福建 Fujian	119	243	3241	1504	6581
江西 Jiangxi	156	230	8334	4446	6235
山东 Shandong	183	282	76591	34562	18068
河南 Henan	127	334	48025	17149	45986
湖北 Hubei	113	364	117606	6306	19229
湖南 Hunan	284	737	12309	5721	17593
广东 Guangdong	434	1391	61764	21362	70307
广西 Guangxi	93	225	4695	2453	5387
海南 Hainan	5	11	405	173	453
四川 Sichuan	469	1036	21495	10100	36565
贵州 Guizhou	23	52	403	188	571
云南 Yunnan	5	7	144	77	347
西藏 Tibet	0	0	0	0	0
陕西 Shaanxi	60	101	3831	1816	4546
甘肃 Gansu	2	11	195	115	338
青海 Qinghai	0	0	0	0	0
宁夏 Ningxia	0	0	0	0	0
新疆 Xinjiang	22	726	10018	5308	14265

本情况（总计）

Schools for Adults (Regional Aggregates)

单位:人

生数 Admitted	在校学生数 Enrolment		教职工数 Teachers, Staff & Workers		兼任教师 Part－time Teachers
其中女生 Of which Female Students	合计 Total	其中女生 Of shich Female Students	合计 Total	其中:专任教师 Of which: Full－time Teachers	
230833	606239	280807	37269	20492	40018
2839	11077	5832	5963	2500	12258
1852	10151	5077	183	168	414
7916	16698	8609	1083	510	1077
5181	15846	6737	817	250	825
3732	11415	4754	637	351	426
11209	26938	15644	2984	1929	969
0	0	0	0	0	0
10286	25536	10563	4452	2319	1664
30853	50360	25068	1875	1092	1629
22667	64066	32579	3866	2538	6070
15323	36023	18870	1241	687	2218
17322	33684	17389	574	479	669
3353	8900	4676	311	148	609
3423	11213	5462	605	336	607
7861	24269	10514	1601	790	1192
16618	46631	15978	208	182	474
5888	8881	3045	908	442	577
7632	26892	12870	3956	2313	2174
24570	89397	35210	2120	1059	2633
3296	8861	3493	206	120	357
184	522	230	28	21	29
17728	50095	22792	2910	1833	2089
237	998	476	34	29	42
177	347	177	42	14	20
0	0	0	0	0	0
2147	4906	2318	237	149	164
208	539	316	27	0	33
0	0	0	0	0	0
0	0	0	0	0	0
8331	21994	12128	401	273	739

Basic Statistics of General Secondary

地区 Region	学校数(所) Schools	教学班(点)(个) External Teaching Sites (Classes)	毕业生数 Graduates 合计 Total	毕业生数 Graduates 其中:女生 Of which Female Students	招 Students 合计 Total
总计 Total	2024	5396	366932	120172	274685
北京 Beijing	0	252	3651	1791	4607
天津 Tianjin	10	31	3572	1940	3203
河北 Hebei	160	291	7345	3791	8413
山西 Shanxi	54	82	2921	1124	2437
内蒙古 Inner Mongolia	56	126	4149	1833	6276
辽宁 Liaoning	173	273	13134	6654	13151
吉林 Jilin	0	0	0	0	0
黑龙江 Heilongjiang	283	604	14884	5534	21957
上海 Shanghai	60	91	27652	12087	54694
江苏 Jiangsu	249	725	28715	14352	32516
浙江 Zhejiang	125	575	9404	4916	17487
安徽 Anhui	80	105	3464	1735	5992
福建 Fujian	48	121	2072	1061	2527
江西 Jiangxi	134	181	6810	3434	4786
山东 Shandong	5	17	49350	22201	979
河南 Henan	78	223	41365	14456	41817
湖北 Hubei	79	285	112075	4709	14348
湖南 Hunan	103	320	6161	2918	92643
广东 Guangdong	162	675	16007	8827	19229
广西 Guangxi	10	37	917	512	946
海南 Hainan	5	11	405	173	453
四川 Sichuan	81	192	6015	2789	4890
贵州 Guizhou	2	5	32	8	40
云南 Yunnan	5	7	144	77	347
西藏 Tibet	0	0	0	0	0
陕西 Shaanxi	40	66	2715	1276	3019
甘肃 Gansu	2	11	195	115	338
青海 Qinghai	0	0	0	0	0
宁夏 Ningxia	0	0	0	0	0
新疆 Xinjiang	20	90	3778	1774	2591

基本情况

Schools for Staff & Workers

单位:人

生数 Admitted	在校学生数 Enrolment		教职工数 Teachers, Staff & Workers		兼任教师 Part-time Teachers
其中女生 Of which Female Students	合计 Total	其中女生 Of which Female Students	合计 Total	其中:专任教师 Of which: Full-time Teachers	
126686	319168	153687	24593	13123	18248
2467	9261	4757	4324	2069	4031
1805	10151	5077	169	162	405
4615	9570	5095	822	404	767
1266	3340	1416	191	81	170
2096	6309	2374	451	189	205
7537	18165	11002	2047	1171	715
0	0	0	0	0	0
8664	21026	8531	3826	1826	1383
26881	42821	21450	1545	882	1128
15490	42500	21717	2399	1555	2472
9051	24629	12968	748	379	1087
3152	7765	3940	517	445	356
1353	4084	2198	286	125	283
2556	8718	4254	535	328	444
323	2495	899	206	105	64
14732	41613	13938	124	102	328
4525	3041	1294	783	373	473
3226	12307	6107	2810	1492	1499
10653	32610	18075	1280	582	1456
623	1089	593	81	40	65
184	522	230	28	21	29
2168	9278	3677	794	400	598
6	214	49	17	17	8
177	347	177	42	14	20
0	0	0	0	0	0
1464	3317	1602	156	100	99
208	539	316	27	0	33
0	0	0	0	0	0
0	0	0	0	0	0
1464	3457	1951	385	261	130

农 民 中 学

Basic Statistics of General Secondary

地 区 Region	学校数(所) Schools	教学班(点)(个) External Teaching Sites (Classes)	毕业生数 Graduates 合计 Total	其中:女生 Of which Female Student	招 Students 合计 Total
总 计 Total	2732	5768	194656	83178	230555
北 京 Beijing	0	55	525	280	614
天 津 Tianjin	3	4	154	47	154
河 北 Hebei	92	166	5528	2770	6688
山 西 Shanxi	320	404	10760	4376	6517
内蒙古 Inner Mongolia	57	79	3606	1212	3559
辽 宁 Liaoning	160	207	7081	3413	7041
吉 林 Jilin	0	0	0	0	0
黑龙江 Heilongjiang	77	144	2684	1219	3596
上 海 Shanghai	18	21	3782	1807	8075
江 苏 Jiangsu	315	416	17340	8357	14184
浙 江 Zhejiang	230	470	8346	4327	11340
安 徽 Anhui	139	294	13835	8505	26269
福 建 Fujian	71	122	1169	443	4054
江 西 Jiangxi	22	49	1524	1012	1449
山 东 Shandong	178	265	27241	12361	17089
河 南 Henan	49	111	6660	2693	4169
湖 北 Hubei	34	79	5531	1597	4881
湖 南 Hunan	181	417	6148	2718	9950
广 东 Guangdong	272	716	45757	12535	51078
广 西 Guangxi	83	188	3778	1941	4441
海 南 Hainan	0	0	0	0	0
四 川 Sichuan	388	844	15480	7311	31675
贵 州 Guizhou	21	47	371	180	531
云 南 Yunnan	0	0	0	0	0
西 藏 Tibet	0	0	0	0	0
陕 西 Shaanxi	20	35	1116	540	1527
甘 肃 Gansu	0	0	0	0	0
青 海 Qinghai	0	0	0	0	0
宁 夏 Ningxia	0	0	0	0	0
新 疆 Xinjiang	2	636	6240	3534	11674

基本情况

Schools for Peasants

单位：人

生数 Admitted	在校学生数 Enrolment		教职工数 Teachers, Staff & Workers		
其中女生 Of which Female Students	合计 Total	其中女生 Of which Female Students	合计 Total	其中:专任教师 Of which: Full-time Teachers	兼任教师 Part-time Teachers
104147	287071	127120	12676	7369	21770
372	1816	1075	1639	431	8227
47	0	0	14	6	9
3301	7128	3514	261	106	310
3915	12506	5321	626	129	655
1636	5106	2380	186	162	221
3672	8773	4642	937	758	254
0	0	0	0	0	0
1622	4510	2032	626	493	281
3972	7539	3618	330	210	501
7177	21566	10862	1467	983	3598
6272	11394	5902	493	308	1131
14170	25919	13449	57	34	313
2000	4816	2478	25	23	326
867	2495	1208	70	8	163
7538	21774	9615	1395	685	1128
1886	5018	2042	84	80	146
1363	5840	1751	125	69	104
4406	14585	6763	1146	821	735
13917	56787	17135	840	477	1177
2673	7772	2900	125	80	292
0	0	0	0	0	0
15560	40817	19115	2116	1433	1491
231	784	427	17	12	34
0	0	0	0	0	0
0	0	0	0	0	0
683	1589	716	81	49	65
0	0	0	0	0	0
0	0	0	0	0	0
0	0	0	0	0	0
6867	18537	10177	16	12	309

成人技术培训学

Basic Statistics of Technical Training

地区 Region	学校数(所) Schools	毕业生数 Graduates 合计 Total	其中: Of which 长班 A	短班 B	招 Students 合计 Total
总计 Total	344829	66253785	6972285	59281500	55830313
北京 Beijing	0	1739234	1739234	0	2048495
天津 Tianjin	2224	372414	82073	290341	378704
河北 Hebei	45600	7099083	604661	6494422	6403387
山西 Shanxi	21159	1799718	56157	1743561	1552375
内蒙古 Inner Mongolia	6647	1360000	50000	1310000	1350000
辽宁 Liaoning	11267	3039579	156081	2883498	2941749
吉林 Jilin	8073	1843868	148818	1695050	1853354
黑龙江 Heilongjiang	11587	4380000	400000	3980000	3780000
上海 Shanghai	753	851395	58394	793001	1094325
江苏 Jiangsu	24073	3679733	395552	3284181	3666831
浙江 Zhejiang	10352	1640354	146930	1493424	1693436
安徽 Anhui	5870	1231273	24222	1207051	1011263
福建 Fujian	12532	1960336	184497	1775839	2059168
江西 Jiangxi	7773	1208090	20458	1187632	1223226
山东 Shandong	50634	6525190	338319	6186871	5294172
河南 Henan	24129	4262495	567323	3695172	4170968
湖北 Hubei	8370	1768209	137798	1630411	1207217
湖南 Hunan	21810	2050200	124528	1925672	1736068
广东 Guangdong	1782	84	20	64	75
广西 Guangxi	10611	2299890	60724	2239166	2382622
海南 Hainan	903	99412	1979	97433	97437
四川 Sichuan	33994	8585677	1385698	7199979	5280831
贵州 Guizhou	4593	1412487	26748	1385739	877659
云南 Yunnan	5097	3691150	50758	3640392	1051321
西藏 Tibet	0	0	0	0	0
陕西 Shaanxi	12637	2020000	150000	1870000	1500000
甘肃 Gansu	2550	938992	64596	874396	753147
青海 Qinghai	455	254248	1561	252687	242485
宁夏 Ningxia	1264	57907	20669	37238	312391
新疆 Xinjiang	808	104284	104284	0	103964

A. Lengthy courses (total teaching time no less than 150h.)

B. Short courses (total leaching time less than 150h.)

校基本情况（总计）

Schools for Adults (Regional Aggregates)

单位: 人

生数 Admitted 其中: Of which 长班 A	短班 B	在校学生数 Enrolment 合计 Total	其中: Of which 长班 A	短班 B	教职工数 Teachers, Staff & Workers 合计 Total	其中: 专任教师 Of which: Full-time Teachers	兼任教师 Part-time Teachers
7057293	48773020	47578290	4331667	43246623	379422	150954	832219
2048495	0	0	0	0	5963	2500	12258
94586	284118	70163	23869	46294	1119	682	4307
638673	5764714	5042963	533629	4509334	31729	12476	79641
53418	1498957	1638250	61210	1577040	41339	5725	35375
50000	1300000	1310000	40000	1270000	5857	2631	16158
173048	2768701	2053212	180568	1872644	17788	6870	30124
128263	1725091	1182096	143272	1038824	14170	6122	23223
380000	3400000	4250000	130000	4120000	40000	20000	50000
102966	991359	362557	63810	298747	10072	4826	15282
379611	3287220	3282274	330309	2951965	17167	7508	68227
172628	1520808	1332191	226537	1105654	7681	3146	29823
66132	945131	875584	63386	812198	2499	1422	16071
199558	1859610	1934235	174008	1760227	5784	1101	24732
24069	1199157	1264766	22298	1242468	4510	969	20297
380904	4913268	4801948	272554	4529394	55136	22494	82717
532842	3638126	2531344	395711	2135633	6943	5469	54540
107697	1099520	1185259	115135	1070124	10846	5487	22525
133543	1602525	1593499	137927	1455572	32912	13154	55796
14	61	70	13	57	1891	394	3151
62984	2319638	2519793	72023	2447770	9993	2811	34632
3582	93855	97980	3702	94278	276	148	2673
983203	4297628	5326999	1014055	4312944	25405	12977	72221
15908	861751	1246241	20816	1225425	3204	533	13043
18622	1032699	1088506	19173	1069333	2864	1065	17897
0	0	0	0	0	0	0	
130000	1370000	1410000	130000	1280000	20000	10000	30000
83746	669401	654831	68069	586762	3441	866	7052
907	241578	238733	1195	237538	92	48	1240
1092	311299	301407	1254	300153	460	91	2619
103964	0	108716	108716	0	2858	1269	6670

地　区 Region	学校数(所) Schools	毕业生数 Graduates 合　计 Total	其中： Of which 长班 A	短班 B	招 Students 合　计 Total
总　计　Total	12377	5926116	2112344	3813772	6057299
北　京　Beijing	0	1194362	1194362	0	1429500
天　津　Tianjin	17	2817	1972	845	2667
河　北　Hebei	1583	307467	57955	249512	307735
山　西　Shanxi	639	101312	3325	97987	51432
内蒙古　Inner Mongolia	322	50000	20000	30000	50000
辽　宁　Liaoning	691	190690	56604	134086	203599
吉　林　Jilin	401	423125	82153	340972	261697
黑龙江　Heilongjiang	1159	300000	300000	0	1250000
上　海　Shanghai	566	515712	49712	466000	723522
江　苏　Jiangsu	1073	378900	53200	325700	368491
浙　江　Zhejiang	903	182387	43940	138447	202503
安　徽　Anhui	128	31474	2447	29027	31114
福　建　Fujian	148	35450	7554	27896	35922
江　西　Jiangxi	87	41709	6599	35110	21024
山　东　Shandong	529	119052	21577	97475	109191
河　南　Henan	1278	445810	84292	361518	470994
湖　北　Hubei	238	68720	15508	53212	57249
湖　南　Hunan	1171	222606	14200	208406	215717
广　东　Guangdong	151	16	7	9	7
广　西　Guangxi	126	31383	4603	26780	39811
海　南　Hainan	35	8792	599	8193	4565
四　川　Sichuan	604	228821	56946	171875	132130
贵　州　Guizhou	35	1837	748	1089	3771
云　南　Yunnan	45	21062	358	20704	11171
西　藏　Tibet	0	0	0	0	0
陕　西　Shaanxi	359	50000	20000	30000	50000
甘　肃　Gansu	30	12975	3370	9605	13986
青　海　Qinghai	3	614	121	493	257
宁　夏　Ningxia	3	2213	1250	963	207
新　疆　Xinjiang	53	8963	8963	0	9301

学校基本情况

Schools for Staff & Workers

单位:人

生 数 Admitted		在校学生数 Enrolment			教职工数 Teachers, Staff & Workers		兼任教师 Part-time Teachers
其中: Of which		合计 Total	其中: Of which		合计 Total	其中: 专任教师 Of which: Full-time Teachers	
长班 A	短班 B		长班 A	短班 B			
2370923	3686376	4380172	657444	3722728	78693	41059	86204
1429500	0	0	0	0	4324	2069	4031
1744	923	2241	1557	684	30	19	26
58578	249157	238842	64848	173994	5648	3229	8241
3943	47489	98768	4001	94767	1969	881	1088
20000	30000	30000	10000	20000	1360	961	1111
60216	143383	166104	58870	107234	5452	3243	4915
23784	237913	208633	56274	152359	3652	1874	4352
300000	950000	1900000	50000	1850000	20000	10000	20000
89054	634468	302065	55897	246168	8873	4200	11416
79725	288766	333445	69630	263815	4487	2043	4354
55260	147243	187342	63032	124310	2564	1149	3666
3392	27722	23871	2100	21771	1262	821	934
8296	27626	32867	10794	22073	410	174	711
6200	14824	22757	2921	19836	508	315	780
24191	85000	64274	11391	52883	2191	1178	756
92089	378905	284812	65050	219762	2628	1858	7160
12737	44512	61750	16481	45269	1227	971	1083
14194	201523	430139	17885	412254	4497	2384	4298
4	3	7	4	3	313	188	354
5041	34770	37087	6280	30807	1160	533	886
560	4005	4665	580	4085	119	64	128
43714	88416	135721	47134	88587	3575	1901	3989
3195	576	4439	3895	544	196	119	117
2721	8450	11171	2721	8450	614	212	470
0	0	0	0	0	0	0	0
20000	30000	50000	20000	30000	0	0	0
3410	10576	14557	4351	10206	201	168	120
140	117	478	377	101	34	26	6
0	207	207	0	207	22	20	12
9301	0	11371	11371	0	902	459	1149

农民技术培训

Basic Statistics of Technical

地　区 Region	学校数(所) Schools	毕业生数 Graduates			招 Students
		合　计 Total	其中： Of which		合　计 Total
			长班 A	短班 B	
总　计 Total	332452	60327669	4859941	55467728	49773014
北　京 Beijing	0	544872	544872	0	618995
天　津 Tianjin	2207	369597	80101	289496	376733
河　北 Hebei	44017	6791616	546706	6244910	6095652
山　西 Shanxi	20520	1698406	52832	1645574	1500943
内蒙古 Inner Mongolia	6325	1310000	30000	1280000	1300000
辽　宁 Liaoning	10576	2848889	99477	2749412	2738150
吉　林 Jilin	7672	1420743	66665	1354078	1591657
黑龙江 Heilongjiang	10428	3120000	100000	3020000	2530000
上　海 Shanghai	187	335683	8682	327001	370803
江　苏 Jiangsu	23000	3300833	342352	2958481	3298340
浙　江 Zhejiang	9449	1457967	102990	1354977	1490933
安　徽 Anhui	5742	1199799	21775	1178024	980149
福　建 Fujian	12384	1924886	176943	1747943	2023246
江　西 Jiangxi	7686	1166381	13859	1152522	1202202
山　东 Shandong	50105	6406138	316742	6089396	5184981
河　南 Henan	22851	3816685	483031	3333654	3699974
湖　北 Hubei	8132	1699489	122290	1577199	1149968
湖　南 Hunan	20639	1827594	110328	1717266	1520319
广　东 Guangdong	1612	68	10	58	68
广　西 Guangxi	10485	2268507	56121	2212386	2342811
海　南 Hainan	868	90620	1380	89240	92872
四　川 Sichuan	33390	8356856	1328752	7028104	5148701
贵　州 Guizhou	4558	1410650	26000	1384650	873888
云　南 Yunnan	5052	3670088	50400	3619688	1040150
西　藏 Tibet	0	0	0	0	0
陕　西 Shaanxi	12278	1970000	130000	1840000	1450000
甘　肃 Gansu	2520	926017	61226	864791	739161
青　海 Qinghai	452	253634	1440	252194	242228
宁　夏 Ningxia	1261	390838	19419	371419	312184
新　疆 Xinjiang	755	95321	95321	0	94663

学校基本情况

Training Schools for Peasants

单位：人

生 数 Admitted		在校学生数 Enrolment			教职工数 Teachers, Staff & Workers		兼任教师 Part-time Teachers
其中: Of which		合 计 Total	其中: Of which		合 计 Total	其中: 专任教师 Of which: Full-time Teachers	
长班 A	短班 B		长班 A	短班 B			
4686370	45086644	43198118	3674223	39523895	300729	109895	746015
618995	0	0	0	0	1639	431	8227
92842	283891	67922	22312	45610	1089	663	4281
580095	5515557	4804121	468781	4335340	26081	9247	71400
49475	1451468	1539482	57209	1482273	39370	4844	34287
30000	1270000	1280000	30000	1250000	4497	1670	15047
112832	2625318	1887108	121698	1765410	12336	3627	25209
104479	1487178	973463	86998	886465	10613	4248	18871
80000	2450000	2350000	80000	2270000	20000	10000	30000
13912	356891	60492	7913	52579	1199	626	3866
299886	2998454	2948829	260679	2688150	12680	5465	63873
117368	1373565	1144849	163505	981344	5117	1997	26157
62740	917409	851713	61286	790427	1237	601	15137
191262	1831984	1901368	163214	1738154	5374	927	24021
17869	1184333	1242009	19377	1222632	4002	654	19517
356713	4828268	4737674	261163	4476511	52945	21316	81961
440753	3259221	2246532	330661	1915871	4315	3611	47380
94960	1055008	1123509	98654	1024855	9619	4516	21442
119317	1401002	1440901	120142	1320759	26759	9435	53417
10	58	63	9	54	1361	206	2797
57943	2284868	2482706	65743	2416963	8833	2278	33746
3022	89850	93315	3122	90193	157	84	2545
939489	4209212	5191278	966921	4224357	21830	11076	68232
12713	861175	1241802	16921	1224881	3008	414	12926
15901	1024249	1077335	16452	1060883	2250	853	17427
0	0	0	0	0	0	0	
110000	1340000	1360000	110000	1250000	20000	10000	30000
80336	658825	640274	63718	576556	3240	698	6933
767	241461	238255	818	237437	58	22	1234
1092	311092	301200	1254	299946	438	71	2607
94663	0	97345	97345	0	1956	810	5521

成人小学

Basic Statistics of

地区 Region	学校数(所) Schools	教学班(点)(个) External Teaching Sites (Classes)	毕业生数 Graduates 合计 Total	其中:女生 Of which Female Students	招 Students 合计 Total
总计 Total	163423	376047	7895885	4814013	7109703
北京 Beijing	0	31	107	107	0
天津 Tianjin	220	443	8151	6800	10458
河北 Hebei	8868	14077	283726	162095	300620
山西 Shanxi	11622	14127	174461	87526	112841
内蒙古 Inner Mongolia	3950	8199	145202	69722	112590
辽宁 Liaoning	2935	6390	148235	88233	146347
吉林 Jilin	0	0	0	0	0
黑龙江 Heilongjiang	13570	23771	181620	94554	186102
上海 Shanghai	0	13	304	152	659
江苏 Jiangsu	7208	21146	735551	531975	514337
浙江 Zhejiang	2480	5013	119246	84818	124462
安徽 Anhui	9515	28485	943601	567404	919032
福建 Fujian	10407	13857	308942	272127	216506
江西 Jiangxi	9316	15628	254867	181830	296629
山东 Shandong	23206	34380	775735	494746	776210
河南 Henan	14649	29820	702024	405760	733607
湖北 Hubei	5120	9179	221131	115617	212749
湖南 Hunan	8766	23106	346446	197934	341389
广东 Guangdong	2728	7356	466722	246346	444688
广西 Guangxi	3408	8501	122962	84072	56941
海南 Hainan	302	558	9890	7895	17415
四川 Sichuan	10046	32361	662725	385391	655583
贵州 Guizhou	3462	11809	152552	75325	190212
云南 Yunnan	54	22446	364566	224060	14362
西藏 Tibet	0	0	0	0	0
陕西 Shaanxi	8244	16505	224185	137027	240202
甘肃 Gansu	2375	16535	321187	153106	286669
青海 Qinghai	447	2487	41662	20776	55229
宁夏 Ningxia	281	1734	48840	28623	0
新疆 Xinjiang	244	8090	183927	89992	143824

基本情况

Adults Primary Schools

单位:人

生数 Admitted	在校学生数 Enrolment		教职工数 Teachers, Staff & Workers		兼任教师 Part-time Teachers
其中女生 Of which Female Students	合计 Total	其中女生 Of which Female Students	合计 Total	其中:专任教师 Of which: Full-time Teachers	
4371353	7613488	4583881	161059	51393	468616
0	217	0	0	0	0
8577	2801	2104	143	114	497
155830	239618	112929	6347	1667	19187
65746	162719	81798	9895	1553	14177
51698	115210	58100	2602	1062	10514
92893	154937	87979	5222	2216	12215
0	0	0	0	0	0
113115	242578	141919	24264	10397	31667
458	536	365	18	11	57
337118	435601	307978	5957	1973	19908
81645	108511	71205	1647	564	6904
599844	996133	658400	2223	1343	32737
190901	244214	212056	3598	605	16155
218775	33604	248245	6056	1003	22871
477928	643558	375181	19188	8455	35985
437071	562505	325024	1160	1115	30782
109648	202996	105772	5284	2734	9586
201166	382705	219237	16364	4875	37060
233553	385666	211889	5161	795	11586
28347	178396	97771	7081	666	16277
12324	21217	15372	16	13	1231
362884	662650	366107	9026	5029	33016
115994	203973	119628	7704	656	20172
8011	442071	270651	1062	219	22329
0	0	0	0	0	
159656	268449	100056	8030	2134	24282
204170	285448	156311	10757	1639	27423
34306	63806	35024	654	82	2619
0	60945	28706	508	46	2998
69695	212424	104674	1092	427	6381

地 区 Region	学校数(所) Schools	教学班(点)(个) External Teaching Sites (Classes)	毕业生数 Graduates		招 Students
			合 计 Total	其中:女生 Of which Female Students	合 计 Total
总 计 Total	1115	3060	135092	77327	143986
北 京 Beijing	0	18	0	0	0
天 津 Tianjin	1	1	17	17	17
河 北 Hebei	374	382	10026	3067	9694
山 西 Shanxi	43	58	2340	1097	1246
内蒙古 Inner Mongolia	43	175	3856	2230	2454
辽 宁 Liaoning	35	126	4119	1762	3569
吉 林 Jilin	0	0	0	0	0
黑龙江 Heilongjiang	36	124	3105	1277	3526
上 海 Shanghai	0	1	304	152	223
江 苏 Jiangsu	224	953	77693	47416	78803
浙 江 Zhejiang	76	133	5247	3204	5525
安 徽 Anhui	3	14	261	149	688
福 建 Fujian	27	67	1532	655	1289
江 西 Jiangxi	2	2	10	3	147
山 东 Shandong	4	4	120	65	60
河 南 Henan	77	124	4430	2303	5443
湖 北 Hubei	34	334	10947	4021	9810
湖 南 Hunan	62	135	2893	1578	3148
广 东 Guangdong	36	257	1409	6470	12760
广 西 Guangxi	15	20	2530	209	2657
海 南 Hainan	0	0	0	0	0
四 川 Sichuan	15	79	1790	626	1631
贵 州 Guizhou	3	17	1696	694	666
云 南 Yunnan	4	18	159	125	110
西 藏 Tibet	0	0	0	0	0
陕 西 Shaanxi	1	10	252	68	270
甘 肃 Gansu	0	0	0	0	0
青 海 Qinghai	0	0	0	0	0
宁 夏 Ningxia	0	0	0	0	0
新 疆 Xinjiang	0	8	356	139	250

基本情况

Worker Primary Schools

单位: 人

生数 Admitted	在校学生数 Enrolment		教职工数 Teachers, Staff & Workers		兼任教师 Part-time Teachers
其中女生 Of which Female Students	合计 Total	其中女生 Of which Female Students	合计 Total	其中:专任教师 Of which: Full-time Teachers	
75112	143540	79361	3392	1912	5411
0	217	0	0	0	0
17	17	17	0	0	1
2758	7814	2894	831	675	637
701	2658	1344	45	6	115
841	4253	2644	192	84	481
936	4631	1905	589	375	397
0	0	0	0	0	0
1467	2010	1003	202	115	267
45	354	183	18	11	45
47888	82507	50785	662	256	1213
2574	5155	2331	93	30	215
429	688	411	0	0	22
519	1149	362	4	3	78
9	174	19	5	5	9
35	60	35	10	0	10
2799	5499	2519	10	10	187
3654	2130	1507	60	39	174
1700	3819	2012	135	72	302
6527	13702	6898	348	139	376
1166	2657	1166	37	8	547
0	0	0	0	0	0
511	2293	678	51	43	202
277	666	277	48	14	34
77	110	77	11	8	24
0	0	0	0	0	0
82	270	82	16	2	16
0	0	0	0	0	0
0	0	0	0	0	0
0	0	0	0	0	0
100	707	212	25	17	59

农民小学

Basic Statistics of

地区 Region	学校数(所) Schools	教学班(点)(个) External Teaching Sites (Classes)	毕业生数 Graduates		招 Students
			合计 Total	其中:女生 Of which Female Students	合计 Total
总计 Total	162308	372987	7760793	4736686	6965717
北京 Beijing	0	13	107	107	0
天津 Tianjin	219	442	8134	6783	10441
河北 Hebei	8494	13695	273700	159028	290926
山西 Shanxi	11579	14069	172125	86429	111595
内蒙古 Inner Mongolia	3907	8024	141346	67492	110136
辽宁 Liaoning	2900	6264	144116	86471	142778
吉林 Jilin	0	0	0	0	0
黑龙江 Heilongjiang	13534	23647	178515	93277	182576
上海 Shanghai	0	12	0	0	436
江苏 Jiangsu	6984	20193	657858	484559	435534
浙江 Zhejiang	2404	4880	113999	81614	118937
安徽 Anhui	9512	28471	943340	567255	918344
福建 Fujian	10380	13790	307410	271472	215217
江西 Jiangxi	9314	15626	254857	181827	296512
山东 Shandong	23202	34376	775615	494681	776150
河南 Henan	14572	29696	697594	403457	728164
湖北 Hubei	5086	8845	210184	111596	202939
湖南 Hunan	8704	22971	343553	196356	338241
广东 Guangdong	2692	7099	452627	239876	431928
广西 Guangxi	3393	8481	120432	83863	54284
海南 Hainan	302	558	9890	7895	17415
四川 Sichuan	10031	32282	660935	384765	653952
贵州 Guizhou	3459	11792	150856	74631	189546
云南 Yunnan	50	22428	364407	223935	14252
西藏 Tibet	0	0	0	0	0
陕西 Shaanxi	8243	16495	223933	136959	239932
甘肃 Gansu	2375	16535	321187	153106	286669
青海 Qinghai	447	2487	41662	20776	55229
宁夏 Ningxia	281	1734	48840	28623	0
新疆 Xinjiang	244	8082	183571	89853	143574

基本情况

Peasant Primary Schools

单位:人

生数 Admitted	在校学生数 Enrolment		教职工数 Teachers, Staff & Workers		兼任教师 Part－time Teachers
其中女生 Of which Female Students	合计 Total	其中女生 Of which Female Students	合计 Total	其中:专任教师 Of which: Full－time Teachers	
4296241	7469948	4504520	157667	49481	463205
0	0	0	0	0	0
8560	2794	2087	143	114	496
153072	231804	110035	5516	992	18550
65045	160061	80454	9850	1547	14062
50857	110957	55456	2410	978	10033
91957	150306	86074	4633	1841	11818
0	0	0	0	0	0
111648	240568	140916	24062	10282	31400
413	182	182	0	0	12
289230	353094	257193	5295	1717	18695
79071	103356	68874	1554	534	6689
599415	995445	657989	2223	1343	32715
190382	243065	211694	3594	602	16077
218766	333430	248226	6051	998	22862
477893	643498	375146	19178	8455	35975
434272	557006	322505	1150	1105	30595
105994	200866	104265	5224	2695	9412
199466	378886	217225	16229	4803	36758
227026	371964	204991	4813	656	11210
27181	175739	96605	7044	658	15730
12324	21217	15372	16	13	1231
362373	660357	365429	8975	4986	32814
115717	203307	119351	7656	642	20138
7934	441961	270574	1051	211	22305
0	0	0	0	0	
159574	268179	169974	8014	2132	24266
204170	285448	156311	10757	1639	27423
34306	63806	35024	654	82	2619
0	60945	28706	508	46	2998
69595	211707	104462	1067	410	6322

农民小学中扫

Basic Statistics of Literacy Classes

地区 Region	学校数(所) Schools	教学班(点)(个) External Teaching Sites (Classes)	毕业生数 Graduates 合计 Total	其中:女生 Of which Female Students	招 Students 合计 Total
总计 Total	112077	274037	4861808	3030197	4146928
北京 Beijing	0	13	107	107	0
天津 Tianjin	0	0	0	0	0
河北 Hebei	6040	8954	100062	45569	61663
山西 Shanxi	7001	9062	17882	28840	34072
内蒙古 Inner Mongolia	3245	5998	82417	42911	54729
辽宁 Liaoning	1081	3676	36373	24773	32923
吉林 Jilin	0	0	0	0	0
黑龙江 Heilongjiang	8759	15679	68257	42830	100576
上海 Shanghai	0	0	0	0	0
江苏 Jiangsu	3394	11090	375425	264815	209962
浙江 Zhejiang	1893	3660	77315	59382	80647
安徽 Anhui	8362	26486	894196	536641	774423
福建 Fujian	5478	7827	194207	174413	103753
江西 Jiangxi	7218	12964	217721	155961	257576
山东 Shandong	17566	26062	407019	278214	399698
河南 Henan	11024	21575	472017	276762	502829
湖北 Hubei	4709	8170	186423	99701	168094
湖南 Hunan	4880	14733	205632	127508	211908
广东 Guangdong	593	1535	28999	20414	15120
广西 Guangxi	1570	4297	4983	30649	43624
海南 Hainan	215	469	8674	6874	15520
四川 Sichuan	5141	18029	269294	150835	280599
贵州 Guizhou	3422	11561	145190	71330	183525
云南 Yunnan	0	21924	354382	218488	0
西藏 Tibet	0	0	0	0	0
陕西 Shaanxi	7541	15068	210501	128124	229689
甘肃 Gansu	2168	16251	314467	147206	278656
青海 Qinghai	426	2464	41000	20453	52001
宁夏 Ningxia	281	1662	48840	28623	0
新疆 Xinjiang	70	4828	100425	48774	55341

盲班基本情况

in Peasant Primary Schools

单位: 人

生数 Admitted	在校学生数 Enrolment		教职工数 Teachers, Staff & Workers		兼任教师 Part-time Teachers
其中女生 Of which Female Students	合计 Total	其中女生 Of which Female Students	合计 Total	其中:专任教师 Of which: Full-time Teachers	
2720818	4633605	2949438	109774	31935	354925
0	0	0	0	0	0
0	0	0	0	0	
30050	68186	43074	3426	547	13066
18804	48718	27503	5450	733	8831
29360	70404	40595	2031	627	8645
20796	23391	12533	2623	569	8090
0	0	0	0	0	0
64787	131428	81347	16269	6766	22270
0	0	0	0	0	
137318	97793	77360	3039	1092	10886
60242	65045	47953	1231	387	5337
558430	901178	611913	1793	1280	29587
93099	127797	113912	2029	134	8891
189692	288023	213382	4668	936	19281
256780	304765	199578	11778	5167	24393
308722	363150	216568	678	652	24636
91478	171695	92003	4636	2542	7917
132879	220936	138160	12939	3386	29246
8567	20498	14406	1128	114	3784
22060	53993	37060	4274	133	10248
10979	19219	14066	14	11	1038
162953	280599	162953	4482	2306	19040
112299	200150	115860	7604	618	19923
0	427683	262604	1010	211	21769
0	0	0	0	0	
153773	245627	159750	6704	1884	22331
197969	283435	155510	10471	1621	26975
32737	59901	33024	627	55	2596
0	58643	27056	508	46	2998
27044	101348	51268	362	118	3147

TRANSLATOR'S NOTES

Considering that many foreign readers might not be familiar with the educational system of China, it is appropriate to give some explanations to part of the English terms used in this book.

1. "Secondary school" is used throughout instead of the conventional "middle school" to indicate zhongxue (中学), in view of the fact that in the United States and the United Kingdom, "middle school" means quite different things from Zhongxue in China, the upper stage of which leads to higher education directly.

2. "Putong gaodeng xuexiao" (普通高等学校) is rendered into "regular higher educational institutions" so as to distinguish them from institutions for adult. But "putong zhongxue" (普通中学) is rendered into "general secondary schools" so as to distinguish them from schools for adults as well as from vocational-technical schools.

3. "Duanqi zhiye daxue" (短期职业大学) is rendered into "short-cycle vocational colleges".

4. "Zhuanke xuexiao" (专科学校) is rendered into "short-cycle colleges".

5. "Guangbo dianshi daxue" (广播电视大学), "zhigong gaodeng xuexiao" (职工高等学校), "nongmin gaodeng xuexiao" (农民高等学校), "guanli ganbu xueyuan" (管理干部学院), and "jiaoyu xueyuan" (教育学院) are rendered into radio/TV universities, workers' colleges, peasants' colleges, institutes for administration, and educational colleges respectively.

6. In summary tables showing the number of schools and enrolments and the number of staff and workers, the number of schools is always given in an absolute number, while the other figures are given in 10 thousand.

7. In the statistical tables the translator has freely used the device of English letters to indicate the more clumsy terms or phrases, with the full translations given at the bottom of the table.